Guido Knopp
Goodbye DDR

Guido Knopp

Goodbye DDR

In Zusammenarbeit
mit Anja Greulich, Bernd Mütter,
Ricarda Schlosshan, Mario Sporn

Redaktion:
Mario Sporn

C. Bertelsmann

1. Auflage
© 2005 by C. Bertelsmann Verlag, München,
in der Verlagsgruppe Random House GmbH
Umschlaggestaltung:
R · M · E., Roland Eschlbeck/Rosemarie Kreutzer, München
Satz: Uhl + Massopust GmbH, Aalen
Dieses Buch wurde auf holz- und säurefreiem Papier gedruckt,
geliefert von Salzer Papier GmbH, St. Pölten.
Das Papier wurde aus chlorfrei gebleichtem Zellstoff
hergestellt und ist alterungsbeständig.
Druck und Einband: GGP Media GmbH, Pößneck
Printed in Germany
ISBN-10: 3-570-00822-3
ISBN-13: 978-3-570-00822-5

www.bertelsmann-verlag.de

Inhalt

Vorwort 7

Ulbricht und der Anfang
Knopp/Greulich
-17-

Mielke und die Freiheit
Knopp/Mütter
-75-

Kati und der schöne Schein
Knopp/Schlosshan
-133-

Erich und die Mauer
Knopp/Sporn
-193-

Ausgewählte Literatur 259
Personenregister 263
Orts- und Sachregister 269
Abbildungsnachweis 283

Goodbye DDR

Es war ein Glanzpunkt der deutschen Geschichte. 70 000 Menschen demonstrierten auf dem Ring von Leipzig für die Freiheit. In den Seitenstraßen stand die Staatsmacht, schwer bewaffnet, und die Demonstranten – Frauen waren dabei, die Kinderwagen schoben –, sie alle mussten damit rechnen, dass es ebenso zu einem Blutbad kommen könne wie ein paar Monate zuvor in Peking auf dem Platz des Himmlischen Friedens. Dass sie sich dennoch auf die Straße wagten, voller Angst und voller Mut, das war ihr Heldentum.

Es war der 9. Oktober 1989, und es war der Durchbruch. Jene Demonstrierenden der ersten Stunde, die »Wir sind das Volk« gerufen haben, wollten freilich erst mal nicht die deutsche Einheit, sondern eine bessere DDR. Die Kräfte aber, die ihr Mut entfesselt hatte, waren schließlich stärker als sie selbst. Und dennoch haben sie Erstaunliches vollbracht: Das scheinbar angepasste Volk der DDR kam aus den Nischen und machte Revolution – die erste deutsche Revolution, die glückte und die glücklich endete. Es war der Garaus für den viel zitierten Lenin-Spruch: »Wenn die Deutschen auf dem Bahnhof eine Revolution machen wollen, kaufen sie sich vorher eine Bahnsteigkarte.« Aber alle Kartenhäuschen hatten schon geschlossen.

Über anderthalb Jahrzehnte sind seitdem vergangen, und nach Jahren der Verdrängung steht die DDR erneut im Mittelpunkt des öffentlichen Interesses. Exzellente Kinofilme à la »Goodbye Lenin« öffneten die Tür für »Ostalgie«-Shows mannigfacher Art, die Stars der alten DDR im FDJ-Hemd präsentierten, neben Trabis, Broilern, Spreewaldgurken und so manchem sonst noch gängigen Klischee. Eine Parallelwelt eigener, für Westaugen kurioser Marken und Gebräuche. All das zu belächeln ist wohlfeil. Es war schon eine Welt mit eigener Würde, eigenen Erfahrungen. Doch war es nicht die ganze Welt.

Wer wissen will, wie man gelebt, geliebt und überlebt hat in der DDR, der muss den ganzen widersprüchlichen Charakter dieses Staats erfassen: die ausgeprägte Solidarität der Menschen und den Unterdrückungsapparat der Stasi, den Stolz auf olympische Goldmedaillen und den Frust über die katastrophale Wirtschaftslage, anpassungsfähigen Pragmatismus ebenso wie bitter enttäuschten Idealismus.

Das Werden und Vergehen dieses zweiten deutschen Staates ist ein Lehrbeispiel der Zeitgeschichte. Der Grundstein für die Schaffung eines deutschen kommunistischen »Ost«-Staates wurde schon vor der bedingungslosen Kapitulation Deutschlands im Mai 1945 gelegt. Zwar waren sich die Alliierten einig, die oberste Regierungsgewalt in Deutschland gemeinsam zu übernehmen. Über die Details jedoch gab es ganz unterschiedliche Auffassungen. Der Einzige, der wirklich wusste, was er wollte, war Stalin. Schon vor Kriegsende vertraute er Milovan Djilas, dem Stellvertreter Titos, an: »Dieser Krieg ist nicht wie in der Vergangenheit; wer immer ein Gebiet besetzt, erlegt ihm auch sein eigenes gesellschaftliches System auf. Jeder führt sein eigenes System ein, so weit seine Armee vordringen kann. Es kann gar nicht anders sein.« Es kam auch nicht anders. Kurz nachdem Soldaten der Roten Armee das Banner mit Hammer und Sichel auf dem Reichstag gehisst hatten, begannen die Sowjets, den Teil Deutschlands, der ihnen zugefallen war, auch politisch zu erobern. Mit Demokratie hatte das nichts zu tun. Die Sowjets achteten genau darauf, dass an den Schaltstellen der Nachkriegs-Macht nur Männer saßen, die die Richtlinien aus Moskau absolut loyal umsetzen würden.

Ein solcher Mann war Walter Ulbricht. Ende April 1945 kehrte er mit neun weiteren deutschen Kommunisten, unter ihnen Wolfgang Leonhard, aus dem Moskauer Exil nach Berlin zurück. Einen Stamm linientreuer Genossen sollten sie heranziehen, der die Kerntruppe der neuen Magistratsverwaltung für Berlin ausmachte. Die »Gruppe Ulbricht« wurde angewiesen, in den Arbeiterbezirken sozialdemokratische Bürgermeister zu gewinnen und in den gehobeneren Stadtvierteln »bürgerliche Antifaschisten« einzusetzen. Doch es musste nur »demokratisch aussehen«. In Wahrheit bedeutete die »demokratische Umgestaltung« nichts anderes als eine von der Besatzungsmacht überwachte Verwaltung nach sowjetischem Vorbild. Dennoch: Tausende deutsche Intellektuelle knüpften nach dem Untergang der Hitler-Diktatur ihre Hoffnungen an einen sozialistischen Neuanfang in der sowjetischen Besatzungszone. Prominente wie Bert Brecht schienen dafür zu bürgen, dass dort das »bessere Deutschland« entstehen könne. Doch die Illusionen waren bald verflogen.

Nach der DDR-Gründung im Oktober 1949 wurde zwar der Altkommunist Wilhelm Pieck zum Präsidenten gewählt, aber hinter den Kulissen hatte Ulbricht als SED-Chef alle Fäden in der Hand. Wenn Zeitgenossen sich später wunderten, warum gerade Ulbricht die politische Spitze erreichte – war er doch eher unscheinbar, alles andere als sprachgewaltig, formulierte weder denkwürdige Worte noch originelle Ideen –, dann liegt die Antwort genau darin. Er war der perfekte Apparatschik, der den Anweisungen aus der Sowjetunion penibel und kritiklos Folge leistete.

Dass das SED-Regime in diesen Jahren weder Legitimität noch Akzeptanz besaß, zeigen die Ereignisse um den 17. Juni 1953. Der im Juli 1952 proklamierte schnelle »Aufbau des Sozialismus« war ein Reinfall. Die Versorgungslage hatte sich dramatisch verschlechtert. Die Menschen waren äußerst unzufrieden; Missstimmung gegen das Regime machte sich breit. Um den wirtschaftlichen Schwierigkeiten entgegenzuwirken, beschloss der Ministerrat der DDR eine Erhöhung der Arbeitsnormen für Industriebetriebe und das Baugewerbe. Das bedeutete nichts anderes als die Verminderung des Arbeitslohns. Es kam zu Streiks und Demonstrationen, die sich schließlich in einer Massenbewegung entluden. Am Ende ging es nicht mehr nur um Arbeitsnormen, sondern um politische Freiheit und die nationale Einheit. Das SED-Regime war nachgerade paralysiert; nur mithilfe der sowjetischen Besatzungsmacht konnte es der Lage Herr werden. Wie viele Verhaftungen, Verurteilungen, Gefängnisstrafen und Todesurteile wirklich ergangen sind, wurde lange Zeit vertuscht. Wir wissen heute, dass während dieses Volksaufstandes etwa 125 Menschen getötet und Hunderte verwundet wurden. Mehr als 1500 Angeklagte wurden zu langjährigen Haftstrafen verurteilt.

Von einem »sozial gerechten, neuen Deutschland«, das sich so viele Idealisten erträumt hatten, konnte danach in der DDR nicht mehr die Rede sein. Die SED zeigte ihr wahres Gesicht. Und dieses offenbarte, dass die DDR-Bürger geradewegs in ein totalitäres Regime manövriert wurden – mit dem SED-Politbüro als Lotsen und der Sowjetunion als Kapitän.

Die Tragik des 17. Juni 1953 lag vor allem darin, dass der Aufstand, der sich gegen das Regime des Walter Ulbricht gerichtet hatte, ihm am Ende half, noch einmal seine Macht zu sichern. Zuvor war Ulbricht auch parteiintern in die Kritik geraten; und die Moskauer Genossen waren nach dem Tod Stalins ebenfalls drauf und dran, den ungeliebten Apparatschik abzusägen. Die Entmachtung war schon vorbereitet. Doch der Volksaufstand machte alle Pläne zunichte. Nach dem 17. Juni 1953 saß Ulbricht fester im Sattel denn je.

Um diese Position zu sichern, war er auf die Stasi angewiesen. Sie verstand sich als »Schild und Schwert« der Partei, legte über alles und jeden eine Akte an und versuchte, die Ostdeutschen in ein Volk von Spitzeln zu verwandeln. Abertausende »inoffizielle Mitarbeiter« des Ministeriums für Staatssicherheit spielten mit bei der gegenseitigen Überwachung – manche aus Überzeugung, viele aus Opportunismus. Ihre Berichte, meist in peniblem Beamtendeutsch festgehalten, zeichnen ein vielschichtiges Gesellschaftsbild. Das gewitzte Katz-und-Maus-Spiel mancher Dissidenten mit der Staatsmacht wird hier ebenso dokumentiert wie erschütternde Denunziationen oder der immerwährende Drang der DDR-Bürger nach mehr Reisefreiheit.

Tausende versuchten, mittels spektakulärer Fluchtversuche dem Regime zu entkommen. Die Stasi unternahm alles, um die Fluchtbewegung schon im Keim zu ersticken. Sie entwickelte Strategien, um geheime Fluchtpläne auszuspionieren und Fluchthilfeorganisationen zu zersetzen. Dabei schreckte sie auch vor Mordanschlägen nicht zurück.

Über drei Jahrzehnte stand mit Erich Mielke ein Mann an der Stasi-Spitze, dessen Laufbahn prototypisch für den Machtanspruch, die Unbarmherzigkeit und die finale Wirklichkeitsverweigerung der Staatsmacht war.

Begonnen hatte die Karriere Mielkes im August 1931 – mit dem Doppelmord an zwei Berliner Polizisten. Er floh nach Moskau, wo ihm das tschekistische Know-how beigebracht wurde. Als »Tscheka« wurde die von Lenin begründete bolschewistische Geheimpolizei bezeichnet, die nach Mielkes Worten »hart und unerbittlich gegenüber den Feinden der Sowjetmacht« war und »keine Gnade« kannte. Ihre Mitglieder nannten sich Tschekisten – ein Name, den sich Mielke und seine Stasi-Männer nach dem Krieg als Ehrentitel anhefteten. Auf Anweisung Moskaus nahm Mielke von 1936 bis 1939 am Spanischen Bürgerkrieg teil. In sicherer Entfernung von der Front sollte er die eigenen Reihen überprüfen und säubern. Den Zweiten Weltkrieg überlebte Mielke, getarnt als Holzarbeiter, in Frankreich.

Im Juni 1945 kehrte er nach Berlin zurück. Hier nahm seine Karriere mit sowjetischer Hilfe den erwünschten Verlauf. 1957 wurde er der alleinige Herr des Ministeriums für Staatssicherheit (MfS) der DDR. Walter Ulbricht und später Erich Honecker waren zwar die führenden Männer im »Arbeiter-

und-Bauern-Staat«, und als diese akzeptierte Mielke sie auch. Doch als Stasi-Chef war er de facto einer der mächtigsten »Zweiten« der Geschichte. In seinem Reich völliger Überwachung unterlag alles und jeder seiner Kontrolle – es war gefährlich, sich mit Mielkes Männern anzulegen. Vom Februar 1950 bis zum Zusammenbruch der DDR wuchs der Personalbestand des MfS von Jahr zu Jahr. Am 31. Oktober 1989 beschäftigte die Stasi so viele Mitarbeiter, dass auf 180 Bürger ein offizieller Stasi-Mann und zwei inoffizielle Mitarbeiter kamen. Gemessen an der Gesamtbevölkerung hatte sich das MfS, so der Historiker Jens Gieseke, »zum wohl größten geheimpolizeilichen und geheimdienstlichen Apparat der Weltgeschichte« entwickelt.

Die Aufgaben und die Zuständigkeiten des MfS waren nie klar definiert worden – es gab keine gesetzlichen Beschränkungen, an die sich Erich Mielke zu halten hatte. Sicher ist, dass aus Sicht des MfS die Prävention eine zentrale Rolle spielte. Die »frühzeitige Aufdeckung und Verhinderung subversiver Angriffe und anderer Straftaten« rechtfertigte in Mielkes Augen die totale Überwachung unbescholtener Bürger. Sicher ist auch, dass Verurteilungsbegründungen, Verhörmethoden, Haftumstände nicht dem hehren Humanismus huldigten, den sich die offizielle DDR auf ihre Fahnen schrieb. In den Annalen der Geschichte steht die Stasi für brutale Willkür und zynische Menschenverachtung. Erich Mielke selbst erwies sich in einer überlieferten Tonbandaufnahme als kalter Schreibtischtäter: »Das ganze Geschwafel, von wegen nicht hinrichten und nicht Todesurteil – alles Käse, Genossen. Hinrichten, wenn notwendig auch ohne Gerichtsurteil.«

Wie passt Katarina Witt in dieses Kabinett des Todes? Der bis heute populäre Star der Eiskunstlaufszene war in der DDR »das schönste Gesicht des Sozialismus«. Mit Talent, Schönheit und Erfolgen in der ganzen Welt wurde Kati Witt zum Aushängeschild des »Arbeiter-und-Bauern-Staates«. Wohl wurde die Karl-Marx-Städterin wegen ihrer sportlichen Erfolge vom Staat für politische Zwecke benutzt; zugleich jedoch ist sie ein einprägsames Beispiel dafür, dass in der zweiten Hälfte der achtziger Jahre die DDR schon nicht mehr souverän genug war, eine Eiskunstläuferin im Griff zu behalten. Je prominenter die junge Sächsin als Weltstar wurde, desto mehr schwand der Einfluss der Machthaber auf sie.

Das war nicht immer so. Als Erich Honecker den ungeliebten Walter Ulbricht 1971 von der Macht verdrängte, wollte er den Bürgern größere Freiheiten einräumen – vor allem der Jugend. Beatrhythmen erklangen in Ostberlin, Hunderttausende heiß begehrter Westjeans wurden importiert. Selbst das legendäre Woodstock konnte 1973 als Weltjugendfestival in seiner Ostversion nachgespielt werden. Was wie Toleranz aussah, war in Wirklichkeit lediglich eine strikte Weiterführung des Ulbricht'schen Grundsatzes: »Es muss nur demokratisch aussehen.« Der Sinn und Zweck der Weltfestspiele der Jugend sollte darin bestehen, das internationale Ansehen der DDR zu verbessern. Doch wenn Bands wie die »Renft-Combo« in ihren Texten Republikflucht und Wehrdienstverweigerung thematisierten, gerieten sie in das Visier von Partei und MfS. Die Gruppe wurde 1975 verboten, zwei der Bandmitglieder wurden inhaftiert. Ähnlich erging es dem Liedermacher Wolf Biermann, der bei einer Tournee in der Bundesrepublik einfach ausgebürgert wurde. Viele Künstler, Schriftsteller und Schauspieler verließen die DDR, manche gingen in die innere Emigration. Die Kulturszene verödete damals.

Doch man hatte ja noch den Sport. Als bei den Olympischen Spielen 1976 die DDR nach der Sowjetunion im Medaillenspiegel den zweiten Rang belegte und die USA auf den dritten Platz verwies, schien die Illusion eines erfolgreichen Regimes perfekt. Der Leistungsdruck, der auf den Sportlern lastete, war allerdings enorm – ein zweiter Platz galt oft schon als Versagen. Neben diesem Druck waren international erfolgreiche Sportler auch den perfiden Methoden der Überwachung ausgesetzt. Im Regime grassierte die Angst, seine »Diplomaten im Trainingsanzug« könnten ihm den Rücken kehren.

Und die Funktionäre fürchteten vor allem, dass gerade eine Katarina Witt den Lockungen westlicher Millionengagen erliegen würde. Flucht wäre eine Katastrophe gewesen. Mielke befahl, Kati Witt rundum zu observieren. »Sie [die SED-Politiker] hatten doch Angst, dass ich abhaue. Ich wollte nicht abhauen. Sie haben von mir sicher mehr profitiert als ich von ihnen.« Katarina Witt schien der lebende Beweis, dass in der DDR nicht alles schlecht sein konnte. Die DDR wollte ihr »Schmuckstück« nicht verlieren und bot ihrer Kati, wie anderen Spitzensportlern auch, verschiedene Privilegien: Westautos, ein Ferienhaus, eine Wohnung in Berlin – nichts schien zu teuer. Nach der Wende musste sie sich deshalb Vorwürfe anhören. Begünstigt mag Katarina Witt gewesen sein, zugleich jedoch war sie, umzingelt von »IMs«, das Opfer eines Überwachungsstaates, der angetreten war, sie »mit der Zielstellung der Verhinderung von Verratshandlungen sowie der ungesetzlichen Verbindungsaufnahme operativ zu bearbeiten«. Doch die Staatsführung scheiterte an ihren eigenen Vorgaben. Noch vor dem Mauerfall glänzte Katarina Witt mit Genehmigung von ganz oben als Star in der US-Show »Holiday on Ice«.

Im Juni 1961 hatte Walter Ulbricht noch öffentlich behauptet, niemand habe die Absicht, eine Mauer zu bauen. Dabei dachte der SED-Chef schon längst daran, die Schotten dicht zu machen. Der ZK-Sekretär für Sicherheitsfragen war bereits beauftragt, Schutzmaßnahmen gegen den Flüchtlingsstrom zu ergreifen: Damit lieferte Erich Honecker sein Meisterstück ab. Seit 1955 waren aus der DDR jährlich 200 000 Menschen geflohen, der Großteil über Berlin. 1961 erhöhte sich die Zahl der Flüchtlinge. Allein im Juli kehrten 31 000 zumeist junge Menschen der Republik den Rücken – die DDR drohte auszubluten. Die SED-Regierung musste handeln. Wer sich in der Nacht vom 12. auf den 13. August 1961 entlang der Sektorengrenze aufhielt, konnte die Schützenpanzer auffahren sehen. Die allererste Mauer war aus Fleisch und Blut: Kampfgruppen und Volkspolizei bezogen Position. Betonpfähle, Stacheldraht und spanische Reiter vervollständigten das Bild. Westberlin, das letzte Schlupfloch aus der DDR, war abgeriegelt.

Als Erich Honecker, Bergarbeiterssohn aus dem saarländischen Neunkirchen, am 3. Mai 1971 die Nachfolge Ulbrichts antrat, forderte er, »dass sich die Partei niemals scheuen darf, die Wirklichkeit so zu sehen, wie sie ist«. Als er am 18. Oktober 1989 zu Fall kam, hatte er den Bezug zur Wirklichkeit seit Jahren schon verloren. Selbst den eigenen Genossen in Moskau und Berlin blieb das nicht verborgen. Michail Gorbatschow urteilte, Honecker habe »sich offensichtlich für die Nummer eins im Sozialismus, wenn nicht sogar in der Welt« gehalten. Der Mann habe »nicht mehr real gesehen, was wirklich vorgeht«. Auch Politbüromitglied Werner Krolikowski meinte nach der Wende, dass Honecker »nicht die Fähigkeit zu einer wahren geistigen Führung von Partei und Volk« besessen habe. Aufzumucken wagte dennoch keiner. Zu groß war die Angst vor dem Verlust der Macht, zu vorherrschend die Feststellung, die Mauer werde noch »in hundert Jahren« stehen. Honecker war kein Tyrann im klassischen Sinne – er war auf seine Weise auch so etwas wie ein deutscher Patriot, der seine saarländische Heimat liebte, der sowjetische und amerikanische Raketen (»Teufelszeug«, so Honecker) am liebsten ganz von deutschem Boden weghaben wollte, der im »Tauwetter« der frühen siebziger Jahre das Reisen für die Menschen im geteilten Deutschland wenigstens teilweise erleichterte. Aber wenn es um die Macht ging, war er eisern. Zeit seines Lebens verteidigte Honecker die Mauer allen Ernstes als »antifaschistischen Schutzwall«. Doch auch die von ihm forcierte Steigerung des Konsumgüterangebots täuschte nicht darüber hinweg, dass der DDR ohne Mauer die Menschen abhanden kommen würden. So glich Honecker in 18 Jahren an der Macht immer mehr einem Kapi-

tän auf einem langsam sinkenden Schiff. Nur mit Finanzspritzen aus der Bundesrepublik, die auf Entspannung und Erleichterung setzte, blieb die DDR in ihren letzten Jahren überhaupt geschäftsfähig. Am Ende fehlte der SED-Führung jeder Rückhalt bei den Menschen. Das Regime hatte seinen Bürgern im wahrsten Sinne des Wortes die Luft zum Atmen genommen. Bevor sie Gefahr liefen, endgültig zu ersticken, fegten es die Menschen weg. »Wer zu spät kommt – den bestraft das Leben.« Gorbatschow traf den Nagel auf den Kopf.

Die DDR ist Geschichte. Was bleibt? Scham über einen ungeheuren Spitzelstaat. Trauer über die Toten an der Mauer. Aber auch Erinnerungen an »richtiges Leben« unter »falschen« Verhältnissen, an Liebe und Trauer, Sorgen und Freuden, Erfolge und Niederlagen, Stolz auf eine friedliche Revolution, die erste und einzige in Deutschland, die wirklich gelang. Hoffnung, dass am Ende doch »zusammenwächst, was zusammengehört«. Goodbye, DDR.

Ulbricht und der Anfang

Am Morgen des 16. Juni 1953 tagte das Sekretariat des Zentralkomitees der SED. Ein Punkt der Tagesordnung war ein wichtiges und in Kürze bevorstehendes Ereignis: Am 30. Juni sollte der 60. Geburtstag des SED-Chefs Walter Ulbricht im Ostberliner Friedrichsstadtpalast mit Pomp und Pathos gefeiert werden. Die Genossen planten, den Generalsekretär zu ehren wie bis dahin keinen anderen Politiker der DDR. Ein angemessenes Geschenk glaubte man auch schon gefunden zu haben – eine Erstausgabe des »*Kapitals*« von Karl Marx. Schon Mitte 1952 war eine »Kommission zur Vorbereitung des 60. Geburtstags des Genossen Ulbricht« gebildet worden, deren Aufgabe darin bestand, das Wiegenfest zu einem »großartigen Schauspiel« auszugestalten. Eine offizielle Biographie war in Auftrag gegeben worden, eine Büste des Staatsmanns und das Gemälde »Walter Ulbricht im EKO-Stahlwerk«. Sogar ein Film über den SED-Chef war entstanden: »Der Baumeister des Sozialismus« lautete der Titel des Streifens; als Drehbuchautor hatte man niemand Geringeren als Stephan Hermlin, Nationalpreisträger der DDR, verpflichtet. Im Film wurde Walter Ulbricht zu einem Sohn des Volkes verklärt, der das Land in eine verheißungsvolle Zukunft führt. Die Filmmacher hatten sich größte Mühe gegeben, den bei der Bevölkerung wenig beliebten »Spitzbart« so sympathisch wie möglich zu zeichnen: leutselig, aufrichtig, menschlich – ob beim Regieren oder Tennisspielen. In der schönen Scheinwelt des Films wirkte die DDR wie das Paradies der Arbeiter und Bauern, während im Westen rußverdreckte Menschen an Hochöfen schufteten. Doch »Der Baumeister des Sozialismus« sollte nie in die Kinos gelangen.

Niemals zuvor war Ulbricht einem Sturz näher als zu seinem 60. Geburtstag. Statt den Spitzengenossen zu ehren, wie das Politbüro der SED vor-

> Die meisten Leute sind heute noch vollauf damit beschäftigt, sich zu wundern, dass gerade ein Ulbricht der erfolgreichste deutsche Politiker nach Bismarck und neben Adenauer werden konnte. Und man muss zugeben, es ist nicht ganz leicht zu erklären.
>
> Sebastian Haffner, 1966

> In der Deutschen Demokratischen Republik wurde das Goethe-Wort wahr: »Hier bin ich Mensch, hier darf ich's sein.«
> Ulbricht

gesehen hatte, gingen am 16. Juni die Arbeiter auf die Straße. Lauthals protestierten sie gegen die schlechten Lebensbedingungen und forderten Ulbrichts Rücktritt. Als am 17. Juni 1953 die Demonstrationen in einen landesweiten Aufstand übergingen und die Partei- und Staatsführung jegliche Kontrolle verlor, schritt der »große Bruder« ein: Sowjetpanzer rollten in die Zentren der Städte und erstickten das Aufbegehren des Volkes mit brachialer Gewalt. Die Tragik des 17. Juni 1953 entbehrte nicht der Ironie: Ein Aufstand, der sich offenkundig gegen das Regime Walter Ulbrichts gerichtet hatte, half ihm am Ende, seine Macht zu sichern. Bereits vor den Demonstrationen war Ulbricht parteiintern in die Kritik geraten, auch in Moskau hatte sein Führungsstil Unmut erzeugt. Heimlich bereiteten seine Gegner schon seine Entmachtung vor. Doch die Ereignisse im Umfeld des 17. Juni 1953 machten alle Pläne, Ulbricht abzulösen, zunichte. Nachdem der Aufstand niedergeschlagen war, besaß der SED-Chef mehr Macht denn je.

Wie war es dem biederen Sachsen mit der Falsettstimme und dem Spitzbart gelungen, seine Machtposition zu behaupten und diese sogar zu einer faktischen Alleinherrschaft auszubauen? »Er hat, oberflächlich gesehen, kaum eine der Eigenschaften, die ein großer Politiker normalerweise aufweist... Er ist alles andere als ein hinreißender Redner: er sächselt, er ist nicht sprachgewaltig, er hat weder denkwürdige Worte geprägt noch originelle Ideen proklamiert«, urteilte der Historiker Sebastian Haffner 1966 in einem Essay über Walter Ulbricht. Dennoch drückte er wie kein anderer ostdeutscher Politiker der DDR seinen Stempel auf und wurde einer der dienstältesten und erfolgreichsten Herrscher des Ostblocks. Als Generalsekretär formte Ulbricht das Sekretariat des Zentralkomitees der SED zum persönlichen Instrument seiner Macht im Staat. An ihm, dem Statthalter Stalins, kam kein anderer Politiker vorbei; seine Gegner scheiterten meist kläglich. Bis 1971 war er die bestimmende Figur in der DDR, erst Erich Honecker verwies ihn ins historische Abseits. Als »erfolgreichsten deutschen Politiker seit Bismarck« hat ihn Sebastian Haffner einmal bezeichnet, aber auch gleichzeitig als »bestgehassten«.

Bis heute unterschätzen viele den Mann, der oft wie seine eigene Karikatur wirkte. Doch ein Blick auf seine Lebensgeschichte offenbart eine Persönlichkeit von nahezu beispielloser Zähigkeit, ausgeprägtem Machtbewusstsein und Durchsetzungsvermögen. Als er Ende der vierziger Jahre seine geschichtliche Rolle zu spielen begann, hatte er schon mehr als drei Jahrzehnte Politik hinter sich: Bis heute ranken sich um seinen Lebenslauf verordnete Legenden. DDR-Biographen schrieben ihm eine Herkunft als »Kind armer Leute« zu: »Von einer ›guten Kinderstube‹ spricht er, wenn er sich an seine Kindheit erinnert und seiner Eltern gedenkt, die ihm stets ein Beispiel echt proletarischer Denk- und Lebensweise gegeben haben. Es erfüllt ihn mit Stolz, ein deutscher Arbeitersohn zu sein und der Klasse anzugehören, der die Zukunft der Menschheit anvertraut ist«, huldigt ihm sein »offizieller« Biograph Johannes R. Becher 1958. Damit verleiht er zwar dem Wunschbild vom sozialistischen Staatsmann Konturen, doch dieses entspricht keineswegs den Tatsachen.

> **Ulbricht fiel mir überhaupt nicht auf. Da er nur sehr wenig sagte, meinten wir, er sei dumm. ... Eine Zeit lang saß Ulbricht direkt neben mir, aber ich habe ihn bald wieder vergessen.**
> Erinnerung eines Mitschülers von Ulbricht

> **Du musst in deinem Leben stets ein festes Ziel vor Augen haben. Oft kann man es nicht sehen, dann muss man nach einem Kompass marschieren, um nicht in die Irre zu gehen.**
> Ernst Ulbricht, Vater

Geboren wurde Walter Ulbricht am 30. Juni 1893 in Leipzig. Seine Eltern Pauline Ida und Ernst August Ulbricht waren beide gelernte Schneider. Das Einkommen der Ulbrichts war sicher nicht üppig, doch gehörten sie zu jenen Familien Leipzigs, die eher kleinbürgerlich als proletarisch lebten. Ulbrichts Vater sympathisierte zunächst mit den Sozialisten, wurde später jedoch Mitglied der KPD; nennenswerte politische Aktivitäten brachte er nicht zustande. Auch darf bezweifelt werden, ob die Wahlveranstaltungen, zu denen der Vater seinen Erstgeborenen hin und wieder mitnahm, den Knaben übermäßig beeindruckten. 1907 verließ Walter die Schule. Wie seine Eltern und Großeltern sollte er ein Handwerk erlernen, und er begann eine Lehre als Möbelschreiner. Sein gut zehnstündiger Arbeitstag dürfte dem jungen Ulbricht kaum Zeit für politische Betätigung gelassen haben. Dennoch soll er 1908 bei einem Streik der Leipziger Tischler maßgeblich an der Vertreibung eines Streikbrechers beteiligt gewesen sein. Die spärliche Freizeit verbrachte Walter in einem Arbeiterturnverein, wo er sich durch sportlichen Ehrgeiz hervortat. Seine Liebe zum Sport sollte ihn bis ins hohe Alter begleiten. »Sport war und blieb die einzige Leidenschaft seines Lebens«, meint sein Biograph Mario Frank. Nach Beendigung seiner Lehre, im Frühjahr 1911, ging Walter Ulbricht »auf die Walze«. Seine Wanderschaft als Tischler sollte anderthalb Jahre dauern und ihn durch Belgien und Holland sowie durch Österreich, die Schweiz und Italien führen. Zum Kosmopoliten wurde er deswegen freilich nicht. In einem Fragebogen für SED-Mitglieder

> *Mit Feuereifer war er bei der Sache, jederzeit kam er pünktlich zur Turnstunde, immer war er bereit, wenn es galt, die Turngeräte aufzubauen oder wegzuschaffen. Bemerkenswert war, dass er sofort auf die Bildung von guten Kollektiven hinwirkte und eine Reihe von anderen Zöglingen vorbildlich beeinflusste. ... Walter Ulbricht machte seinem Vorturner wirklich nur Freude.*
>
> Oskar Zimmermann, Vorturner im Leipziger Arbeiterturnverein »Eiche«

beantwortete Ulbricht im März 1951 die Frage nach Fremdsprachenkenntnissen schlicht mit: »Keine«.

Im Herbst 1912 kehrte der Neunzehnjährige nach Leipzig zurück und zog wieder bei seinen Eltern ein. Gleichzeitig trat er der SPD bei, hielt als Jungfunktionär Referate vor Jugendgruppen und wurde 1913 zur »Korpora«, dem engsten Funktionärskreis der SPD, zugelassen. Als 1914 der Erste Weltkrieg ausbrach, schloss sich der junge Tischler der Leipziger »Liebknecht-Gruppe« an, die mittels Pamphleten und Flugblättern zur Beendigung der Kämpfe aufrief. Am 23. Mai 1915 wurde Walter Ulbricht in die Armee des Deutschen Reiches einberufen und als Stellmacher mit seinem Truppenteil auf dem Balkan eingesetzt. »Der Geist des preußischen Militarismus verdirbt systematisch den Charakter. Unter diesem System in seiner extremsten Form hause ich jetzt«, schrieb er nach Hause. »Was hier an Menschenschinderei betrieben wird, ist unglaublich. Habe jetzt zu Homers Werken Zuflucht genommen – und die Brust voll Hoffnung auf bessere Zeiten.« Im Herbst 1917 erkrankte Ulbricht an Malaria, kam in ein Militärlazarett und wurde erst im Januar 1918 wieder entlassen. Kurz darauf sollte sein Truppenteil nach dem Sieg über Russland und dem Waffenstillstand von Brest-Litowsk an die Westfront verlegt werden. Inzwischen war die anfängliche Kriegsbegeisterung vieler Soldaten jedoch einer völligen Ernüchterung gewichen. Als Ulbrichts Einheit nach mehrtägigem Bahntransport in Köln eintraf, waren rund zwei Drittel der Soldaten desertiert. Unterwegs hatte sich auch Walter Ulbricht nach Leipzig abgesetzt. Doch nach wenigen Tagen in Freiheit wurde der Fahnenflüchtige festgenommen und zu zwei Monaten Gefängnishaft verurteilt. Nachdem er seine Strafe abgesessen hatte, erhielt Ulbricht

---

Wir haben in Leipzig am 30. Juli 1914 demonstriert: Nieder mit dem Krieg! ... Ich habe hier in Leipzig in einer Funktionärsversammlung verlangt: Ablehnung der Kriegskredite!

Ulbricht

»Da er nur sehr wenig sagte, meinten wir, er sei dumm«: Der siebenjährige Walter Ulbricht (3. Reihe von unten, Mitte) im Kreise seiner Mitschüler.

»Nicht zum Kosmopoliten geworden«:
Ulbricht (rechts) als Möbeltischler auf Wanderschaft, 1911.

den Marschbefehl nach Brüssel, wo er seinen restlichen Militärdienst ableisten sollte. Allerdings wurden in seinem Gepäck politische Flugblätter gefunden, und Walter Ulbricht wurde für weitere vier Wochen inhaftiert. Doch zu einem zweiten Gerichtsverfahren sollte es nicht mehr kommen. Anfang November 1918 gelangte die Nachricht vom Kieler Matrosenaufstand auch nach Charleroi durch, wo Walter Ulbricht im Gefängnis saß. Er konnte fliehen und traf Mitte November 1918 erneut in Leipzig ein.

Auch in der alten Messestadt brodelte es. Der Erste Weltkrieg war beendet, die Revolution ausgebrochen. Jetzt übernahmen zeitweise Arbeiter und Soldaten die Herrschaft über die Stadt, Bürgermeister und Ortsvorsteher wurden abgesetzt. Für den fünfundzwanzigjährigen Ulbricht begann ein neuer Lebensabschnitt: Der Tischler mauserte sich zum »Berufsrevolutionär«. Ulbricht besuchte in Uniform Lazarette und sprach bei Versammlungen. Doch schenkten die verwundeten Soldaten und die Leipziger Bürger dem jungen Mann mit der Fistelstimme nur wenig Beachtung. »Wir haben uns ja damals überhaupt nicht für den Kerl interessiert. Der spielte so gar keine Rolle. Man hat sich nie vorstellen können, dass mal was Größeres aus dem wird«, sollen Zeitzeugen gesagt haben, als man sie später nach ihren Eindrücken von Ulbricht befragte. Seine Redekünste seien »zu wenig attraktiv« gewesen – als »hölzern und trocken« beurteilte sie ein alter Funktionär. Schon bald trug Ulbricht den wenig schmeichelhaften Beinamen »Holzkopf« oder »Holzknacker«. Doch der junge »Revolutionär« bewies andere Qualitäten: Ulbricht verstand es zu organisieren und war fest davon überzeugt, dass die proletarische Revolution nur eine Frage sorgfältiger Vorbereitung sei. Seit 1919 bewegte sich Ulbricht im Umfeld der Anfang des Jahres in Berlin gegründeten KPD; 1920 wurde er Mitglied.

Seinem Tischlerhandwerk hatte der junge Ulbricht abgeschworen, als »Parteisoldat« arbeitete er in einem kleinen Büro am Leipziger Johannesplatz und verfasste Artikel und Propagandamaterial, womit er sich bald einen erneuten Haftbefehl einhandelte. Ulbricht tauchte unter, trug bürgerliche Kleidung, um nicht aufzufallen – und wurde dennoch festgenommen. Da die Leipziger Polizei keine Beweise vorlegen konnte, entließ man ihn nach wenigen Tagen aus der Untersuchungshaft. Während des Kapp-Putsches im März 1920, bei

---

Ein gütiges Schicksal bewahre die KPD davor, dass dieser Mann mal an die Oberfläche gespült wird. Der Mann gefällt mir nicht. Sehen Sie in seine Augen, und Sie werden erkennen, wie verschlagen und unaufrichtig er ist.
Clara Zetkin, KPD-Politikerin

Er geht doch an alle Sachen wie ein Husar. Er ist immer in der Attacke, und das kann in einer kritischen Situation mal zu großem Schaden führen.
Ernst Thälmann, KPD-Vorsitzender

dem die Reichsregierung in Berlin gestürzt werden sollte, organisierte Ulbricht Waffen für seine Partei. Doch zwang ihn abermals ein Haftbefehl in den Untergrund. Im Februar 1920 hatte der Siebenundzwanzigjährige seine langjährige Freundin Emma Louise Martha Schmelinsky, eine junge Maschinennäherin, geheiratet. Walter Ulbricht schrieb ihr hin und wieder einen Brief, manchmal schickte er etwas Geld. Gemeinsame Stunden gab es allerdings nur selten. Schnell lebten sich die jungen Eheleute auseinander. Seine Bestimmung sah Ulbricht eher in der Politik als im Eheglück.

Wenige Wochen nach dem gescheiterten Umsturzversuch Kapps erhielt er seine erste bezahlte Stellung in der Partei als Sekretär der Bezirksleitung Thüringens. Sein Fleiß und sein Organisationstalent hatten ihn dafür empfohlen – beliebt war Ulbricht bei seinen Parteigenossen jedoch nicht. »Kalt und abweisend« habe er sich verhalten, höheren Funktionären sei er jedoch immer unterwürfig begegnet. Ernst Wollweber, damals politischer Leiter des Nachbarbezirks, beschrieb ihn später folgendermaßen: »Er galt als unerhört fleißig, initiativ, ausgesprochen solide. Er hatte keine Laster und keine erkennbaren äußerlichen Schwächen. Er rauchte nicht, er trank nicht und hatte keinen persönlichen Umgang. Niemand in der Partei war mit ihm befreundet.« Ein weiterer Parteigenosse erinnerte sich an eine Begebenheit aus den frühen zwanziger Jahren: »1922 oder 1923 fuhren wir von einer Konferenz in Gera oder Jena zurück. Wir saßen in einem offenen Coupé der 4. Klasse und waren froh, der langweiligen Konferenz entronnen zu sein. Die meisten von uns kamen aus der Jugendbewegung. Wir waren naturliebend und freuten uns jetzt an der schönen Landschaft, durch die wir an diesem sonnigen Sonntagnachmittag nach Hause fuhren. Nur einer in der ganzen Gruppe konnte nicht aufhören, von der Politik zu reden: Das war Walter Ulbricht, der uns mit den politischen Fragen langweilte, die wir auf der Konferenz schon bis zum Überdruss besprochen hatten. Ulbricht sah nichts und hatte auch keinen Teil an unserer Lebensfreude. ›Das ist aber ein Knochen!‹, höre ich noch heute meinen Nebenmann sagen.«

Die mangelnde Sympathie seiner Parteifreunde störte Ulbricht wenig. Als Bezirkssekretär reiste er immer öfter zu Sitzungen des Zentralausschusses nach Berlin, nahm an Parteitagen teil und gehörte 1922 der deutschen Delegation auf dem IV. Weltkongress der Kommunistischen Internationale in Petrograd und Moskau an. Nahezu unbemerkt, aber stetig machte der Jungfunktionär Karriere. Der Aufstieg in die Parteizentrale gelang Ulbricht 1923.

»Apparatschik par excellence«: Die deutsche Delegation auf dem IV. Weltkongress der Kommunistischen Internationale in Moskau. Ulbricht in der letzten Reihe, 4. von rechts.

Auf dem 8. Parteitag der KPD wurde er – wenn auch nur mit knapper Mehrheit – in die »Zentrale« gewählt, das zweitwichtigste Führungsgremium der Partei.

1923 war gleichzeitig das schwerste Jahr der Weimarer Republik. Die Inflation wucherte, die Wirtschaft lag darnieder, Frankreich und Belgien hielten das Rheinland besetzt. Die KPD-Führung war der Meinung, dass die Zeit reif sei für einen Umsturz und die Errichtung einer Arbeiter-und-Bauern-Regierung in Deutschland. Mit allen Mitteln sollte der Aufstand in die Wege geleitet werden. Wieder einmal war Ulbricht für die Beschaffung von Waffen und Ausrüstung zuständig. Am 9. November, dem fünften Jahrestag der Ausrufung der Republik, sollten sich »die Massen erheben«. Doch die »Massen« waren dazu alles andere als bereit, nicht einmal ein Generalstreik kam zustande. Für Walter Ulbricht hatte der gescheiterte Umsturz zunächst katastrophale Folgen: Die KPD wurde in Deutschland verboten, die Abteilung, in der er bis dahin tätig gewesen war, aufgelöst, etliche Funktionäre wurden verhaftet. Auch Ulbrichts Name stand wegen Hochverrats auf den Steckbriefen. Arbeitslos und auf der Flucht vor der Polizei, erlebte der Dreißigjährige seine bislang bitterste politische Niederlage. Doch die sowjetische Parteiführung ließ den linientreuen Jungfunktionär nicht fallen. Von einem Gönner mit falschen Papieren ausgestattet, reiste Ulbricht im Frühjahr 1924 nach Moskau, um dort eine bezahlte Tätigkeit als Mitarbeiter der Organisationsabteilung der Komintern zu übernehmen. Damit war nicht nur seine materielle, sondern auch seine politische Existenz gesichert. »Genosse Zelle«, wie er bald von seinen Kollegen genannt wurde, sollte sich der internen Parteiorganisation annehmen, dabei forderte er »schärfste Kontrolle – strengste Arbeitsdisziplin«.

Gut ein Jahr später – das Parteiverbot war inzwischen wieder aufgehoben worden – kehrte Ulbricht von Moskau in die Organisationsabteilung der KPD-Zentrale in Deutschland zurück. Der Aufenthalt in Moskau war für Ulbricht prägend gewesen, als junger deutscher Parteisoldat hatte er die Macht der Komintern aus nächster Nähe kennen gelernt und wichtige Kontakte zu ihren Führern geknüpft. Politisch verfolgte Ulbricht strikt die »Bolschewisierung« der KPD und vertrat parteiintern die Interessen Moskaus. Im Laufe der kommenden Jahre gelang es ihm, innerhalb der Partei wichtige Schlüsselpositionen zu erobern und Mitglied des Deutschen Reichstags zu werden. Ulbricht verkörperte dabei in geradezu idealer Weise den Typ des »Apparatschiks«, des gehorsamen Parteiarbeiters: »Ihm fehlen Verbindlichkeit, Charme, Liebenswürdigkeit, Dämonie, rhetorische Talente, Originalität und Brillanz, Bildung, Phantasie und die mitreißende Vitalität des leidenschaftlichen Revolutionärs. Ihm fehlt Format«, charakterisierte ihn die Schriftstellerin Carola Stern. Und weiter: »Volkstribun kann er nicht werden, es fehlt ihm die Gabe, die Massen zu begeistern. Er gehört nicht zu denen, die kommen, sehen, siegen. So fängt er ganz unten an und dient sich langsam hoch, lernt von der Pike auf das Handwerk des Apparatschiks: Organisation. Der Apparatschik folgt den Gesetzen des Apparates. Hier, im Apparat, ist nicht das Feld der weit planenden Politiker, hier werden nicht Programme und ›Generallinien‹ entworfen, hier wird Kleinarbeit geleistet, hier wird durchgeführt. Der Apparatschik ist ein Durchführer.«

1929 wurde der »Durchführer« politischer Leiter des KP-Bezirks Berlin-Brandenburg – und damit höchster Parteifunktionär in der Hauptstadt. Bei der Wahl zur Berliner Stadtverordnetenversamm-

> Nieder mit dieser Regierung des Trustkapitals, nieder mit dieser Regierung, deren Minister nichts anderes sind als Knechte des deutschen Finanzkapitals!
>
> Ulbricht im Reichstag, 1928

> Wir werden der Arbeiterschaft sagen: Es gibt für sie nur einen Ausweg – die Bewaffnung der Arbeiter! Im Kampf um ein Sowjetdeutschland wird die deutsche Arbeiterklasse ihre deutschen und internationalen Sklavenhalter zum Teufel jagen.
> Ulbricht im Reichstag, 5. Februar 1931

lung war die KPD mit 24,6 Prozent zweitstärkste Fraktion nach der SPD geworden. In einigen Bezirken, wie Wedding, Friedrichshain oder Neukölln, erreichten die Kommunisten bis zu 47 Prozent der Stimmen. Ende der zwanziger Jahre galt Berlin als »rote Hauptstadt«. Ulbricht hielt als KPD-Chef dieser kommunistischen Bastion somit eine Schlüsselstellung inne. Sein erbittertster Gegner im politischen Kampf hieß Joseph Goebbels, der Gauleiter der Nationalsozialisten. Immer wieder gerieten die Kommunisten in blutigen Straßenschlachten mit Hitlers Anhängern aneinander, organisierte Ulbricht Streiks und Demonstrationen. Auch im Reichstag lieferte Ulbricht sich mit dem braunen Agitator Goebbels heftige Rededuelle: »Wenn es in diesem Hause nicht zulässig ist, eine Person wie Joseph Goebbels zu charakterisieren, wie es sich gehört, so werden wir das woanders tun, und nicht nur mit Worten, sondern dass den Nationalsozialisten Hören und Sehen vergeht.«

Der 22. Januar 1931 wurde zum »Großkampftag« erklärt. Redner beider verfeindeter Parteien sollten sich auf sechs verschiedenen Bühnen im Wettstreit messen. Im Saalbau Friedrichshain trafen die Berliner Parteichefs der KPD und NSDAP, Walter Ulbricht und Joseph Goebbels, vor 4000 Menschen aufeinander. Die Veranstaltung geriet zum Tumult. Keinem der Redner gelang es, sich gegen das ohrenbetäubende Pfeifkonzert und die Zwischenrufe der Gegner durchzusetzen. Schließlich entwickelte sich eine Saalschlacht, bei der SA-Leute und Kommunisten mit Stuhl- und Tischbeinen brutal aufeinander eindroschen. Die Bilanz der »Abendveranstaltung«: über 100 Verletzte, darunter zwölf Schwerverletzte. In seinem Tagebuch

> *Ich fragte Ernst Thälmann: »Warum habt ihr ihn eigentlich abgelöst? Unter seiner Führung hat doch die Berliner Parteiorganisation, die größte und wichtigste, die wir haben, ganz gute Fortschritte erzielt. Wir sind in Berlin die stärkste Partei.« Und Ernst Thälmann antwortete: »Gerade deshalb. Wir sind in Berlin die stärkste Partei, und in diesem Zentrum können bei der sich zuspitzenden Situation sehr schnell auch unüberlegte und falsche Entscheidungen getroffen werden. Er hat seine Aufgabe in Berlin erfüllt. ... Jetzt brauchen wir in Berlin einen politischen Leiter, der nicht immer in der Attacke ist.«*
> Ernst Wollweber, KPD-Politiker

hielt Goebbels das Ereignis als Triumph fest: »Aber die Roten haben das Feld geräumt.« Wenig später kam es anlässlich der Beratung des Reichshaushaltsgesetzes zu einer erneuten Konfrontation der politischen Gegner: »Kleines Intermezzo mit dem K.P.-Disten Ulbricht, der nur gegen mich wettert – vor leerem Hause –, und dann kommt meine Stunde«, schreibt Goebbels am 6. Februar 1931 in sein Tagebuch. »Ich bin fabelhaft in Form. Rede eine ganze Stunde vor überfülltem Hause. ... Es ist ein Bombenerfolg und wurde vom ganzen Hause so gewertet. Alles ist begeistert.« Gegen den wortgewaltigen Demagogen hatte der hölzerne Sachse mit der Fistelstimme keine Chance.

Mit Hitlers Machtübernahme am 30. Januar 1933 wurde die KPD verboten. Ulbricht versuchte noch in einer letzten, verzweifelten Aktion, die SPD zu einem gemeinsamen Generalstreik zu bewegen. Doch alle Anstrengungen kamen zu spät. Bereits am 2. Februar stürmten die Nazis die Parteizentrale der KPD und durchsuchten das Haus. Hitler hatte die »Ausrottung des Marxismus mit Stumpf und Stiel« zu einem Ziel seiner Innenpolitik erklärt. Als in der Nacht des 27. Februar die Flammen durch das Dach des Reichstages schlugen, machte der Diktator die »rote Partei« dafür verantwortlich. Tausende Kommunisten wurden verhaftet, auch gegen Ulbricht erging ein »Festnahmeersuchen«. Seit seiner Zeit in Leipzig mit dem Leben in der Illegalität vertraut, gelang es Ulbricht jedoch, sich dem Zugriff durch die Gestapo zu entziehen. Erst im Oktober 1933 verließ er Deutschland.

Die Zeit der Hitler-Diktatur verbrachte Ulbricht in der Emigration, wo er zwischen Moskau, Paris und Prag hin und her reiste. Mit anderen Exilanten versuchte Ulbricht vom Ausland aus, den Kampf gegen Hitler fortzuführen. Doch verfolgt und gehetzt, meist ohne materielle Einkünfte, war Widerstand gegen das Nazi-Regime so gut wie aussichtslos. Hinzu kamen parteiinterne Auseinandersetzungen, die die Reste der KPD kräftemäßig auszehrten. Seit der Verhaftung Ernst Thälmanns am 3. März 1933 war um die Nachfolge des Parteiführers ein heftiger Kampf entbrannt. Auch Walter Ulbricht erhob Anspruch auf das hohe Amt und ließ nichts unversucht, seine Konkurrenten

»Der ehemalige Reichstagsabgeordnete Tischler Walter Ulbricht, geb. am 30. Juni 1893 in Leipzig, zuletzt Berlin wohnhaft gewesen, z.Zt. unbekannten Aufenthalts, ist zur Untersuchungshaft zu bringen. ...«
Haftbefehl gegen Ulbricht von 5. August 1933

Er war ein Mann – ich habe das in der ersten Zeit der unmittelbaren illegalen Tätigkeit, als es um Köpfe ging, 1933 und danach, erlebt –, der keine Angst hatte, der nicht nur andere in gefährliche Situationen schickte, sondern selbst auch gefährliche übernahm.
Herbert Wehner, »Zeugnis«

»Den Nationalsozialisten wird Hören und Sehen vergehen«: Ulbricht im Rededuell mit Goebbels (links, mit dem Rücken zur Kamera), 22. Januar 1931.

auszuschalten. KPD-Mann Herbert Wehner, der in dieser Zeit häufig mit Ulbricht zusammentraf, urteilte später über ihn: »Ulbrichts Stärke bestand in einer unermüdlichen Geschäftigkeit, die ich an ihm immer und in allen Lagen habe feststellen können. ... Seine Überlegenheit bestand nicht in tieferer Einsicht oder größere Reife, sondern in seiner Fähigkeit, stets besser informiert zu sein als andere und viel hartnäckiger der Durchführung von Einzelheiten nachzugehen.« Schließlich sah sich die Komintern-Zentrale in Moskau gezwungen, Ulbricht zu ermahnen, seine Intrigen gegen die Parteigenossen einzustellen. Doch die Führungskämpfe gingen weiter. Im Oktober 1935 schließlich konnte Walter Ulbricht triumphieren: Er erhielt Sitz und Stimme im Politbüro und Zentralkomitee der Partei, gleichzeitig wurde ihm die »operative Leitung« in Prag übertragen. Seine Konkurrenten Fritz Schulte und Hermann Schubert wurden von der Parteiführung ausgeschlossen. Doch statt sich mit seinem Sieg zufrieden zu geben, forderte Ulbricht, Schulte und Schubert ihrer Ämter zu entheben und ein Partei-

> Ulbricht versuchte, alle Verbindungen und laufenden Angelegenheiten in seine Hände zu bekommen, um nach Thälmann der nächste Mann zu werden.
> Herbert Wehner, »*Zeugnis*«

»Schlagt die Faschisten«: Ulbricht (4. von rechts) auf einer KPD-Veranstaltung im Januar 1933, kurz vor Hitlers Machtübernahme. Rechts außen Parteichef Thälmann.

verfahren gegen sie einzuleiten, was schließlich für die einstigen Kontrahenten das Todesurteil bedeutete: 1938 fielen sie den stalinistischen Säuberungen zum Opfer. Hermann Schubert wurde zum Tode verurteilt und erschossen, Fritz Schulte starb 1941 in Lagerhaft.

Stalin hatte in der Sowjetunion ein Schreckensregime errichtet und dabei fast die gesamte Führung der alten KPdSU eliminiert. Ziel des Diktators war die systematische Vernichtung der Parteispitze und ihrer Mitglieder. Jeder, der ein Parteiamt innehatte, musste damit rechnen, festgenommen und liquidiert zu werden. Viele der Verhafteten erfuhren nie, was ihnen zur Last gelegt wurde. Andere wurden zu »Geständnissen« gezwungen. Von den neun deutschen Kommunisten, die Mitglieder des Politbüros der KPD gewesen waren und sich im sowjetischen Exil befanden, kamen am Ende lediglich Wilhelm Pieck und Walter Ulbricht mit dem Leben davon. Nur

> Bei den vielen Besprechungen, die wir durchführten, hat sich gezeigt, dass die Disziplin innerhalb der Organisation sowohl politisch wie in Bezug auf die Konspiration stark gelockert ist. In letzter Zeit ist verhältnismäßig viel im Land aufgeflogen.
>
> Ulbricht, März 1935

> ...n kann mich nicht mit einem Mann an einen Tisch setzen, der plötzlich behauptet, der Tisch, an dem wir sitzen, sei kein Tisch, sondern ein Ententeich, und der mich zwingen will, dem zuzustimmen.
> Heinrich Mann

wer sich Stalin völlig unterwarf, hatte eine Chance, den Terror zu überleben. Jeder politische Fehler konnte tödlich sein. Ulbrichts Erfolgskonzept hieß, die Weisungen Stalins penibel zu befolgen und sich jeder Kehrtwende geschmeidig anzupassen.

Als am 23. August 1939 Stalin mit Hitler den deutsch-sowjetischen Nichtangriffspakt schloss, löste dies vor allem bei deutschen Kommunisten Bestürzung aus. Hitlers Krieg wurde von Stalin nun als »Kampf zwischen den imperialistischen Mächten« deklariert und Deutschland als »friedliebende Macht« bezeichnet. Ulbricht schwenkte ohne zu zögern auf den neuen Kurs ein und erklärte, das Bündnis mit Hitler-Deutschland sei eine »konsequente Fortsetzung der Friedenspolitik der Sowjetmacht und eine gewaltige Waffe im Kampf des deutschen Volkes gegen den Krieg«. Noch am 16. Juni 1941 dementierte der »Apparatschik«, dass mit einem deutschen Angriff auf die Sowjetunion zu rechnen sei: »Das sind Gerüchte, die mit provokatorischen Absichten verbreitet werden. Es wird keinen Krieg geben«, behauptete Ulbricht gegenüber deutschen Emigranten bei einem Schulungsabend. Als am 22. Juni 1941 die deutsche Wehrmacht mit ihrem Überfall auf die Sowjetunion begann, erfolgte ein erneuter Kurswechsel. Nun durfte wieder zum »unversöhnlichen Kampf aller antifaschistischen Kräfte« und zur »Verteidigung der Sowjetunion« aufgerufen werden. Dass es den Hitler-Stalin-Pakt jemals gegeben hatte, wurde schlichtweg verdrängt.

Noch am ersten Tag der Kämpfe wurde Walter Ulbricht mit seiner neuen Aufgabe betraut: Die deutsche Zivilbevölkerung und die deutschen Soldaten sollten über Hitlers Verbrechen aufgeklärt werden, Ulbricht hatte sich dabei um die deutschsprachigen Programme von Radio Moskau zu küm-

---

Auf die Flüsterpropaganda nationalsozialistischer Funktionäre über einen künftigen Krieg gegen die Sowjetunion sollen wir nicht mit Geschrei über die Gefahr eines Krieges gegen die Sowjetunion antworten, sondern immer wieder darlegen, dass nur die Freundschaft des deutschen Volkes mit dem Sowjetvolke für beide Völker von Nutzen ist. Die Zersetzungserscheinungen in Teilen der Emigration zeigen, dass es notwendig ist, Säuberungsmaßnahmen durchzuführen.
Beschluss der KPD-Führung in Moskau, 30. April 1941

»Heute kein Abendbrot verdient«: Ulbricht (rechts) gelang es bei Stalingrad nur selten, deutsche Soldaten zum Überlaufen zu bewegen.

mern. »Das arbeitende Volk Deutschlands und das Sowjetvolk müssen durch den gemeinsamen Kampf zum Sturz der faschistischen Brandstifter die Voraussetzungen für einen dauerhaften Frieden und für eine echte Freundschaft zwischen den beiden Völkern schaffen«, appellierte er in seiner ersten Radioansprache am 26. Juni 1941, die vom Reichssicherheitshauptamt in Berlin genau registriert wurde, an seine Landsleute. Gleichzeitig wurde Ulbricht für sowjetische Armeestellen an der deutschen Front aktiv. Deutsche Kriegsgefangene sollten durch »Aufklärungs- und Erziehungsarbeit« zu Antifaschisten umgezogen werden. Doch die meisten Männer in den Kriegsgefangenenlagern sahen in den deutschen Kommunisten nur Vaterlandsverräter, mit denen man nicht nichts zu tun haben wollte. Ulbricht und seinen Genossen blieb bei ihrer Propagandatätigkeit somit wenig Erfolg beschieden.

Nach der Schlacht um Stalingrad, im Winter 1942/43, wurde die Bildung eines antifaschistischen deutschen Komitees diskutiert. In den Reihen deutscher Kriegsgefangener sollten Soldaten gefunden werden, die sich bereit erklärten, auf sowjetischer Seite Agitationsarbeit zu leisten und ihre Kameraden an der Front aufzufordern, die Waffen niederzulegen und zur Roten

> Wir sprechen zu deutschen Soldaten der 371. Division. Bei der ersten Ansprache werden wir mit zehn schweren Minen begrüßt.
>
> Ulbricht, 18. Dezember 1942

> »Na, Genosse Ulbricht, es sieht nicht so aus, als ob Sie heute Ihr Abendbrot verdient hätten. Es haben sich keine Deutschen ergeben.«
>
> Nikita Chruschtschow

> Ich kann mich erinnern an Walter Ulbricht und Erich Weinert, die im Grabenfunk zu uns gesprochen haben vom Nationalkomitee Freies Deutschland, die uns aufforderten überzulaufen.
>
> Günter Mai, als Soldat der Wehrmacht in Russland

Armee überzulaufen. Am 12. und 13. Juli 1943 wurde in Krasnogorsk das »Nationalkomitee Freies Deutschland« ins Leben gerufen. Walter Ulbricht hatte – mit Genehmigung Stalins – die Gründung organisiert und vorbereitet. Heinrich Graf von Einsiedel, damals deutscher Offizier und Mitbegründer des Nationalkomitees, bemerkte dazu: »Es gibt Kommunisten, die ganz gut mit den Offizieren zu verhandeln verstehen. Aber die ›Apparatschiks‹ aus der Partei, wie Ulbricht mit seinen hölzernen, ›dialektischen‹ Monologen, sind einfach unerträglich.«

Anfang 1945 wurde seitens der KPD-Führung die Rückkehr nach Deutschland vorbereitet. Schon seit 1944 war Ulbricht dafür vorgesehen, die politische Führung der »Schule für das Land« zu übernehmen – einer Kaderschmiede, in der den Teilnehmern im Schnellverfahren marxistisch-leninistische Grundsätzen eingetrichtert wurden. Die einzelnen Kader sollten später im neuen Deutschland tätig werden. Ziel war es, so schnell wie möglich eine kommunistische Massenpartei aufzubauen und die politische Macht an sich zu reißen. Die Bemühungen der deutschen Emigranten, allen voran Walter Ulbrichts, konzentrierten sich vor allem auf die Herrschaft in der künftigen Sowjetzone. Doch Stalin verordnete ihnen zunächst Zurückhaltung. Der sowjetische Diktator wollte keinen Separatstaat – er hatte die Bolschewisierung ganz Deutschlands im Auge. Eine Teilung des Landes würde ihm diese Möglichkeit auf lange Sicht nehmen. »Am Anfang der ganzen Nachkriegsentwicklung bestand das Hauptinteresse der Sowjetunion darin, der Spaltung Deutschlands vorzubeugen und eine einheitliche Lösung zu suchen«, äußerte sich der sowjetische Diplomat Valentin Falin hierzu.

Dennoch ließ sich der Eifer der deutschen KPDler kaum bremsen. Im April 1945 wurden die Namen derer genannt, die als Erste nach Berlin zurückkehren und ihre Arbeit im Nachkriegsdeutschland aufnehmen sollten. Die Direktiven der Sowjets an die deutschen Kommunisten waren eindeutig: Eigenständige politische Arbeit wurde strikt untersagt, die Deutschen sollten ausschließlich auf Weisung Moskaus handeln. Walter Ulbricht wurde die Leitung einer zehnköpfigen Gruppe übertragen. Der »Apparatschik« hatte das Vertrauen Stalins, sein Name galt als Garant für penible Befehlsausführung. Wolfgang Leonhard, der damals zur »Gruppe Ulbricht« gehörte, erinnert sich: »Ulbricht schien überhaupt nicht beeindruckt oder erfreut zu sein. Zumindest ließ er sich nichts anmerken. Er sprach zu uns, als ob es sich um die selbstverständlichste Sache der Welt handeln würde, nach so vielen Jahren nach Deutschland zurückzukehren.« Ulbrichts Meinung über seine Landsleute war stark geprägt von seinem Verhältnis zu den Sowjets. Diese hatten von den deutschen Emigranten immer wieder das Eingeständnis schwerer Schuld gegenüber der Sowjetunion gefordert und absoluten Gehorsam. Nun verlangte Ulbricht das Gleiche von den Menschen Nachkriegsdeutschlands. »Ulbricht versuchte, sowjetischer als die Sowjets zu sein«, schreibt die Autorin Carola Stern. »Er muss die Deutschen mehr gehasst haben, als die Sowjets das taten.«

Ulbricht, der 1937 wegen Hochverrats aus Deutschland ausgebürgert worden war und all die Jahre im Exil verbracht hatte, betrat am 30. April 1945 erstmals wieder deutschen Boden. Um sechs Uhr morgens hatte sich die Gruppe vor dem Moskauer Hotel Lux getroffen und war nach dem Flug mit einer amerikanischen Transportmaschine hinter der sowjetischen Front, in der Nähe von Frankfurt an der Oder, abgesetzt worden. In dem vom Krieg verwüsteten Land sollte die »Gruppe Ulbricht« die Grundlagen dafür schaffen, dass in dem von der Roten Armee kontrollierten Gebiet auch die politische Gestaltung dem sowjetischen Muster folgte. »Wir kamen von Osten her mit einer Wagenkolonne nach Berlin herein und sahen ein dramatisches Bild«, schildert Wolfgang Leonhard, damals 24 Jahre alt, die Szenerie. »Brennende Häuser, umherirrende Menschen, versprengte deutsche Soldaten, die überhaupt nicht wussten, was los war, jubelnde, siegestrunkene

Am 27. April wurde ich plötzlich angerufen im Sender des Nationalkomitees Freies Deutschland: »Genosse Leonhard, unbedingt nach der Sendung sofort zu Ulbricht kommen ins Hotel Lux!« Ich kam dann an, und im Zimmer von Walter Ulbricht befanden sich vielleicht noch acht, neun Leute, Genossen. Die Hälfte kannte ich, aber die anderen waren für mich neu. Ulbricht sagte in seinem gleichmütigen Ausdruck: »Ja gut, Genosse Leonhard, du bist Mitglied der ›Gruppe Ulbricht‹. Wir fahren bald mal nach Deutschland.« Mehr nicht.
Wolfgang Leonhard

und auch betrunkene Rotarmisten, dazwischen wieder Menschen, die vor den Pumpen warteten, um ein bisschen Wasser zu erhalten.« Zwar wehte über dem Reichstag bereits das Banner mit Hammer und Sichel, doch viele Berliner wussten noch nicht, dass Hitler Selbstmord begangen hatte und der Krieg beendet war. Noch war die Machtfrage in Berlin weitestgehend offen. Vertreter verschiedener politischer Richtungen arbeiteten zusammen, Aufbauwille und Antifaschismus waren meist stärker als ideologischer Streit. Manche Idealisten wollten nach den Erfahrungen mit der untergegangenen Diktatur im Osten das »bessere Deutschland« aufbauen. »Was wir erhofften, war, einen völlig neuen Weg zu beginnen, einen eigenständigen Weg. Wir dachten, wir würden nun beitragen zu einer antifaschistisch-demokratischen Entwicklung in Deutschland«, beschreibt Wolfgang Leonhard seine Gefühle von damals. In Neukölln traf die »Gruppe Ulbricht« mit deutschen Kommunisten zusammen. »Ich dachte, Ulbricht würde jetzt sagen: Erzählt doch mal, wie war es denn hier, was denkt ihr so? Denn schließlich mussten wir ja von den deutschen Kommunisten lernen. Aber dem war nicht so. Ulbricht nahm ein Blatt Papier mit Namen von Kommunisten und fragte: Wie hat sich der verhalten? Können wir mit dem rechnen? Was hat sich der zuschulden kommen lassen? Er war wie ein Auftraggeber«, berichtet Wolfgang Leonhard. »Dann sagte er: Und nun die politische Linie. Mir wurde sofort bewusst: Ulbricht bestimmt hier und nicht die Neuköllner oder sonstigen deutschen Kommunisten.« In den Berliner Bezirken sollten so schnell wie möglich funktionsfähige Verwaltungen eingerichtet werden, um die Lebensmittel- und Wasserversorgung zu organisieren, das öffentliche Verkehrswesen wieder in Gang zu bringen und die Verwundeten und Kranken zu versorgen. Auch Berliner Bürger sollten zur Verwaltungsarbeit herangezogen werden. Dabei versuchten Stalins Gesandte jeden Anschein kommunistischer Machtergreifung zu vermeiden. »Es muss demokratisch aussehen, aber wir müssen alles in der Hand haben«, wies Ulbricht die Mitglieder seiner Gruppe an.

In der sowjetischen Besatzungszone (SBZ) nahm am 9. Juni 1945 die Sowjetische Militäradministration in Deutschland (SMAD) ihre Arbeit auf. Einen Tag später gestattete sie mit ihrem Befehl Nr. 2 die

---

Die Tätigkeit in der »Gruppe Ulbricht« schien mir damals durchaus richtig und vernünftig zu sein, nämlich mitzuhelfen beim Aufbau der 20 Bezirksverwaltungen Berlins und anschließend bei der Bildung des Magistrats von Gesamtberlin – damals sagte man noch Großberlin. Am 9. Juni 1945 sagte Ulbricht: »Jetzt wird die Kommunistische Partei neu gegründet.« Dann aber auch, und das habe ich in mich aufgesogen: »Wir müssen mithelfen bei der Gründung anderer antifaschistisch-demokratischer Parteien.«
Wolfgang Leonhard

Bildung von Parteien und Gewerkschaften, tags darauf wurde die KPD erneut gegründet. Für die »Gruppe Ulbricht« war damit die Mission beendet, während ihr Chef seine politische Laufbahn als Stalins Satrap begann.

Offiziell oblag die Führung der Kommunistischen Partei Deutschlands einem Zentralkomitee unter Vorsitz von Wilhelm Pieck, doch wusste jeder, dass Walter Ulbricht der verlängerte Arm des sowjetischen Diktators und damit der eigentliche starke Mann der KPD war. Zu seinen ersten Aufgaben in der SBZ gehörte es, die Zwangsvereinigung der beiden Arbeiterparteien SPD und KPD vorzubereiten. Wie stets erledigte der Statthalter seinen Auftrag zur vollen Zufriedenheit Stalins: Am 21. und 22. April 1946 beschlossen die Delegierten auf dem »Vereinigungsparteitag« in der Deutschen Staatsoper Berlin die Gründung der Sozialistischen Einheitspartei Deutschlands, kurz SED. Den Vorsitz übernahmen Otto Grotewohl und Max Fechner als Vertreter der SPD sowie Wilhelm Pieck und Walter Ulbricht für die KPD. »Mit dem heutigen Tage gibt es keine Sozialdemokraten und keine Kommunisten mehr, mit dem heutigen Tage gibt es nur noch Sozialisten«, verkündete Ulbricht bei seiner Ansprache an die Parteigenossen. Das Protokoll hielt fest: »Brausender Beifall.«

Beide Parteien, KPD und SPD, hatten bereits Ende 1945 Initiativen ergrif-

> **Im Sommer '45 hat Stalin Gespräche geführt mit Ulbricht in Moskau, und hat immer gesagt, Hauptziel und Hauptinteresse der Sowjetunion – ebenso aber progressiver Kräfte in Deutschland selbst – seien es, Deutschland als einheitlichen Staat zu erhalten. Keine Spaltung, keine Experimente, die die gesellschaftliche Ordnung in Deutschland infrage stellen. Die offene Aufgabe ist, die bürgerlich-demokratische Revolution des Jahres 1848 bis zum Ende zu führen.**
>
> Valentin Falin, damals SMAD-Funktionär

Überall entstanden die so genannten »Antifa-Komitees«. Menschen, die sagten: Jetzt müssen wir was machen, wir können jetzt nicht warten, und wir können nicht jammern und meckern. Und es war eine wunderbare Sache. Jeder Antifaschist verstand, ich mache hier nicht einen eigenen Laden auf, sondern Kommunisten, Sozialdemokraten, Linke, Liberale – alle zusammen. Wir erzählten das, und ich war entsetzt, als Ulbricht sagte: »Diese Läden müssen sofort aufgelöst werden.« Zwei Argumente wurden benutzt. Durch diese Läden werden die Antifaschisten davon abgehalten, in den Verwaltungen tätig zu sein; und das zweite war: Wir haben keine Übersicht, wer weiß, vielleicht sind das Nazis, die sich nur als Antifaschisten verstellen.
Wolfgang Leonhard

Oben: »Mit dem heutigen Tage gibt es nur noch Sozialisten«: Ulbricht war auch bei der Zwangsvereinigung von KPD und SPD im April 1946 der starke Mann im Hintergrund.
Unten: »Junkerland in Bauernhand«: Durchführung der »demokratischen Bodenreform« in Mecklenburg, September 1945.

fen, die tief greifende Umstrukturierungen der Gesellschaftsordnung vorsahen. So war eine Bodenreform ins Leben gerufen worden, derzufolge Großbauern, die mehr als 100 Hektar Boden besaßen, wie auch ehemalige Nationalsozialisten in führender Position ohne Entschädigung enteignet werden sollten. 2,1 Millionen Hektar Land wurden an so genannte »Neubauern« verteilt: ehemalige Landarbeiter, landlose oder arme Bauern, Arbeiter, Handwerker und Flüchtlinge. Jeder zweite »Neubauer« erhielt somit weniger als 20 Hektar – viel zu wenig, um auf dieser Parzelle rentabel wirtschaften zu können. Stephan Kühne, Jahrgang 1927, dessen Vater bis zur Umverteilung der Landes Güterdirektor eines adligen Großgrundbesitzes im Kreis Stendal war, erinnert sich: »Vor der Bodenreform glich auf dem Gut der hohe Ertrag der guten Böden die niedrigeren Ernten auf den schlechteren Äckern aus. Doch jetzt stand der Neubauer mit seinem bisschen Land da und musste sehen, wie er zurechtkam.« Die Bodenreform war eine von Moskau verordnete, gelenkte Kampagne. Auch wenn ihre Notwendigkeit selbst in bürgerlichen Kreisen begrüßt worden war, so stieß die radikale Durchführung doch auf heftige Kritik. Vor allem die CDU forderte Entschädigung für die Enteigneten. Auf Druck der SMAD mussten daraufhin der Unionsvorsitzende Andreas Hermes und sein Stellvertreter Walter Schreiber ihre Ämter niederlegen.

Unmerklich, aber unumkehrbar wurden die Koordinaten von demokratischer Offenheit zu allmählicher Sowjetisierung der Ostzone verschoben. Aus Sicht der Kremlherren diente das im Krieg unter hohen Verlusten eroberte Land auch als Beutegut, das unter der Forderung nach Kriegsreparationen rücksichtslos ausgeplündert wurde. Die Wirtschaft in der SBZ war nur noch ein Torso, eine Schwerindustrie fehlte so gut wie komplett. Die an die Sowjetunion geleisteten Kriegsentschädigungen mit bis zu 1200 demontierten Betrieben hatten die durch den Krieg ohnehin schwer angeschlagene Ostwirtschaft an den Rand des Ruins gebracht.

Gleichzeitig drifteten die Ostzone und die Besatzungszonen der Westmächte immer weiter auseinander. Schon kurz nach Kriegsende war deutlich geworden, dass das auf dem gemeinsamen Kampf gegen Hitler-Deutschland basierende Bündnis zwischen den drei Westmächten und der Sowjetunion auf tönernen Füßen stand. Die Außenministerkonferenzen im Sommer 1946 und Frühjahr 1947 in Paris und Moskau, bei denen über das Schicksal Deutschlands verhandelt werden sollte, waren gescheitert. Die Aussichten einer Wiedervereinigung hatten sich stetig verschlechtert. Der ursprüngliche Plan Stalins, die »antifaschistisch-demokratische Ordnung« auf Ge-

> Er kennt sich in der Organisationsarbeit aus, kann jedes beliebige politische Manöver konspirativ durchführen und es auch geheim halten.
>
> Beurteilung Ulbrichts durch SMAD-Chef Tulpanow, September 1946

> Ihm fiel die Aufgabe zu, die sowjetische Besatzungszone von dem Mist der faschistischen Pest zu reinigen, die ja in allen Amtsstuben noch vorhanden war, auch noch in den Chefetagen der Konzerne.
>
> Erich Honecker, 1990

samtdeutschland auszudehnen, rückte allmählich in den Hintergrund. Vorrangiges Ziel war es nun vielmehr, die SBZ so eng wie möglich in den Ostblock einzubinden und ein sozialistisches System nach dem Modell der Sowjetunion aufzubauen. Walter Ulbricht kam dieser Plan entgegen, schon in der Weimarer Republik hatte er als Jungfunktionär vehement den »Arbeiter-und-Bauern-Staat« gefordert. In der SMAD erachtete man den Sachsen als geeignet, Stalins Sozialismusvorgaben in der Ostzone zu realisieren: »Wir befinden uns in einer krisenhaften Zeit«, äußerte sich Sergej Tulpanow von der SMAD. »Da braucht die Partei einen standfesten und erfahrenen Mann, wie Walter Ulbricht einer ist. An ihm müssen sich die übrigen Sekretäre orientieren.«

Beflissen wie immer machte sich Ulbricht ans Werk, organisierte Volksentscheide und mobilisierte die Massen. »Unsere Aufgabe ist es, den Weg der völligen Beseitigung und Liquidierung der kapitalistischen Elemente sowohl auf dem Lande als auch in den Städten zu beschreiten. Diese Aufgabe ist, kurz gesagt, die des sozialistischen Aufbaus«, erläuterte er im Herbst 1948 vor dem Parteivorstand der SED. Dass mit der Einführung des Sozialismus die Chancen auf eine Wiedervereinigung immer unwahrscheinlicher wurden, nahm Ulbricht billigend in Kauf. Doch der rote Zar in Moskau war nicht zufrieden mit seinem Statthalter. Er kritisierte, dass der Kampf viel zu direkt geführt werde. »Man muss sich maskieren«, forderte er. »Ihr schwächt euch selbst. Der Weg zur Volksdemokratie ist noch verfrüht. Man muss abwarten«, mahnte er die deutschen Kommunisten. Als sich am 23. Mai 1949 mit der Verabschiedung des Grundgesetzes durch den Parlamentarischen Rat in Bonn die Bundesrepublik Deutschland konstituierte, triumphierte Walter Ulbricht: Nun musste Stalin reagieren.

Am 16. September reisten Wilhelm Pieck, Otto Grotewohl, Fred Oelßner und Walter Ulbricht nach Moskau, wo sie am nächsten Tag mit dem Politbüro der KPdSU zusammentrafen. Kurz darauf legten die SED-Delegierten Stalin ein Schreiben vor, in dem die Einberufung einer provisorischen Regierung in der SBZ vorgeschlagen wurde: »Die Regierung soll aus 18 Mitgliedern bestehen, dem Staatspräsidenten, dem Ministerpräsidenten und drei Stellvertretern sowie 14 Ministern. Davon sollte die SED acht und die übrigen Parteien zehn Minister bekommen. Pieck soll Präsident werden, Grotewohl Ministerpräsident, seine Stellvertreter Ulbricht, [Otto] Nuschke und [Hermann] Kastner.« Durch die Bildung einer Regierung sollte sich jedoch an den bestehenden Machtverhältnissen in der Ostzone nichts ändern.

»Wenn wir eine Regierung gründen, geben wir sie nicht wieder auf, weder durch Wahlen noch durch andere Methoden«, hieß es auf einer Tagung des SED-Parteivorstands. Der Kremlchef stimmte dem Ansinnen der SED-Delegation zu.

Und so trat am 7. Oktober 1949 im großen Festsaal der »Deutschen Wirtschaftskommission« der SBZ, im ehemaligen Reichsluftfahrtministerium, der »Deutsche Volksrat« zusammen. An der Stirnwand des Saals prangte ein Spruchband, das in großen Lettern verkündete: »Es lebe die Nationale Front des demokratischen Deutschland!« Als Wilhelm Pieck den Antrag stellte, den Volksrat zur provisorischen Volkskammer umzubilden, erhoben sich zum Zeichen der Zustimmung die Delegierten von ihren Plätzen. Damit war die DDR gegründet – und die Teilung Deutschlands staats- und völkerrechtlich endgültig vollzogen. In einem Telegramm gratulierte Stalin dem neuen Staat zur Geburtsstunde: »Es unterliegt keinem Zweifel, dass die Existenz eines friedliebenden, demokratischen Deutschland neben dem Bestehen der friedliebenden Sowjetunion die Möglichkeit neuer Kriege in Europa ausschließt, dem Blutvergießen in Europa ein Ende macht und die Knechtung der europäischen Länder durch die Weltimperialisten unmöglich macht. Die Erfahrung des letzten Krieges hat gezeigt, dass das deutsche und das sowjetische Volk in diesem Kriege die größten Opfer gebracht haben, dass diese beiden Völker die größten Potenzen in Europa zur Vollbringung großer Aktionen von Weltbedeutung besitzen. Wenn diese beiden Völker die Entschlossenheit an den Tag legen werden, für den Frieden mit der gleichen Anspannung der Kräfte zu kämpfen, mit der sie den Krieg führten, so kann man den Frieden in Europa für gesichert halten«, hieß es darin. Die DDR-Führung fühlte sich von der »Wärme des Tons« geschmeichelt und gelobte feierlich, die »sowjetische Friedenspolitik« auch weiterhin tatkräftig zu unterstützen.

Auch in Zukunft sollte das frisch aus der Taufe gehobene Staatsgebilde vom Kreml abhängig bleiben und im Sinne Stalins gelenkt werden. Über

> **Etwas Neues, Großes ist in der Deutschen Demokratischen Republik Wirklichkeit geworden. Werktätige, die vor einigen Jahren noch verzagt ihres Weges gingen, stehen jetzt stolz an ihren Maschinen und vollbringen Leistungen, wie sie im alten Deutschland nicht möglich waren.**
> Ulbricht

> Wir waren in der DDR von vornherein darauf ausgerichtet, das sowjetische Modell zu übernehmen, und zwar konsequenter, als es zunächst viele andere Länder, Polen, Tschechoslowakei, Ungarn und so weiter, getan hatten. Dies war auch die Vorstellung von Ulbricht. Ulbricht war von vornherein der Meinung, dass dieser kleinere Teil Deutschlands überhaupt nur überleben und bestehen kann, wenn er voll in den sowjetischen Machtbereich integriert ist.
>
> Fritz Schenk, damals SED-Mitglied

eine Kontrollkommission der Sowjets konnte jederzeit Druck auf die DDR-Regierung ausgeübt werden.« »Die DDR hatte weder außen- noch innen-, noch wirtschaftspolitisch je eine Chance für einen eigenen Weg, sondern sie war von Anfang an voll integrierter Bestandteil des Sowjetimperiums, der Sowjetunion gleichgeschaltet«, meint Fritz Schenk, ehemaliger SED-Funktionär.

Vier Tage später, am 11. Oktober 1949, wurde am selben Ort der frisch gewählte Präsident der DDR, Wilhelm Pieck, vereidigt. Doch Walter Ulbricht behielt von Beginn an hinter den Kulissen die Fäden in der Hand. Auch wenn er offiziell Stellvertreter war, so gelang es ihm doch, sein Amt allmählich zum Pfeiler seiner Macht auszubauen. Im Januar 1949 war Ulbricht zum Leiter des »Kleinen Sekretariats« des Politbüros der SED ernannt worden, das im selben Jahr zum »Sekretariat des Zentralkomitees [ZK] der SED« umgewandelt wurde. Mit dem Politbüro

»Er hielt die Fäden in der Hand«: Ulbricht und weitere Regierungsmitglieder der wenige Tage zuvor gegründeten DDR bei Präsident Pieck, 12. Oktober 1949.

bildete das Sekretariat des ZK das eigentliche Machtzentrum der Partei und damit der DDR. Das Sekretariat des ZK der SED war es auch, das am 17. Oktober 1949 einen Beschluss fasste, der einem Staatsstreich gleichkam: »Gesetze und Verordnungen von Bedeutung, Materialien sonstiger Art, über die Regierungsbeschlüsse herbeigeführt werden sollen, weiterhin Vorschläge zum Erlass von Gesetzen und Verordnungen müssen vor ihrer Verabschiedung durch die Volkskammer oder die Regierung dem Politbüro beziehungsweise Sekretariat des Politbüros übermittelt werden.« Außerdem unterlagen sämtliche Verwaltungsmaßnahmen der »Entscheidung der zuständigen Abteilung beim Parteivorstand«. Damit waren praktisch die Ministerien und Gremien der Regierung von der SED-Führung abhängig.

> Wir haben Ulbricht erst wahrgenommen, nachdem er dann Generalsekretär geworden war und mehr und mehr auch auftrat bei wichtigen Partei- oder öffentlichen Veranstaltungen, aber ansonsten waren Pieck und Grotewohl die Repräsentanten, die für die SED sprachen. Ulbricht trat erst dann auf, als sich das System nach und nach verfestigte.
> Fritz Schenk

Walter Ulbricht als Leiter des Sekretariats des ZK sollte künftig dafür sorgen, dass »zwischen dem Parteiapparat und der Regierung die größte Sicherheit für eine Koordinierung« zustande kam – im Klartext hieß dies, dass sich die Regierung der DDR dem Willen der SED unterordnete. Gesetze und Verordnungen mussten künftig vor ihrer Verabschiedung dem »Genossen Ulbricht« vorgelegt werden. Ohne seine Zustimmung konnte kein Gesetz in Kraft treten. Beharrlich hatte der Statthalter Stalins innerhalb der Parteihierarchie Stufe um Stufe nach oben erklommen. Als er im Sommer 1950 auf dem III. Parteitag der SED zum Generalsekretär des Zentralkomitees der SED ernannt wurde, war er an der Spitze angelangt. Der Satrap Stalins hatte nun auch offiziell die Macht im Staat übernommen.

In seiner Antrittsrede befasste sich der neue Generalsekretär vor allem mit der Wirtschaftspolitik der DDR. »In den kommenden Jahren«, so tönte er,

> »Als der Genosse Ulbricht das Wort ergreift, erheben sich die Delegierten von ihren Plätzen, und minutenlanger Beifallssturm durchbraust die Halle. Der Genosse Ulbricht kann sich nur dadurch Gehör verschaffen, dass er einfach zu reden beginnt. ... Die Delegierten erheben sich spontan. Der Jubel und das Händeklatschen steigern sich und wollen kein Ende nehmen. Aus dem Sturm der Begeisterung tönen Hochrufe hervor.«
> Neues Deutschland, Bericht über den III. Parteitag

> Geist und Macht, in der Vergangenheit oft unüberwindbare Gegensätze, vereinen sich in der Deutschen Demokratischen Republik zum Wohl und Glück des Volkes.
>
> Ulbricht

werde die DDR »ein Tempo der industriellen Entwicklung« anschlagen, dem kein kapitalistisches Land folgen könne. Schon bald werde das Lebensniveau der ostdeutschen Bevölkerung jenes im »imperialistischen Deutschland«, in dem Erwerbslosigkeit und wirtschaftliches Durcheinander Dauerzustand seien, bedeutend übertreffen. Diese Leistungssteigerung sei nur möglich, so Ulbricht, »weil sich immer breitere Kreise des werktätigen Volkes bewusst werden, dass jetzt die Arbeiterschaft die Hauptpositionen im Staat in den Händen hat, dass die Leistungen der Werktätigen in der volkseigenen Wirtschaft dem ganzen Volk und jedem Einzelnen zugute kommen«. Begeistert stimmten die Parteigenossen Walter Ulbricht zu. Auf dem Parteitag der SED herrschte die Meinung vor, ein Staatssystem aufgebaut zu haben, das dem Westen weit überlegen war.

Unverhohlen beanspruchte die SED die »führende Rolle« in der DDR. Formal bestand zwar ein Mehrparteiensystem, doch war die SED – kontrolliert und gelenkt von der sowjetischen Schutzmacht – die allein bestimmende Kraft in der DDR. Nicht die früheren Nazis seien nunmehr die »Hauptgefahr«, erklärte »Genosse Ulbricht« auf dem Parteitag, sondern die Vertreter der bürgerlichen Parteien, die lediglich die Interessen der »Konzern- und Bankherren« wahrnähmen. Mit einem Lied unterstrich die SED ihren Totalitätsanspruch: »Sie hat uns alles gegeben, / Sonne und Wind. / Und sie geizte nie. / Wo sie war, war das Leben. / Was wir sind, sind wir durch sie. / Sie hat uns niemals verlassen. / Fror auch die Welt, uns war warm. / Uns schützte die Mutter der Massen. / Uns trägt ihr mächtiger Arm. / Die Partei. / Die Partei hat immer Recht!«

Bei der Bevölkerung wirkte die »führende Partei« SED mit ihren Methoden polarisierend. Durch die Neuordnung von Staat und Gesellschaft bot sie vielen Arbeitern neue Perspektiven und Aufstiegschancen. »Ich freute mich über die Versprechungen von Freiheit, Bürgerrechten und Demokratie«, erinnert sich der damals zwanzigjährige Journalist Dieter Borkowski. »Damals waren viele Menschen von der Hoffnung erfüllt, dass es sich um ein sozial gerechtes und neues Deutschland handelte.« Doch von Anfang an griff die sowjetische Besatzungsmacht auch zum Mittel der Unterdrückung und des Terrors. Zum wichtigsten Instrument der SED entwickelte sich im Laufe der Jahre das Ministerium für Staatssicherheit (MfS), das auf Beschluss der Volkskammer im Februar 1950 gegründet wurde. Es unterstand als selbstständige Behörde nur dem Politbüro der SED und wurde deren »Schild und Schwert«. Das MfS spannte rasch ein weit verzweigtes Netz von Spitzeln und Agenten, die das öffentliche Leben überwachten. Waren es im Jahr 1950 noch rund 1000 Mitarbeiter, so zählte das MfS 1957 bereits 17 500.

Ziel des Apparates war es, mittels Kontrolle und rigoroser Unterdrückung jegliche Opposition im Keim zu ersticken. Schon eine despektierliche Äußerung über Stalin konnte drakonische Strafmaßnahmen nach sich ziehen. Ehemalige NS-Lager, wie das Konzentrationslager Sachsenhausen, wurden umfunktioniert, um jetzt Ex-Nazis, aber ebenso Andersdenkende oder unschuldig Denunzierte zu inhaftieren. Auch der Schriftsteller Walter Kempowski wurde 1948 mit seinem Bruder in Rostock verhaftet: »Zusammen wurden wir denunziert... und dann mit den bekannten russischen Methoden in die Zange genommen. Die hatten es gar nicht nötig zu foltern. Schlafentzug, Verhöre nur nachts und hungern lassen, das reicht schon, dann ist man nach einer Woche windelweich.« Die Brüder Kempowski wurden vor dem »Militärtribunal der 8. Armee der sowjetischen Besatzungstruppen in Deutschland« wegen angeblicher Spionagetätigkeit für die Amerikaner angeklagt und zu je 25 Jahren Zwangsarbeit verurteilt. Vertreter der bürgerlichen Parteien hatten ebenfalls unter Repressalien zu leiden. Zwar seien irgendwelche Zwangsmaßnahmen gegen sie nicht vorgesehen, behauptete Ulbricht, doch in Wirklichkeit verloren viele ihre Stellungen in der Verwaltung, wurden verhaftet und schikaniert. Zwischen 1950 und 1952 wurden allein rund 900 CDU-Mitglieder zu Haftstrafen verurteilt. »Das Lebensinteresse der Nation und des Friedens erlaubt es nicht, dass die Vertreter einer Selbstmordpolitik sich in Parteien des antifaschistisch-demokratischen Blocks betätigen«, erklärte der Generalsekretär.

Selbst in den eigenen Reihen hatte eine brutale »Säuberung« stattgefunden – eine Neuauflage der stalinistischen Terrorwelle Ende der dreißiger Jahre. Die kommunistischen Parteien Osteuropas waren terrorisiert worden, in Ungarn und Bulgarien hatten Schauprozesse stattgefunden, die meisten Beschuldigten waren zu hohen Haftstrafen verurteilt oder hingerichtet worden. Auch an die SED war aus Moskau die Weisung ergangen, »Agenten im Apparat« aufzuspüren und zu eliminieren. Etwa

> Die Überprüfung der Parteimitglieder wird uns helfen, Elemente mit kleinbürgerlicher Entartung, mit materiellen und moralischen Korruptionserscheinungen, Elemente, die sich von der Partei entfremdet haben, aus der Partei zu entfernen. Die Überprüfung wird uns helfen, solche parteifremden Elemente zu entfernen, die in den Jahren nach 1945 zu uns gekommen sind, um ihre unsauberen Geschäfte mit dem Mitgliedsbuch unserer Partei zu tarnen oder aus persönlichen Gründen Karriere machen zu wollen.
>
> Ulbricht, Dezember 1950

Oben: »Vorbild und Lehrmeister«: Ulbricht durfte während der Feier zum 70. Geburtstag Stalins im Dezember 1949 unmittelbar hinter dem sowjetischen Diktator stehen.
Unten: »Agenten aufspüren und vernichten«: Prozesse gegen angebliche Staatsfeinde gab es in der DDR in diesen Jahren zu Tausenden.

ein Zehntel der SED-Mitglieder müsse entfernt werden, forderte die sowjetische Besatzungsmacht. Die Staatssicherheitsorgane der SED wurden bei ihrer Suche nach den »Spionen« vor allem unter den »Westemigranten« fündig – Kommunisten, die die NS-Zeit im westlichen Exil überstanden hatten. Den Schauprozess nach stalinistischem Muster sollte Walter Ulbricht vorbereiten. Dabei nutzte der Generalsekretär die Gelegenheit, sich nach und nach seiner Rivalen und Kritiker im Politbüro zu entledigen: Franz Dahlem und Paul Merker, beide innerparteiliche Konkurrenten Ulbrichts, wurde »kapitulantenhaftes Verhalten« und »Hilfe für den Klassenfeind« vorgeworfen. Doch am 5. März 1953 starb Josef Stalin – der geplante Schauprozess wurde abgesagt.

> Bei Ulbricht gibt es nicht sehr viel zu differenzieren. Er war ein Apparatschick und ein Stalinist par excellence.
>
> Ralph Giordano, damals in der DDR

Niemand hatte Walter Ulbricht politisch mehr geprägt als der sowjetische Diktator. Keinem war er so vorbehaltlos ergeben wie ihm. Als »weisen Vater der Menschheit«, »Führer der Völker« und »Leuchtturm der Wissenschaft« hatte ihn Ulbricht gepriesen. Mit dem Ableben des Despoten in Moskau sollte für seinen deutschen Vasallen die schwerste Krise seiner Laufbahn beginnen. War er bis zu diesem Zeitpunkt dank seines »Schutzherrn« nahezu unangreifbar gewesen, so musste Ulbricht nun um seine Stellung innerhalb der DDR-Führung fürchten.

Der Tod des roten Zaren war nicht nur für Walter Ulbricht, sondern auch für die gesamte SED-Führung und viele DDR-Bürger ein Schock. »Als '53 Stalin starb, habe ich als Fünfzehnjähriger am Radio gestanden und mich nicht meiner Tränen geschämt, die ich vergossen habe, weil ich einfach nicht wusste, wie es weitergehen sollte«, schildert das spätere Politbüromitglied Egon Krenz seine Gemütsverfassung. »Wir waren dermaßen verbunden mit Stalin, dass wir uns ein Weiterleben ohne ihn gar nicht vorstellen konnten.« Ulbricht selbst legte in seinem Nachruf vom 8. März ein Glaubensbekenntnis ab: »Der größte Mensch unserer Epoche ist dahingeschieden. Sein Werk jedoch lebt und wird der fortschrittlichen Menschheit noch in Jahrhunderten wegweisend sein.« Während die SED-Spitze Volkstrauer anordnete, erhoffte sich so mancher Werktätige eine Liberalisierung und Verbesserung seiner Lebenslage. Schon seit einiger Zeit herrschte in der Bevölkerung Unzufriedenheit. Lebensmittel, Kleidung, Kohlen – es fehlte praktisch an allem. Die Euphorie der ersten Jahre war angesichts der anhaltenden Versorgungsschwierigkeiten bei vielen DDR-Bürgern geschwunden.

> Der größte Mensch unserer Epoche ist dahingeschieden. Sein Werk jedoch lebt und wird der Menschheit noch in Jahrhunderten wegweisend sein. ... Die Werktätigen in der DDR sind von tiefem Schmerz ergriffen angesichts des Dahinscheidens unseres weisen Lehrers, unseres Vaters.
>
> Ulbricht, 8. März 1953

> Es war ein sehr, sehr merkwürdiges Gefühl. Ich weiß, dass meine Frau in Tränen ausgebrochen ist und ich zu ihr gesagt habe: »Das Leben geht weiter, und es wird sich schon ein Weg finden.«
>
> Klaus Herde, damals FDJ-Funktionär

Während im westlichen Teil Deutschlands das »Wirtschaftswunder« seinen Anfang nahm, kamen östlich der Elbe allmählich Zweifel an der Überlegenheit des sozialistischen Systems auf.

Ulbrichts Versprechen eines deutlich höheren Lebensstandards war nicht eingelöst worden. Im Juli 1952 hatte der Generalsekretär auf der II. Parteikonferenz der SED stattdessen eine neue Politik angekündigt: beschleunigter Aufbau des Sozialismus nach stalinistischem Vorbild und verstärkte militärische Aufrüstung. Was man bis dahin mit einem demokratischen Anstrich übertüncht hatte, wurde nun offiziell: Die DDR sollte kommunistisch werden. Ulbrichts Schlusswort hatte mit dem Ausruf »Wir werden siegen, weil uns der große Stalin führt!« geendet. Die anwesenden Delegierten waren damals in begeisterten Jubel ausgebrochen.

Nichts deutete darauf hin, dass das Regime ein knappes Jahr später vor dem Zusammenbruch stehen sollte. Doch der Beschluss, den »Aufbau des Sozialismus« im Eiltempo durchzupeitschen, hatte verheerende Folgen. Die politische Neuordnung zog vor allem in der Wirtschaft einschneidende Veränderungen nach sich. Der im ersten Fünfjahresplan angelegte »Ausbau der Schwerindustrie« wurde weiter forciert, zu Lasten der Entwicklung der Konsumgüterindustrie. Noch immer mussten Fett, Fleisch und Zucker rationiert werden, viele Lebensmittel waren Mangelware, und die Qualität ließ häufig zu wünschen übrig. Stundenlanges Schlangestehen vor den Geschäften gehörte wieder zum Alltag, was den Unmut innerhalb der Bevölkerung noch verstärkte. Außerdem wurden nach sowjetischem Vorbild die Reste der Privatwirtschaft weiter zurückgedrängt und dafür der »volkseigene« Sektor ausgeweitet. Bauern sollten »freiwillig« ihre Höfe in Landwirtschaftliche Produktionsgenossenschaften, kurz LPGs, einbringen. Widersetzte sich ein Landwirt, so wurden ihm kurzerhand die Pflichtabgaben an den Staat erhöht, um ihn in die Knie zu zwingen.

Die von vielen DDR-Bürgern ersehnte deutsche Einheit war seit der Staatsgründung 1949 in immer weitere Ferne gerückt: Abschottung und Aufrüstung lautete die Devise, auch wenn sich die SED-Führung nach wie vor die Schaffung eines demokratischen, friedliebenden und vor allem einheit-

Oben: »Dem Arbeiter-und-Bauern-Staat den Rücken gekehrt«: Immer mehr Ostdeutsche flohen nach der Gründung der DDR über die grüne Grenze in den Westen.
Unten: »Grenzordnung streng durchführen«: Schon Anfang der fünfziger Jahre ließ die SED die »Zonengrenze« dichtmachen.

> *1952 wurde die Schaffung der Grundlagen des Sozialismus verkündet. Ich hielt das für einen völligen Blödsinn. Im Nachhinein habe ich dann mitbekommen, dass das natürlich auch eine befohlene Sache war. In dem Augenblick, da sich der Kalte Krieg immer weiter zuspitzte, wurde die DDR letzten Endes von dem Weg zur Einheit Deutschlands abgebracht, der ursprünglich gegangen werden sollte.*
> Klaus Herde

lichen Deutschland auf die Fahnen schrieb. 1952 verabschiedete die Regierung die »Verordnung über Maßnahmen an der Demarkationslinie zwischen der Deutschen Demokratischen Republik und den westlichen Besatzungszonen Deutschlands«. An das Ministerium für Staatssicherheit erging die entsprechende Weisung, »unverzüglich strenge Maßnahmen zu treffen, um ein weiteres Eindringen von Diversanten, Spitzeln, Terroristen und Schädlingen« in die DDR zu verhindern. Reisen in den Westen wurden erschwert, Westberliner durften die DDR nur noch mit einer Sondergenehmigung betreten. Zwischen Ost- und Westberlin wurden die Telefonleitungen gekappt. An der rund 1300 Kilometer langen DDR-Grenze entstand ein dreifach gestaffeltes Sperrgebiet; an der innerdeutschen Grenze wurde der »Schießbefehl« in Kraft gesetzt. »Wer sich in diesem Sperrgebiet aufhält, der wird beschossen«, erklärte Ulbricht auf einer Sitzung der Ersten Sekretäre der SED. »Bei uns herrscht eine strenge Ordnung. Diese Grenzordnung besteht jetzt, und sie ist streng durchzuführen.« Die DDR sollte in Zukunft das politische und militärische Bollwerk gegen den »westlichen Imperialismus« sein. Rund zwei Milliarden Mark (Ost) flossen in die militärische Aufrüstung – eine gewaltige Summe, die in den Staatshaushalt der DDR ein riesiges Loch riss. Die DDR-Führung versuchte mit einem knüppelharten »Feldzug für strenge Sparsamkeit« das Defizit auszugleichen. Soziale Vergünstigungen und Zulagen wurden gestrichen, Preise drastisch erhöht und Werktätige zum »freiwilligen Lohnverzicht« aufgerufen. Eine Massenflucht in den Westen war die Folge. Hatten 1951 noch 166 000 und 1952 182 000 Menschen dem »Paradies der Arbeiter und Bauern« den Rücken gekehrt, so verließen im ersten Halbjahr 1953 rund 330 000 Bürger die DDR, davon 37 000 Landwirte.

Stalins Tod fiel mitten in die erste große Krise des jungen Staates. Im Kreml hatte eine Troika, bestehend aus Georgij Malenkow, Lawrentij Berija und Nikita Chruschtschow, die Nachfolge des sowjetischen Diktators angetreten. Seitdem wehte hier eine sanftere Brise; in der UdSSR begann all-

Oben: »Die Republik braucht Stahl«: Das Eisenhüttenkombinat in Stalinstadt (später Eisenhüttenstadt) gehörte zu den Prestigeprojekten der SED-Führung.
»Alltag der Mangelwirtschaft«: Die Bevorzugung der Schwerindustrie durch den »Neuen Kurs« führte zu langen Schlangen vor den Geschäften.

> *Als über einen neuen Kurs gesprochen wurde, dass man etwas verändern wollte, dass man insbesondere eine Politik machen wollte, die die Bevölkerung stärker anspricht, und wohl auch etwas wie eine Liberalisierung einsetzen sollte, dann war das eine Angelegenheit, die selbst im Parteiapparat, aber ganz besonders in der Bevölkerung nur heißen konnte: Das ist mit Ulbricht nicht zu machen. Er war zu dieser Zeit schon der verhassteste Mann, er war der Spitzenpolitiker, dem man die stalinistische Ausrichtung der DDR ankreidete. Aus dem Grunde, wenn es einen ehrlichen neuen Kurs hätte geben sollen, dann wäre der in der Bevölkerung nur ohne Ulbricht überzeugend darzustellen gewesen.*
>
> Fritz Schenk, damals »Staatliche Planungskommission«

mählich die Entstalinisierung. Den Westmächten gegenüber bemühten sich die neuen Kremlherren um moderatere Töne im Kalten Krieg, und im Juni 1953 verordneten sie der SED einen Kurswechsel. Über Nacht war Stalins Musterschüler zur Persona non grata geworden, der Kreml machte Walter Ulbricht für die Krise in der DDR verantwortlich. Maßgebliche Kreise in Moskau befürworteten sogar seine Ablösung, da sein Führungsstil nicht mehr zum »Neuen Kurs« passte. Sogar der Termin stand schon fest. »Es sollte noch im Juni sein«, erinnert sich Valentin Falin. In Form eines Maßnahmenkatalogs wurden der SED-Spitze konkrete Schritte »zur Gesundung der politischen Lage in der DDR« auferlegt: »Infolge der Durchführung einer fehlerhaften politischen Linie ist in der Deutschen Demokratischen Republik eine äußerst unbefriedigende politische und wirtschaftliche Lage entstanden«, hieß es darin. »Unter den breiten Massen der Bevölkerung ist eine ernste Unzufriedenheit zu verzeichnen...« Wie ungezogene Pennäler mussten Ulbricht, Grotewohl und Oelßner in Moskau antreten, um den Rüffel an ihrer Politik persönlich abzuholen und Selbstkritik zu üben.

Der »Neue Kurs« wurde am 9. Juni vom Politbüro der SED beschlossen. So sollte die eingeleitete Kollektivierung der Landwirtschaft vorerst eingestellt, die einseitige Bevorzugung der Schwerindustrie zugunsten der Konsumgüterindustrie aufgehoben werden. Unter sowjetischem Druck wurden außerdem »Maßnahmen zur Stärkung der Gesetzlichkeit und Gewährung von Bürgerrechten« angekündigt. Ulbrichts Parole vom »Aufbau des Sozialismus« wurde stillschweigend unter den Teppich gekehrt.

Die Proklamation des »Neuen Kurses« löste in der Bevölkerung tiefe Verunsicherung aus, viele DDR-Bürger fassten die abrupte Richtungsänderung als Bankrotterklärung auf, ihre Bereitschaft zum Kampf gegen das System wuchs. Außerdem war eine Maßnahme, die besonders für Unzufriedenheit gesorgt hatte, nicht zurückgenommen worden: die Erhöhung der Arbeitsnormen um zehn Prozent. Sie bedeuteten allein im Baugewerbe Lohneinbußen von bis zu einem Drittel für Maurer und von mehr als 40 Prozent bei Zimmerleuten, weil bis dahin Mehrleistungen in der Regel über Prämien vergütet wurden. Schon im April 1953 hatten Arbeiter in mehreren Orten gegen die schlechten Lebensbedingungen und die offiziell verbreiteten Lügen vom angeblich gestiegenen Lebensstandard gestreikt. Doch statt die Warnsignale ernst zu nehmen, wurde das Politbüro von internen Machtkämpfen lahm gelegt. Wilhelm Zaisser, Minister für Staatssicherheit, und Rudolf Herrnstadt, Chefredakteur der SED-Zeitung *Neues Deutschland*, die seit langem zu Ulbrichts Gegnern gehörten, forderten – ermutigt durch die Haltung der neuen Kremlherren – eine »umfassende Säuberung« des Parteiapparats und einen Wechsel an der Führungsspitze. Ihnen gegenüber standen Ulbricht und seine Anhänger, zu denen auch Erich Honecker, damals noch FDJ-Vorsitzender, zählte.

> In der damaligen Diktion war ja immer Standard, dass die Parteiführung die Verkörperung der kollektiven Weisheit ist. Wenn sie das ist, kann sie keine Fehler machen, und es ist verheerend, wenn sie welche zugibt. Das war ein Punkt, den Ulbricht sofort erkannte: Man kann keine Fehler eingestehen. Die Entwicklung hat ihm Recht gegeben.
> Fritz Schenk, damals »Staatliche Planungskommission«

> Mehrmals haben wir Ulbricht darauf hingewiesen, dass die Unzufriedenheit der ostdeutschen Bevölkerung zu Komplikationen führen könnte.
> Sergej Kondratschow, 1953 KGB-Offizier

Während die »feindlichen Fraktionen« hinter den Kulissen um die Macht stritten, kündigten die Arbeiter für den 15. Juni Streiks und Demonstrationen zur Senkung der Arbeitsnormen an. Empört schlug Ulbricht mit der Faust auf den Tisch: »Das kommt überhaupt nicht infrage. Wir werden keinen Rückzug antreten!« Doch die Zeitbombe tickte bereits; einen Tag später breitete sich eine Streikwelle über die gesamte DDR aus. Als das Gewerkschaftsblatt *Tribüne* die Erhöhung der Arbeitsnormen für »in vollem Umfang richtig« befand, war dies der Funke, der das Pulverfass zum Explodieren brachte. Das Signal dazu gaben die Bauarbeiter Ostberlins. Am Block 40 der Stalinallee stellten sie spontan die Arbeit ein und zogen im Protestmarsch über die »erste sozialistische Straße Deutschlands« zum Regierungsviertel. Auf Transparenten waren in knappen Worten ihre Forderungen festgehalten: »Nieder mit den Normerhöhungen.« Als die Nachricht vom Demonstrationszug das Politbüro erreichte, reagierte die SED-Führung wie gelähmt. Mehrere Stunden vergingen, ohne dass etwas geschah. Schließlich raffte

> Für den Abend des 16. wurde eine Berliner Parteiaktivtagung einberufen. So viel Ahnungslosigkeit und Hilflosigkeit, wie ich dort gesehen habe – das war mir einfach schleierhaft, wie das passieren kann. Es wurde immer gesagt: Es ist nichts passiert, es ist alles in Ordnung, das sind sozusagen Bagatellen, darüber muss man sich nicht aufregen.
>
> Klaus Herde

> Ulbricht war inzwischen so verhasst. Er war der Mann, dem die Schuld zugeschoben wurde für alle Verschlechterungen. »Der Spitzbart muss weg« und so weiter – man sehe sich die Losungen der Arbeiter an.
>
> Gustav Just, damals SED-Funktionär

sich Ulbricht zu dem Eingeständnis auf, das Politbüro habe die Normerhöhungen aufgehoben. Bruno Baum von der Berliner Parteileitung wurde ausersehen, dies den Arbeitern mitzuteilen und sie dazu zu bewegen, den Protestzug aufzulösen. Doch als Baum den Berliner Alexanderplatz erreichte, waren dort inzwischen mehrere tausend Demonstranten versammelt. Von allen Seiten strömten immer mehr Menschen hinzu. Sprechchöre wurden laut: »Wir wollen freie Menschen sein und keine Sklaven«, »Es hat alles keinen Zweck, der Spitzbart muss weg« und »Spitzbart, Bauch und Brille sind nicht Volkes Wille!« war zu hören. Angesichts der brodelnden Menschenmasse trat Baum unverrichteter Dinge den Rückzug an. Inzwischen hatte der Protestzug das Haus der Ministerien in der Leipziger Straße erreicht, vor dem die Anführer Ulbricht und Grotewohl zu sprechen verlangten. Doch vorerst ließ sich niemand von der SED-Spitze blicken, das Gebäude blieb verschlossen. Als Industrieminister Fritz Selbmann Ulbricht drängte, mit den Demonstranten zu reden, erwiderte der nur: »Es regnet ja, die gehen jetzt doch auseinander.« Doch da hatte sich der Generalsekretär getäuscht, bald machte ein entscheidendes Schlagwort die Runde: »Generalstreik!« tönte es aus einem Lautsprecherwagen, dessen sich die Arbeiter bemächtigt hatten. Wie ein Lauffeuer verbreitete sich die Nachricht unter den Aufständischen: Treffpunkt am 17. Juni, sieben Uhr, Strausberger Platz.

Erst am Abend des 16. Juni kündeten Ulbricht und Grotewohl im Berliner Friedrichsstadtpalast vor Parteiaktivisten offiziell die Aufhebung der Arbeitsnormen an. Erstmals gab die SED-Spitze öffentlich zu, dass die Partei einen als »falsch erkannten Kurs« aufgegeben habe und nun »den richtigen« einschlagen wolle. Über die Demonstrationen der Bauarbeiter von der Stalinallee verlor man jedoch kein Wort. »Wir sind Blut vom Blute der Arbeiterklasse und Fleisch vom Fleische unseres Volkes«, beschwor Otto Grotewohl seine Zuhörer, Ulbricht bot eine «ernsthafte Aussprache« an. Die Lippenbekenntnisse der Parteiführung kamen allerdings zu spät. Schon im Morgengrauen des nächsten Tages strömten die Menschen aus allen Bezirken Berlins ins Stadtzentrum. Allein aus dem Stahl- und Walzwerk Hen-

»Der Spitzbart muss weg!«: Ostberliner Bauarbeiter auf dem Weg zum Haus der Ministerien, 16. Juni 1953.

ningsdorf nördlich von Berlin brachen über 12 000 Arbeiter zum Protestmarsch auf. »Einige in Holzpantinen, andere mit nacktem Oberkörper, die Schutzbrillen in die Stirn geschoben, viele mit Schürhaken und anderen Werkzeugen«, erinnerte sich später Willy Brandt. Im Berliner Stadtzentrum versammelten sich – trotz strömenden Regens – immer mehr Menschen. Längst waren es nicht mehr nur Arbeiter, auch Schüler, Studenten, Hausfrauen, Angestellte und Rentner schlossen sich dem Aufstand an. »Es war wie ein Rausch«, sagt Hardy Firl, der als einundzwanzigjähriger Angestellter an dem Protestmarsch teilnahm. Und schon bald ging es nicht mehr nur um Proteste gegen Normerhöhungen, sondern auch um politische Freiheit und die Einheit Deutschlands. Für einige Stunden schien es, als würde das aus seiner Ohnmacht erwachte Volk einen bösen Zauber abschütteln, als könnte der verhasste Staat tatsächlich zusammenbrechen.

Denn der Flächenbrand hatte mittlerweile nicht nur Berlin, sondern auch das ganze Land erfasst. Der amerikanische Radiosender RIAS im Westteil Berlins hatte am Tag zuvor eine Delegation Ostberliner Arbeiter empfangen und

> Vor dem Haus der Ministerien stauten sich die Massen, Bauarbeiter in ihrer Kluft, so wie sie gekommen waren. Es war ein großes Geschrei, ein Hin und Her. »Wir wollen Ulbricht und Grotewohl!« Das war so gegen Mittag. Doch wer sich auf einen Tisch da schwang, das war Selbmann – Erich Selbmann. Er zeigte den Arbeitern seine Hände: »Ich bin doch auch Arbeiter!« Aber sie schrien ihn nieder, sie wollten davon nichts mehr hören.
> Gustav Just

ihren Streikaufruf gesendet. Die Unruhen, die sich vielerorts anfangs noch in Form von Streiks Bahn brachen, gingen nun in einen landesweiten Aufstand über. In mehr als 560 Orten der DDR kam es zu Demonstrationen, Arbeitsniederlegungen und Kundgebungen. Vor allem aber in Industriestädten entfaltete der Aufstand seine größte Kraft. In etwa 600 Betrieben streikten rund eine halbe Million Arbeiter. Vergeblich versuchten von der SED ausgesandte Agitatoren, die Aufständischen zu beschwichtigen. »Von der Sinnlosigkeit waren wir alle überzeugt«, erinnert sich Gustav Just, damals Angehöriger der Kulturabteilung des Zentralkomitees der SED. »Es war, als hätte man uns den Auftrag erteilt, mit einem Teelöffel den Scharmützelsee auszuschöpfen.«

Inzwischen hatten die Protestmärsche eine neue Dimension erreicht: Das ganze System stand am Pranger. Der Volkszorn richtete sich gegen die Politik der SED, den Spitzelstaat und die Mangelwirtschaft. Rote Fahnen und Propagandaplakate wurden heruntergerissen, SED-Parteilokale in Brand gesteckt, Schaufenster eingeschlagen, Geschäfte geplündert. Vereinzelt stürmten die Aufständischen Gefängnisse, über 1300 Gefangene wurden aus ihren Zellen befreit. Dass sich unter den Häftlingen nicht nur politische Gefangene, sondern auch Kriminelle befanden, nahm die SED-Propaganda später zum Anlass, den Aufstand als »Putschversuch faschistischer und krimineller Elemente« zu bewerten. Schlägereien mit Volkspolizeikommandos häuften sich. Vor dem Regierungssitz, der von einem fünffachen Polizeikordon abgesperrt war, gingen die Polizisten mit Knüppeln auf die Demonstranten los. »›Schämt ihr euch nicht‹, hörte ich einen Hünen mit Bärenstimme brüllen, ›diese Strolche auch noch zu verteidigen?! Das will eine Arbeiterregierung sein, die sich vor uns verschanzt?! Werft die Russenuniformen weg und macht mit uns mit!‹«, erinnert sich der ehemalige SED-Funktionär Fritz Schenk. Und tatsächlich entledigten sich einige Volkspolizisten ihrer Uniformen und schlossen sich den Revoltierenden an.

»Symbol der Unfreiheit«: Demonstranten haben die rote Fahne vom Brandenburger Tor heruntergeholt und verbrennen sie.

> Ich weiß noch, wie am 17. Juni die Arbeiter von Hennigsdorf aus dem U-Bahnhof kamen, wie einer auf mich zukam und sagte: »Junge, guck mal.« Und er hielt mir ein Parteibuch hin, wo drinstand, dass er seit 1919 Mitglied der KPD war.
> Klaus Herde

> Wo wir auch vorbeikamen, an Baustellen, alles reihte sich ein. Wir waren dann schon in Zwölferreihen, und da kamen schon die ersten Sprüche: »Berliner, reiht euch ein, wir wollen freie Menschen sein!«
> Heinz Homuth, Bauarbeiter Stalinallee

Rund 50 000 Menschen zogen dicht an dicht die einstige Prachtstraße Unter den Linden hinauf. Drei junge Arbeiter mit schwarz-rot-goldenen Fahnen führten die Massen an, voller Inbrunst sangen die Demonstranten die dritte Strophe des Deutschlandliedes: »Einigkeit und Recht und Freiheit.« Vor dem Brandenburger Tor kam die Menge schließlich zum Stehen. Zwei junge Männer erklommen das Wahrzeichen Berlins, rissen vor den Augen der sowjetischen Wachsoldaten die rote Fahne herunter und warfen sie zwischen die Menschen. Unter frenetischem Jubel der Menge wurde das verhasste Symbol des sowjetischen »Bruderstaates« verbrannt.

Die Politprominenz verkroch sich unterdessen im sowjetischen Hauptquartier in Karlshorst. Walter Ulbricht blieb den ganzen Tag verschwunden. Am Abend zuvor hatte er gegen 22.15 Uhr seine Sachen gepackt und – wahrscheinlich in einem

»Steine gegen Panzer«: Nur mithilfe der sowjetischen Besatzungstruppen gelang es der SED-Führung, wieder Herr der Lage zu werden.

sowjetischen Panzer – den Sitz der Parteiführung verlassen. In der Sicherheit eines Gutshofes des ZK in Kienbaum, der sich ganz in der Nähe eines sowjetischen Flugplatzes befand, wartete der Generalsekretär ab, wie sich die Dinge entwickelten.

Die DDR-Führung hatte längst jegliche Kontrolle verloren, auch der Staatssicherheitsdienst versagte kläglich. Nun sprang der »große Bruder« in die Bresche. Um seinen Vorposten im Westen wieder in den Griff zu bekommen, schickte Moskau seinen Spitzenmann: Marschall Wassilij Sokolowski, Generalstabschef der Roten Armee. Gegen 13 Uhr wurde in 167 der 217 Stadt- und Landkreise der Ausnahmezustand verhängt. Schon in den frühen Morgenstunden des 17. Juni waren Panzer und Soldaten der Sowjetarmee in Stellung gegangen. Nun rückten sie in das Zentrum Berlins ein, ohne dass die unbewaffneten Aufständischen Widerstand leisteten. »Dann peitschten Maschinengewehrsalven durch die Luft, Panzer kamen die Leipziger Straße herauf mit dröhnenden Motoren und quietschenden Rädern. Doch alles wurde übertönt von den Panikschreien der vielen wehrlosen Menschen, die die stählernen Kolosse vor sich hertrieben«, schildert Fritz Schenk das Drama. Auch wenn die Besatzungseinheiten den Befehl erhalten hatten, unnötiges Blutvergießen zu vermeiden, und sich vielerorts der Aufruhr angesichts der militärischen Machtdemonstration wieder gelegt hatte, richteten die sowjetischen Einheiten doch ein Blutbad an: Etwa 125 Menschen mussten sterben. 48 von ihnen waren durch Standgerichte verurteilt und auf der Stelle erschossen worden. Die Zahl der Verletzten ging in die Hunderte. Im Laufe des Nachmittags leerten sich die Straßen; Massenverhaftungen und rücksichtsloser Einsatz von Gewalt erstickten schließlich den größten Arbeiteraufstand des 20. Jahrhunderts auf deutschem Boden. Zwar kam es in den Wochen danach noch zu vereinzelten Arbeitsniederlegungen und Tumulten in der DDR, aber auch sie wurden niedergeschlagen. Eine Verhaftungswelle erfasste 10 000 »Provokateure« und »Rädelsführer«, mehr als 1500 von ihnen wurden zu langjährigen Freiheitsstrafen, zwei gar zum Tode verurteilt. Der 17. Juni 1953 reihte sich ein in die Geschichte der gescheiterten deutschen Revolutionen.

Am Morgen danach glich Berlin einer Stadt nach einem Bürgerkrieg: Die Straßen waren übersät mit Pflastersteinen, zerrissenen Plakate und zerfetzten Transparenten, hier rauchte es noch aus verbrannten Autos und abgefackelten Kiosken. Doch auf dem Brandenburger Tor wehte bereits wieder die rote Fahne – und an jedem strategisch wichtigen Punkt im Straßennetz war

> »Schlagwort, aktuell: Der 17. Juni 53 wurde zum Tag X bestimmt, an dem man von Berlin her die DDR aufrollen wollte. Das faschistische Abenteuer ist gescheitert. Widerlich, wie man den Sieger spielt. Aber nur die russischen Panzer haben geholfen. Ekelhaft die Erklärungen des ganz besonders festen Vertrauens in unsere Regierung. Schweigen um Ulbricht.«
>
> Victor Klemperer, Tagebucheintrag, 20. Juni 1953

> Er war weit entfernt von jeder Regung der Selbstkritik (für die eigene Person oder für die Parteiführung), von jeder Neigung, auf die tieferen Ursachen des 17. Juni einzugehen, die doch mindestens zum Teil bei uns liegen mussten. Er trat vielmehr jetzt, wo die Ruhe mithilfe der sowjetischen Truppen wiederhergestellt war, auf, als sei der 17. sozusagen gesetzmäßig, die Niederschlagung ein ausgesprochener Erfolg auch der deutschen Partei und weiter dazu nichts zu sagen. Da die Mehrheit des Politbüros umgekehrt das Bedürfnis hatte, durch eine ehrliche und umfassende selbstkritische Erörterung zu einer gesunden Politik zu kommen, herrschte eine gereizte Stimmung.
>
> Rudolf Herrnstadt, Politbüromitglied

ein sowjetischer Panzer postiert. Nachdem der Aufstand niedergeschlagen war, ließ sich auch die SED-Spitze wieder blicken. Ulbricht berief für 16 Uhr eine Politbürositzung ein. Einige Funktionäre, wie Heinz Brandt, standen noch sichtlich unter Schock: »Jetzt begrüßen wir die Panzer Unter den Linden, die uns von den Arbeitern befreien, die wir befreien wollten.« Jeder der beiden konträren Flügel im Politbüro versuchte, dem anderen die Schuld an den Ereignissen um den 17. Juni zuzuweisen. Zaisser und Herrnstadt prangerten die Politik Walter Ulbrichts als Ursache des Aufstands an. Doch der Generalsekretär war nicht untätig geblieben und hatte sich gründlich auf seine Verteidigung vorbereitet: Herrnstadt habe im *Neuen Deutschland* Artikel veröffentlicht, in denen die Normerhöhung kritisiert worden sei – dadurch seien die Unzufriedenen erst zum Aufstand ermutigt worden. Nicht die Politik der »festen Zügel« habe die Tumulte ausgelöst, erst das Lockerlassen und das offene Einlenken auf den »Neuen Kurs«, war Ulbricht überzeugt.

Hatten die neuen Machthaber im Kreml noch vor dem 17. Juni Ulbrichts Ablösung erwogen, so änderten sie angesichts der Ereignisse ihre Linie und waren nun nicht mehr an einem Personalwechsel an der Parteispitze interessiert. Ulbrichts Absetzung war eine der Hauptforderungen der Aufständischen gewesen – ein Nachgeben, so befürchtete man in Moskau, könnte folglich als Prestigeverlust und Zeichen der Schwäche angesehen werden. Ulbrichts Widersacher Zaisser und Herrnstadt wurden fallen gelassen und wenige Wochen später öffentlich angeklagt, »als parteifeindliche Fraktion mit einer defätistischen, gegen die Einheit der Partei gerichteten Linie« aufgetreten zu sein. Im Juli 1953 verloren sie alle Ämter und wurden wenig später aus der Partei ausgeschlossen. Wie ein Phönix aus der Asche stieg Ulbricht aus den Trümmern seiner Politik empor und festigte seinen Herrschaftsanspruch. Das Regime, das die Arbeiter überwinden wollten, war im Gegenteil zementiert worden. »Wäre es da / nicht einfacher, die Regierung / löste das Volk auf und / wählte ein anderes?«, fragte Bert Brecht in seiner Replik, der berühmten Satire vom 17. Juni, später ketzerisch. Wieder einmal hatten Ulbrichts Zähigkeit und unbedingter Machtwille ihm das politische Überleben gesichert. Doch ganz ungeschoren kam er diesmal nicht davon: Die sowjetische Führung verlangte öffentliche Selbstkritik.

> Ulbricht stand damals unbedingt auf der Kippe. Aber dieser Aufstand hat ihn gerettet, weil er die Sowjets bewogen hat, ihre Deutschlandpolitik wieder ins alte Fahrwasser zu lenken.
> Gustav Just
>
> Ich habe noch nie im Leben einen solchen Idioten gesehen.
> Lawrenti Berija (über Ulbricht)

»Ich möchte hier vor dem höchsten Forum der Partei offen feststellen, dass in der Parteiführung ich für diese Fehler die größte Verantwortung trage«, lautete Ulbrichts Zwangsbekenntnis vor dem Zentralkomitee. Auch seine Hausmacht wurde eingeschränkt: Das Sekretariat des ZK wurde von elf Mitgliedern auf sechs reduziert, ferner durfte Ulbricht nicht mehr als Generalsekretär bezeichnet werden. »Erster Sekretär des ZK« lautete nun sein neuer Amtstitel, womit seine Stellung als »Primus inter Pares« hervorgehoben werden sollte. »Diese öffentliche Demonstration seiner Machtbeschneidung mag ihn am meisten geschmerzt haben«, meint sein Biograph Mario Frank.

Der 17. Juni wurde von der SED-Spitze zum »faschistischen Putsch« erklärt, angezettelt von »amerikanischen Agenturen, die auf Anweisung Washingtons die Pläne für Krieg und Bürgerkrieg ausarbeiteten«. Neben ihnen trügen auch »Adenauer, Ollenhauer, Kaiser und Reuter die volle Verantwortung für das Blut, das bei der Niederschlagung des faschistischen Abenteuers geflossen ist«. In der Folgezeit vertiefte sich die Spaltung. Viele DDR-Bürger empfanden bittere Enttäuschung darüber, dass der Westen nicht eingeschritten war, als sowjetische Panzer durch Ostberlin rollten. Doch die Angst vor einem Dritten Weltkrieg hatte alle in Erstarrung verharren lassen. »Trauer, Mitleid, Empörung und Scham über die deutsche Handlungsunfähigkeit sowie die lähmende Gewissheit, dass die Amerikaner bei keinem Aufstand im anderen Deutschland wirklich eingreifen würden, kennzeichneten die Stimmungslage«, konstatierte später Franz Josef Strauß. Und so konnte die SED-Führung davon ausgehen, dass eine westliche Intervention auch in Zukunft nicht zu befürchten war. Dennoch war ihr nach dem 17. Juni bewusst geworden, dass ihre Führungsrolle größtenteils auf der Macht des sowjetischen »Bruders« beruhte. Man versuchte daher, mit einer Reihe populärer Maßnahmen das Volk zu beschwichtigen, und versprach, den »Neuen Kurs« nicht nur beizubehalten, sondern sogar noch zu erwei-

> Bald gab es Brot / und Butter und Schuhe, / die Republik gedieh, / als der Feind / – es war der 17. Juni – / Lüge und Dummheit / in verworr'ne Hirne spie. / Das Hakenkreuz, / es grinste frech / im Knopfloch der Putschisten. / »Stürzt / die Arbeiter-und-Bauern-Macht«, / so grölten die Faschisten. / Du standest fest / – Genosse Ulbricht – / mit Stalingrader Mut. / Wir waren stärker / und zertraten / die »weißgardistische« Brut.
>
> Gedicht des DDR-Dichters Horst Salomon, »Genosse Walter Ulbricht«

> Das ist ein Mann, der nichts versteht, der sein Volk nicht liebt.
>
> Lawrenti Berija (über Ulbricht)

tern. Im August hatte Ulbricht in Moskau umfangreiche Zugeständnisse ausgehandelt. Die noch zu zahlenden Kriegsreparationen in Höhe von 2,5 Milliarden Dollar wurden erlassen, Großbetriebe der DDR zurückgegeben, ein Kredit in Höhe von 485 Millionen Rubel gewährt. »Lebensmitteltransporte aus der Sowjetunion rollten an«, schildert der Schriftsteller Erich Loest. »Dreitausend Waggons in einer Woche, beladen mit Butter, Schmalz, Speiseöl und Fischkonserven.«

Doch sollten die Lockerungen nur von kurzer Dauer sein. Auch weiterhin stützte sich die Partei- und Staatsführung auf Repression und Terror. Schon Anfang 1954 zog Ulbricht die politischen Zügel wieder straffer. Doch die Ereignisse im Umfeld des 17. Juni und die andauernden Machtkämpfe in der SED hatten die Gesundheit des Sechzigjährigen stark angegriffen. Mitte Mai 1954 wurde Walter Ulbricht in ein Krankenhaus eingeliefert, anschließend flog er zu einer vierwöchigen Kur in das Sanatorium Barwicha bei Moskau, begleitet von seiner zweiten Frau Lotte, die bis 1953 die Frauenkommission des ZK der SED geleitet hatte. Mit wiedererlangter Tatkraft zog Ulbricht nach seiner Rückkehr einen Schlussstrich unter den »Neuen Kurs«: »Wir hatten niemals die Absicht, einen solchen Kurs einzuschlagen, und wir werden ihn niemals einschlagen«, verkündete er.

Alles schien darauf hinzudeuten, dass Ulbricht wieder fest im politischen

> *Ulbricht war der Mann, der uns Stalin vorgebetet hat wie keiner, der Mann, der die größten Loblieder auf Stalin gesungen hatte. Doch nachdem Chruschtschow die Tür aufgemacht hatte und einen Blick auf die Stalin'schen Verbrechen geworfen hatte, behauptete er plötzlich, Stalin gehöre nicht zu den Klassikern des Marxismus-Leninismus. Das heißt, eine Wendung um neunzig Grad, die uns erbittert hat. Wir dachten: Was ist das eigentlich für ein Mann, der so leicht von heute auf morgen umschalten kann? Der kann auch dann von morgen auf übermorgen genauso wieder in die entgegengesetzte Richtung umschalten.*
>
> Ralph Giordano, damals in der DDR

Sattel saß. Doch im Frühjahr 1956 wurde die SED überraschend mit einer neuen politischen Krise konfrontiert, die der 20. Parteitag der KPdSU und die berühmte Geheimrede des sowjetischen Parteichefs Nikita Chruschtschow auslösten. In dieser Rede rechnete Chruschtschow mit Stalins Verbrechen ab – für die Partei- und Regierungschefs der stalinistischen Länder des Ostblocks und der DDR kam dies einem Erdrutsch gleich. Ulbrichts Idol, sein politischer Fixstern, wurde plötzlich vom Denkmalsockel gestoßen. Doch wieder einmal bewies der »Erste Sekretär« sicheren politischen Machtinstinkt: Er trat die Flucht nach vorne an, schloss sich nach außen hin der Verdammung Stalins und des »Personenkults« an und erklärte kaltschnäuzig, Stalin gehöre nicht zu den »Klassikern des Marxismus«. Einmal mehr demonstrierte Ulbricht sein Geschick, sich der politischen »Großwetterlage« spontan anzupassen, um seine Position zu sichern. Immerhin wurden im Zuge des »Tauwetters« mehrere hohe Parteimitglieder rehabilitiert, gegen die 1953 Parteistrafen verhängt worden waren, und rund 21 000 Häftlinge entlassen. Doch bis zum Frühjahr 1957 beendete die Staats- und Parteiführung der DDR das »Tauwetter« und ging nach kurzem Zögern wieder rücksichtslos gegen alle Abweichler vor. Auch seine Gegner in der Parteispitze, die auf eine flexiblere Haltung in der Deutschlandpolitik drängten, ließ Ulbricht kaltstellen. Im Februar 1958 erhielt der zweite Mann in der Parteiführung, Kaderchef Karl Schirdewan, eine »strenge Rüge« und wurde aus dem Zentralkomitee der SED ausgeschlossen. Ebenso erging es dem Chef der Staatssicherheit, Ernst Wollweber. Damit war es Ulbricht erneut gelungen, seine Dominanz in der Partei zu festigen. Als er 1960 nach dem Tod Wilhelm Piecks den Vorsitz im neu geschaffenen Staatsrat und im ebenfalls neu gegründeten »Nationalen Verteidigungsrat«, dem wichtigsten Gremium für die innere und äußere Sicherheit der DDR übernahm, hielt der »Erste Sekretär« endlich alle Fäden der Politik der SED in seinen Händen.

> Wir Deutsche haben nicht das geringste Recht, eine Diskussion über Fehler zu führen, die in der Sowjetunion geschehen sind in der Zeit, wo die Sowjetunion vom faschistischen Deutschland bedroht wurde.
>
> Ulbricht

> Unseren Feinden in Westdeutschland und anderswo aber sagen wir: »Je mehr ihr unseren Walter Ulbricht hasst, umso mehr lieben wir ihn – denn er ist einer von uns.«
>
> Egon Krenz, damals FDJ-Funktionär

Nach Beendigung des Machtgerangels war Walter Ulbricht entschlossener denn je, den »Aufbau des Sozialismus« zu vollenden. Angesichts relativ günstiger Wirtschaftsdaten und erheblich sinkender Flüchtlingszahlen verkündete der »Erste Sekretär« sein Ziel, bis 1961 die Bundesrepublik wirt-

»Überholen ohne einzuholen«: Ulbricht und Chruschtschow auf dem V. Parteitag der SED, Juli 1958.

schaftlich einzuholen: »Die erste Frage ist die Gewinnung der ökonomischen Überlegenheit. ... Wir müssen erreichen, dass die Deutsche Demokratische Republik nicht nur in Bezug auf die Technik, auf die Erreichung des Weltstandards in der Produktion Westdeutschland und anderen Ländern überlegen ist, sondern dass wir auch überlegen sind auf dem Gebiete der Landwirtschaft.« In der Tat erlebte die Bevölkerung Ende 1958 eine vorübergehende Konsolidierung der DDR-Wirtschaft; der Lebensstandard stieg, und viele begannen sich allmählich mit dem System zu arrangieren. Doch über Nacht kündigte die SED den fragilen »Waffenstillstand« zwischen Bürgern und Partei auf: Die 1952 begonnene, nach dem 17. Juni 1953 aber verlangsamte Kollektivierung der Landwirtschaft sollte zu Ende geführt werden. Bauern mussten sich zum »freiwilligen« Eintritt in Landwirtschaftliche Produktionsgenossenschaften bereit erklären, ein großer Teil der noch privaten kleinen Industrie- und produzierenden Handwerksbetriebe wurde in halbstaatliche Betriebe umgewandelt. Die damit einsetzenden Versorgungsschwierigkeiten führten zu einem anschwellenden Flüchtlingsstrom – und zu einer erneuten Krise. »Die Ziffern in Bezug auf Nichterfüllung des Planes in der Landwirtschaft sind schlimm«, erklärte Ulbricht im Politbüro am 6. Juni 1961. »Vielleicht steht in der Presse etwas anderes, das ist möglich, aber die Ziffern, die ich habe, die sind echt.« Die innen- und wirtschaftspolitischen Schwierigkeiten fielen mit dem Höhepunkt der seit dem Ende des Zweiten Weltkriegs schwelenden Berlinkrise zusammen: Nikita Chruschtschow, der neue starke Mann im Kreml, hatte den Viermächtestatus Berlins infrage gestellt und ultimativ die Umwandlung des westlichen Teils der Stadt in eine »selbstständige« Freie Stadt gefordert. Amerikaner, Briten und Franzosen sollten ihre Truppen aus Westberlin abziehen und die Hoheitsrechte für die Zugangswege an die DDR abtreten. Da die Westmächte befürchteten, dass eine »Freie Stadt« Westberlin auf Dauer nicht vor dem Zugriff der Sowjetunion sicher wäre, lehnten sie die Forderungen Chruschtschows ab. Für die DDR jedoch wurde die offene Grenze zu den westlichen Sektoren zunehmend unerträglicher. Die Zonengrenze zur Bundesrepublik war bereits in ganzer Länge mit Stacheldraht und Minensperren abgeriegelt worden, Berlin bildete nun das einzige Schlupfloch.

> Die Arbeitsproduktivität wird letztlich den Wettkampf der Systeme entscheiden. Letzten Endes siegt doch der Sozialismus über den Kapitalismus durch seine höhere Produktivität der Arbeit.
>
> Ulbricht
>
> Die Kollektivierung wurde mit Gewalt forciert, es wurden zum Teil Bauern vertrieben. Es gab eine Massenflucht von Bauern, die nicht in die LPG wollten. Alle diese Erscheinungen führten dazu, dass die Unzufriedenheit wuchs.
>
> Gustav Just

Von September 1949 bis August 1961 flohen insgesamt 2 691 270 Menschen aus der DDR in den Westen, allein von Januar bis August 1961 kehrten 180 000 ihrer Heimat den Rücken – manchmal waren es über 2000 am Tag. Da es sich meist um jüngere und qualifizierte Bürger handelte, hatte die Fluchtwelle verheerende Auswirkungen auf die Wirtschaft in der DDR. »Der konjunkturelle Aufschwung in Westdeutschland, der für jeden Einwohner der DDR sichtbar war, ist der Hauptgrund dafür, dass im Verlaufe von zehn Jahren rund zwei Millionen Menschen unsere Republik verlassen haben. In dieser Lage waren und sind wir gezwungen, um den Abstand im Lebensniveau wenigstens schrittweise zu mildern, ständig mehr für den individuellen Konsum zu verbrauchen, als unsere Wirtschaft hergab. Das ging ständig zu Lasten der Erneuerung unseres Produktionsapparates. Das kann man auf die Dauer nicht fortsetzen«, klagte Ulbricht am 18. Januar 1961 in einem Brief an Chruschtschow. Schließlich forderte der »Erste Sekretär«, die Berliner Sektorengrenze zu schließen und die DDR vom Westen abzuriegeln. Ulbrichts Vorschlag, mit Stacheldrahtzäunen die Fluchtwege nach Westberlin zu »verstopfen«, stieß jedoch bei Chruschtschow zunächst auf Ablehnung. Erst auf der Moskauer Gipfelkonferenz vom 3. bis zum 5. August ließ sich der Kremlherr von Ulbrichts Schwarzmalerei überzeugen: »Wir machen

»Die Republik blutet aus«: Tausende DDR-Flüchtlinge im Westberliner Notaufnahmelager Marienfelde, Sommer 1961.

Oben: »Niemand hat die Absicht, eine Mauer zu errichten«: Ulbrichts Lüge auf der Pressekonferenz am 15. Juni 1961.
Unten: »Plötzlich lebten wir in einer geteilten Stadt«: Der Bau der Mauer am 13. August 1961 kam für die Berliner Bevölkerung völlig überraschend.

> Die westlichen Monopolisten organisieren sich durch den systematischen Menschenraub aus der DDR eine zusätzliche Wachstumsspritze.
>
> Ulbricht

> Ulbricht wusste, dass die DDR einfach, wie es ja auch die Formulierung dann zu der Zeit war, ausbluten sollte. Und er empfand es auch so: als eine ständige Schwächung des Körpers dieser DDR. Und das war ausschlaggebend, dass man entschied, dass nun der Strom aus der DDR in den Westen aufhören muss.
>
> Hans Modrow, damals SED-Funktionär

> Die ökonomischen Verluste durch diese offene Grenze für die DDR waren enorm. Ulbricht hat mehrere Male Chruschtschow informiert, dass die DDR auf lange Sicht nicht imstande sei, diese Last zu tragen.
>
> Valentin Falin

Berlin dicht! Wir werden Stacheldraht ausrollen, und die Westmächte werden dastehen wie die dummen Schafe! Und während sie noch so dastehen, bauen wir eine Mauer!«, frohlockte der KPdSU-Chef. Zurück in Berlin, beauftragte der »Erste Sekretär« seinen Getreuen Erich Honecker mit der geheimen »Aktion X«.

Am 15. Juni 1961 war zum ersten Mal das Wort »Mauer« in der Öffentlichkeit gefallen. Während einer Pressekonferenz vor 350 Journalisten gab Ulbricht ungewollt selbst den entscheidenden Hinweis. Auf die Frage einer Reporterin, ob die Bildung einer Freien Stadt bedeute, dass die Staatsgrenze am Brandenburger Tor errichtet werde, antwortete er: »Ich verstehe Ihre Frage so, dass es in Westdeutschland Menschen gibt, die wünschen, dass wir die Bauarbeiter der Hauptstadt der DDR dazu mobilisieren, eine Mauer aufzurichten. Mir ist nicht bekannt, dass eine solche Absicht besteht. Die Bauarbeiter unserer Hauptstadt beschäftigen sich hauptsächlich mit Wohnungsbau, und ihre Arbeitskraft wird dafür voll eingesetzt. Niemand hat die Absicht, eine Mauer zu errichten.« Schon wenige Wochen später sollte sich erweisen, dass Ulbricht damit die Lüge des Jahrhunderts ausgesprochen hatte.

Am 12. August lud der »Erste Sekretär« DDR-Minister, Staatssekretäre und Vorsitzende der Blockparteien zu einem Gartenfest in sein Ferienhaus am Großen Döllnsee ein. Einst hatte das Anwesen Hermann Göring gehört, jetzt spazierten die SED-Genossen in der warmen Augustsonne über die Wiese hinter dem Haus und bewunderten die Aussicht auf den See. Walter Ulbricht wirkte dabei auffallend munter und aufgeräumt, plauderte und machte Scherze mit seinen Gästen. Mancher begann sich bereits über das Verhalten des SED-Chefs zu wundern – dozierte dieser doch sonst gerne auch nach Feierabend noch über den Sozialismus. Erst gegen 22 Uhr ließ Ulbricht die Katze aus dem Sack: Triumphierend verkündete er, dass in wenigen Stunden mit der Abriegelung Westberlins begonnen werde. »Alle einverstanden?«, fragte der SED-Chef augenzwinkernd in die Runde. Keiner widersprach.

Die Operation begann pünktlich. Um ein Uhr gingen an der Sektorengrenze die Lichter aus, Sowjetpanzer rollten nach Berlin, am Brandenburger Tor trafen Militärtransporter mit schwer bewaffneten Volkspolizisten ein. Suchscheinwerfer erhellten das Gelände, Soldaten begannen, mit Presslufthämmern das Pflaster aufzureißen. Honecker hatte die »Aktion X« vorbildlich geplant: Binnen 30 Minuten sollten 68 der insgesamt 81 Übergänge nach Westberlin geschlossen werden, in weiteren drei Stunden die Übergänge »pioniertechnisch« verbarrikadiert sein. Dazu mussten 193 Haupt- und Nebenstraßen abgeriegelt, zwölf U- und S-Bahn-Linien und 48 S-Bahnhöfe gesperrt werden. Selbst die Einstiegsschächte des Kanalisationssystems wurden gesichert, kein Schlupfloch übersehen. Zwar löste die Westberliner Polizei die interne Alarmstufe aus, doch für den großen Alarm, der im NATO-Hauptquartier als Bündnisfall aufgefasst worden wäre, fehlte der Anlass – schließlich fand kein Angriff statt, Westberlin blieb unangetastet. Was Chruschtschow und Ulbricht kalkuliert hatten, geschah: Die Westmächte standen da »wie die Schafe« und wagten nicht zu handeln. Um 3.25 Uhr unterbrach der Sender RIAS Berlin sein Programm mit der Nachricht: »Starke Kräfte der Volkspolizei haben heute Nacht die Grenze zwischen Ost- und Westberlin gesperrt.« Doch da schliefen die meisten Menschen noch. Als die Berliner an diesem sonnigen Morgen des 13. August erwachten, lebten sie in einer geteilten Stadt.

Die meisten Menschen in Ostberlin wurden von dem Mauerbau völlig überrascht. Entsetzt und häufig auch ungläubig stürmten viele an die Sektorengrenze. Als sie sahen, dass das Regime dabei war, seine Bürger einzusperren, machte sich laute Empörung breit. Doch ein zunächst von der SED-Führung befürchteter Aufstand blieb aus. Mit Wasserwerfern hielten die NVA-Soldaten die aufgebrachten Menschen in Schach; wer zu heftig protestierte, wurde festgenommen und in einem Schnellverfahren abgeurteilt. Hilflos mussten die DDR-Bürger mit ansehen, wie NVA und Volkspolizei Betonpfeiler um Betonpfeiler in die Erde rammten, Meter für Meter undurchdringlichen Stacheldraht entrollten. Auch auf der westlichen Seite hatten sich in den frühen Morgenstunden empörte Berliner eingefunden, die die »bewaffneten Organe« der DDR wüst beschimpften. »Pfui!«, riefen sie und: »Schämt euch, schämt euch!« Nur mit Mühe gelang es der Westberliner Polizei, die wütende Menschenmenge zurückzu-

> Man glaubte es gar nicht, dass es möglich wäre, eine Stadt zu trennen. Und auf einmal kamen die großen Stacheldrahtrollen, und dann sah man die Realität: Es ist wirklich so, was oft vorher schon gemunkelt worden war.
>
> Marianne von Noricof, damals Ostberlin

67

halten. An einigen Stellen wurden die NVA-Soldaten mit Bierflaschen beworfen.

Noch Tage und Wochen nach dem 13. August 1961 wurde die Sektorengrenze zum Schauplatz dramatischer Szenen. Die Mauer trennte Familien, Freunde, Liebende. In der Bernauer Straße gehörten die Häuser zum Osten, der Bürgersteig zum Westen. Handwerker begannen, die Fenster der Häuser zum Westen hin zuzumauern. Verzweifelt sprangen einige Bewohner aus den oberen Fenstern – direkt in den Tod. Andere retteten sich noch in letzter Minute in den Westen, indem sie den Landwehrkanal durchschwammen oder Schlupflöcher in den immer dichter werdenden Metallgitterzaun schnitten. Doch die meisten hatten kein Glück: Mindestens 230 Menschen kamen bei dem Versuch ums Leben, den »antiimperialistischen Schutzwall«, wie er von der DDR-Propaganda genannt wurde, zu überwinden. »Sie haben Kinder weggerissen von ihren Eltern, sie haben Menschen getötet und gefoltert, sie haben Leute eingeschüchtert und kleinmütig gemacht. Sie haben ein ganzes Volk systematisch verstümmelt und veridiotisiert. Denn das geht an keinem Menschen vorbei, wenn man immer wie ein Sklave lebt, dann kriegt man auch allmählich eine Sklavenseele«, urteilt der Liedermacher und Lyriker Wolf Biermann rückblickend.

»Der Osten handelt – was tut der Westen? Der Westen tut nichts«, titelte am 16. August 1961 die *Bild*-Zeitung empört. In der Tat kam es zu keinem einzigen westlichen Versuch, Chruschtschow und Ulbricht aufzuhalten. Trotz der Viermächteverantwortung für Gesamtberlin geschah nichts. Nicht nur die Berliner waren schockiert. Über ein Jahrzehnt hatten die Westalliierten versprochen: »Wir sind die Garanten eurer Freiheit!« Der amerikanische Präsident John F. Kennedy rechtfertigte diese Tatenlosigkeit damit, dass die Mauer zwar »keine sehr schöne Lösung« sei, aber immer noch »unendlich viel besser als ein Krieg«. Die »brutale Schließung der Grenze« lasse sich nur durch «Krieg verändern«.

Die Berliner Mauer stellte den Höhepunkt im Kalten Krieg dar und wurde zum Symbol für die Teilung der Welt in zwei Blöcke. 10 680 Tage, bis zum 9. November 1989, sorgte der Eiserne Vorhang dafür, dass der Großteil der DDR-Bevölkerung dem real existierenden Sozialismus nicht entkommen

---

Das Gefühl war zunächst mal ein Gefühl ohnmächtiger Wut. Man konnte es nicht ändern. Und dann war das nächste Gefühl eine Empörung über die drei Mächte, die nichts taten und nicht mal Jeeps rausschickten, damit die Berliner sahen: Sie sind nicht allein.

Egon Bahr, damals Westberlin

Ulbricht hat sicher viele Schandtaten begangen, aber dass er mit reiner Freude die Mauer gebaut hat, das würde ich auf gar keinen Fall unterschreiben.

Klaus Herde

konnte. »Wir mussten die offene Wunde Westberlin schließen«, rechtfertigte sich Ulbricht einmal. »Ich weiß, wie man mich dafür hasst; aber ich musste das auf mich nehmen, für den Sozialismus.«

Noch ein weiteres Jahrzehnt sollte Walter Ulbricht als Alleinherrscher nahezu unangefochten die Geschicke der DDR lenken. Es gab kaum einen Lebensbereich in der DDR, den Ulbricht nicht richtungweisend bestimmt hätte. Der SED-Chef beanspruchte nicht nur die Meinungsführung in Politik und Wirtschaft, sondern auch in der Kultur. Ulbricht, dem die Kritik von Künstlern und Intellektuellen schon seit langem ein Dorn im Auge gewesen war, zog nach einer kurzzeitigen Lockerung der Kulturpolitik Mitte der sechziger Jahre die Zügel wieder fest an. Das ZK der SED stellte auf einer Vollversammlung »schädliche Tendenzen« in der DDR-Kultur fest, die durch »Darstellung angeblicher Fehler Skeptizismus und Unmoral« verbreiteten. Der populäre Liedermacher Wolf Biermann wurde mit einem Auftrittsverbot belegt, Schriftsteller wie Stefan Heym, Anna Seghers und Christa Wolf wurden heftig angegriffen – manchmal vom Parteichef höchstpersönlich: »Walter Ulbricht neigte zu Zusammenkünften mit Künstlern, die oft grotesk verliefen. In diesem Fall folgendermaßen: Schon auf der Treppe empfing mich der damalige Erste Sekretär des Schriftstellerverbandes, Hans Koch, sehr bleich und sagte: Heute sollen wir geschlachtet werden!«, schreibt Christa Wolf in ihrem *Erinnerungsbericht*«. Ein besonderes Problem stellte für den SED-Chef jedoch die Generation der Jugendlichen dar, die für Jazz- und Beatrhythmen schwärmte und sich lange Haare wachsen ließ. Zwar empfahl Ulbricht zunächst generös: »Niemandem fällt es ein, der Jugend vorzuschreiben, sie solle ihre Gefühle und Stimmungen beim Tanz nur im Walzer- und Tangorhythmus ausdrücken. Welchen Takt die Jugend wählt, ist ihr überlassen, Hauptsache, sie bleibt taktvoll«, doch ließ die Parteiführung schließlich mit massiven Polizeieinsätzen und staatlichen Anordnungen diese »westlich-dekadente« Musik unterdrücken.

> Dieses Volk ist für den Sozialismus noch nicht reif. Viele würden uns ohne diese schreckliche Mauer davonlaufen. Es ist tragisch, dass dabei sogar Menschen sterben. Um der Zukunft willen, die ich nicht mehr erleben werde, um des Friedens willen ist das nötig.
>
> Ulbricht

> Er war der Meinung, er müsse sich um alles selbst kümmern.
>
> Ernst Wollweber, SED-Politiker

> Einige Kulturschaffende haben die große schöpferische Freiheit, die in unserer Gesellschaftsordnung für die Schriftsteller und Künstler besteht, so verstanden, dass die Organe der Gesellschaft auf jede Leitungstätigkeit verzichten und Freiheit für Nihilismus, Halbanarchismus, Pornographie oder andere Methoden der amerikanischen Lebensweise gewähren.
>
> Ulbricht auf dem 11. Plenum des ZK der SED, 1965

69

> In der Welt hat sich herumgesprochen, dass das »deutsche Wunder«, das sich in unserer Republik ereignet hat, nicht einfach ein »Wirtschaftswunder« ist, sondern vor allem in der großen Wandlung der Menschen besteht. Aber noch sind wir bei Weitem nicht am Ende des Weges zur sozialistischen Menschengemeinschaft.
>
> Ulbricht, 1969

Die Lieder der Rolling Stones wurden in der FDJ-Zeitung *Junge Welt* als »faschistisch« bezeichnet, der »Gegner« nutze diese Art der Musik aus, um »Jugendliche zu Exzessen« aufzuputschen. Schließlich nahm sich der Staat der Jugendmusik an und versuchte sie durch eine eigene »Singebewegung« unter Kontrolle zu bringen.

In Ulbrichts langem politischen Leben waren die Jahre nach dem Mauerbau die erfolgreichsten: Die DDR stabilisierte sich nach innen, die Wirtschaft erzielte bemerkenswerte Erfolge. Dem SED-Chef gelang es außerdem, die DDR – gegen den Widerstand der Bundesrepublik – außenpolitisch »salonfähig« zu machen und als souveränen Staat in der Völkergemeinschaft zu etablieren. Nolens volens begann sich nach dem Mauerbau der größte Teil der Bevölkerung mit dem System zu arrangieren und in der Diktatur einzurichten.

Dennoch – die Abdankung des »Ersten Sekretärs« am 3. Mai 1971 kam nicht unerwartet. Schon nach dem Sturz Nikita Chruschtschows im Jahr 1964 hatte der SED-Chef – freilich ohne es zu bemerken – den Zenit seiner Macht überschritten. Leonid Breschnew, der neue Mann im Kreml, lehnte den selbstherrlichen Führungsstil Ulbrichts ab. Als Ulbricht eine von Moskau unabhängige Deutschlandpolitik propagierte, die ein »offeneres Verhältnis zur Bundesrepublik« anstrebte, waren seine Tage gezählt. »Es gibt, es kann und es darf zu keinem Prozess der Annäherung zwischen der DDR und der BRD kommen!«, befahl Breschnew. Der KPdSU-Chef hatte längst einen »Thronfolger« für den »Ersten Sekretär« der SED im Auge: Erich Honecker, Ulbrichts eigenen »Kronprinzen« und politischen Ziehsohn. Zum ersten Mal in Ulbrichts politischer Laufbahn ließ ihn sein Machtinstinkt, auf den er sich bis dahin immer verlassen konnte, im Stich. Er spürte nicht, dass sich hinter seinem Rücken ein unheilvoller Pakt bildete, der langsam, aber dafür umso effektiver seine Demontage vorbereitete.

Anfang 1971 hielt Honecker die Stunde für ge-

> Wir erhielten in letzter Zeit einige Signale und Gerüchte, dass bei euch im Politbüro, sagen wir, Reibereien und Streitigkeiten entstanden sind. Wir sind gegenüber solchen Fragen sehr empfindlich und äußerst aufmerksam.
>
> Breschnew, 21. August 1970

> Lieber Genosse Leonid! Seien Sie vollkommen beruhigt! Die Mannschaft wird weiter gemeinsam zusammenarbeiten. Die Zusammenarbeit mit der Sowjetunion wird weiterentwickelt.
>
> Ulbricht, 21. August 1970

Oben: »Er will mir Vorschriften machen, wie wir zu arbeiten haben«: Der sowjetische KP-Generalsekretär Breschnew drang auf die Ablösung Ulbrichts.
Unten: »Eiskalt abserviert«: »Kronprinz« Erich Honecker versuchte sofort nach seinem Amtsantritt, Ulbricht ins politische Abseits zu drängen.

> *Ulbricht wurde älter. Das spürte man auch am Umgang miteinander. Die geistigen Möglichkeiten, die geistige Frische, die ich bei Ulbricht in den fünfziger und sechziger Jahren erlebt habe, waren nicht mehr da. Nun kamen die Signale gegenüber der Sowjetunion: Ulbricht ist alt, Ulbricht stellt sich den Entwicklungen entgegen. Breschnew kam das zustatten, denn so musste er nicht von außen auf die SED einwirken.*
> Hans Modrow

kommen, den politischen Dolchstoß gegen Ulbricht zu führen. In einem Schreiben des Politbüros an die KPdSU, das 13 von 21 Mitgliedern unterzeichneten, wurde die Ablösung Ulbrichts gefordert, »da sonst der Schaden für unsere Partei, der dann schwer wieder gutzumachen ist, immer größer wird«. Der Brief war gespickt mit starken persönlichen Angriffen gegen den SED-Chef: »In dem Maße, in dem er sich vom wirklichen Leben, der Partei, der Arbeiterklasse und aller Werktätigen entfernt, gewinnen irreale Vorstellungen... immer mehr Herrschaft über ihn.« Der Lehrling hatte gut von seinem Meister gelernt: Eiskalt wurde Ulbricht von Honecker abserviert. Schließlich gab der SED-Chef dem Druck nach und erklärte seine Abdankung »aus Altersgründen«. Der »Baumeister des Sozialismus«, der mehr als fünf Jahrzehnte lang den Machtpoker beherrscht hatte, wusste, dass er in diesem Spiel der Verlierer war.

Die Abrechnung mit Walter Ulbricht verlief so unerbittlich, wie er selbst einst geherrscht hatte. Erich Honecker ließ keine Gelegenheit aus, seinen Vorgänger öffentlich zu demütigen und zu beleidigen. Der Entmachtete wurde politisch isoliert, bespitzelt und vom Geschehen in der DDR fern gehalten. Mit penibler Gründlichkeit betrieb Honecker Ulbrichts »Damnatio Memoriae«: Seine Zitate verschwanden aus den Schulbüchern, öffentliche Einrichtungen, Straßen und Betriebe, die seinen Namen führten, wurden umbenannt, Briefmarken mit seinem Konterfei eingestampft. Geschwächt von Herzattacken und ernsthaften Darmproblemen musste Ulbricht wehrlos mit ansehen, wie Honecker die Reste des Personenkults um seinen Vorgänger tilgte. Als Staatsratsvorsitzender durfte Ulbricht nur noch viertelstündige Reden halten, bei offiziellen Anlässen Kränze niederlegen und DDR-Bürgern zum hundertsten Geburtstag die Hände schütteln.

Im Juli 1973 erlitt Walter Ulbricht einen Schlaganfall, von dem er sich nicht mehr erholte; am 1. August 1973 verstarb er an Herzversagen. Zur gleichen Zeit fanden in Ostberlin die »Weltjugendfestspiele« statt. Doch Honecker sah im Ableben seines einstigen Ziehvaters keinen Grund, die Veranstaltung zu unterbrechen. Der Nachruf der SED auf den Mann, der jahrzehntelang die Partei wie kein anderer geprägt und bestimmt hatte, fiel verhalten aus. Der Verstorbene wurde als »verdienter SED-Führer« gewürdigt, seine historische Bedeutung jedoch herabgesetzt. Erst auf Druck der sowjetischen Führung stimmte Honecker einem Staatsbegräbnis »erster Klasse« zu.

Am 7. August warteten bereits Stunden vor Beginn der offiziellen Trauerfeier lange Menschenschlangen vor dem Gebäude des Staatsrates. Zur Überraschung der SED-Führung nahm die DDR-Bevölkerung regen Anteil an der Verabschiedung von Walter Ulbricht. In einem kilometerlangen Trauerzug folgten die Menschen dem Sarg, der auf einem Militärlaster durch die Straßen Ostberlins in das Krematorium am Baumschulenweg überführt wurde. »Unsere Partei und unser Volk sind von einem schweren Verlust betroffen«, sagte Erich Honecker in seiner Trauerrede. Doch Tränen weinte Walter Ulbricht kaum jemand nach. Für viele ehemalige DDR-Bürger verbinden sich bis heute mit seinem Namen schmerzliche Erinnerungen: 17. Juni 1953, Mauerbau, SED-Diktatur und Menschenrechtsverletzungen.

> Ich möchte, dass die Kampagne, die in der Partei seit dem 14. Plenum (Dezember 1970) im Gange ist, »Ulbricht ist an allem schuld«, eingestellt wird. Ich möchte, dass ich ungehindert meine Arbeit als Vorsitzender des Staatsrates weiter durchführen kann.
>
> Brief Ulbrichts an Breschnew, 12. Dezember 1972

> Selten ist mit einem Mann, der einmal alle Macht in Partei und Staat der DDR in seinen Händen gehalten hatte, noch zu Lebzeiten so rigid umgegangen worden, wie es Ulbricht durch Honecker widerfuhr.
>
> Karl Wilhelm Fricke, Historiker

Mielke und die Freiheit

»Halt – stehen bleiben! Deutsche Grenzpolizei!« Die Aufforderung gilt Rudi Thurow, der drei Flüchtlinge, zwei Männer und eine Frau, in den Westen bringen will. Es ist der Abend des 21. Februar 1962 an der DDR-Grenze zu Westberlin. Auf der anderen Seite lockt eine »Insel der Freiheit«: Steinstücken, die westliche Exklave im Südwesten der geteilten Stadt.

> Mielke ist das wahre Gesicht des Sozialismus – und der ist zu Recht total gescheitert.
> Vera Lengsfeld, DDR-Bürgerrechtlerin

Schemenhaft kommen Rudi Thurow in der Dunkelheit zwei Männer entgegen: Grenzsoldaten auf Patrouille am Todesstreifen. Während sich seine Schützlinge hinter einem Baum verstecken, ruft er: »Koda!« Der Fünfundzwanzigjährige kennt das Codewort – er ist Unteroffizier bei der Grenzpolizei – und hat an diesem Abend Dienst. Voll uniformiert, die Maschinenpistole umgehängt, steht er vor den beiden Grenzern. Sie antworten mit »Gorgi« und machen ihrem Gruppenführer ordnungsgemäß Meldung. Thurow weist sie an, 300 Meter entfernt Posten zu beziehen. Die Soldaten gehen wieder – und für Rudi Thurow und seine drei Gefährten steht der Weg offen: der Weg nach Steinstücken, der Weg in den amerikanischen Sektor, der Weg in die Freiheit.

Behände überwindet Anführer Thurow die Stacheldrahtzäune, die spanischen Reiter und die Mauer, die hier, Anfang 1962, erst anderthalb Meter hoch ist. Als Erster der vier erreicht er Westberliner Gebiet, wartet in Deckung auf die anderen. Doch beim Letzten muss Thurow mit ansehen, wie sich dieser im Stacheldraht verfängt und verletzt liegen bleibt. Als die anderen Gruppenmitglieder ihm zu Hilfe eilen, stürmen zwei Trupps Grenzsoldaten heran: »Halt – stehen bleiben! Deutsche Grenzpolizei!« Diesmal eröffnen sie sofort das Feuer. Thurow reagiert blitzschnell, reißt seine MP hoch und schießt – Dauerfeuer, über die Köpfe der Angreifer hinweg. Die jungen Soldaten werfen sich zu Boden. Währenddessen gelingt es den Flüchtlingen, den Verletzten aus dem Stacheldraht zu befreien.

Am nächsten Tag kommt es zu einer Szene, die zweifellos zu den größten Demütigungen der DDR-Grenztruppen zählt: Ein amerikanischer Kampfhubschrauber landet in Steinstücken, anvisiert über zahllose Gewehrläufe und manches Kameraobjektiv: Keine 100 Meter vom Landeplatz entfernt sind schwer bewaffnete Ostgrenzer kompanieweise in Stellung gegangen. Tatenlos müssen sie mit ansehen, wie vier Menschen in Militäroveralls, US-Embleme auf dem Ärmel, den Helikopter besteigen. Aus den vier DDR-Flüchtlingen der vergangenen Nacht sind im Handumdrehen – und durch unmissverständliche Verkleidung – Schutzbefohlene der amerikanischen Streitkräfte geworden. Sie zu beschießen hätte mitten im Kalten Krieg einen aggressiven Akt mit unkalkulierbarem Ausgang bedeutet. Die Befehle untersagten es dann auch strengstens. Unbehelligt hebt der Hubschrauber also ab, nimmt Kurs auf Westberlin und bringt die vier Passagiere in Sicherheit – glücklicher Abschluss einer der spektakulärsten Fluchten aus der DDR.

Doch für die düpierten Machthaber in Ostberlin war der Fall damit keineswegs erledigt: Archiviert unter dem Aktenzeichen »AOP 5476/72« fand sich nach der Wende ein geheimes Papier aus dem Jahre 1963 – ein »Plan der operativen Maßnahmen zur Liquidierung des Thurow, Rudi«. In dem Dokument ist von dem Vorhaben die Rede, den Republik- und Fahnenflüchtigen in Westberlin auf offener Straße hinterrücks mit einem Hammer zu erschlagen – als Strafe für seinen »Verrat«. Planer und Vollstrecker solch einer perfiden Aktion konnte nur eine Institution sein: das Ministerium für Staatssicherheit (MfS) – die Stasi, Geheimdienst und Gesinnungspolizei, Richter und Henker zugleich. Und den diesbezüglichen Befehl konnte nur ein Mann gegeben haben: der Mann, der die Stasi verkörperte – Erich Mielke. Dass der «Minister für Staatssicherheit« sich höchstpersönlich mit seiner Flucht befassen würde, daran hätte Rudi Thurow zuvor nicht im Traum gedacht. Hätte er es gewusst, er hätte wohl ahnen können, dass auch ein Leben in Freiheit von Angst beherrscht sein kann.

Erich Mielke war und ist – mehr als jeder andere aus der SED-Führungsriege – Symbol und Inbegriff der dunklen Seite des ostdeutschen Teilstaats. Er steht für das Willkürregime der DDR, für Spitzelwesen und Überwachungsstaat, für Einschüchterung und Psychoterror, für Verhaftungen und bisweilen sogar Mord im Dienste der Partei. Mielke war der unumschränkte Herrscher über die Stasi. Und mithilfe seines nahezu allmächtigen Apparats prägte er dem ganzen Staat seinen Stempel auf. Zeitlebens blieb der Minister für Staatssicherheit »ewiger Zweiter«, nicht vielseitig, nicht versiert genug für die Position an der Spitze von Staat und Partei. Aber er war einflussreicher als jeder Stellvertreter Ulbrichts und Honeckers und besaß mehr Macht als alle anderen Minister zusammen. Mielke war zweifellos einer der gewaltigsten – und gewalttätigsten – »Zweiten« der deutschen Geschichte.

Seine unangefochtene Stellung verdankte er nicht allein Disziplin und Organisationstalent, machiavellistischem Machtstreben sowie der Bereitschaft, zur Sicherung der »Diktatur des Proletariats« im Wortsinn auch über Leichen zu gehen. Sie fußte namentlich auf der altbekannten Maxime »Wissen ist Macht«. Im letzten Jahr seiner Herrschaft gebot Erich Mielke über 91 000 hauptamtliche Stasi-Angehörige und mehr als 180 000 Spitzel, »Inoffizielle Mitarbeiter« (IM). Und die meisten »Tschekisten«, wie sich seine Helfershelfer in der Tradition der ersten sowjetischen Geheimpolizei, »Tscheka«, stolz selbst nannten, waren mit dem Beschaffen, Auswerten und Ausnutzen von Informationen beschäftigt – Informationen über »Klassenfeinde«, über die eigene Bevölkerung, über die SED-Genossen und über die Staatsführung. Eben über alles, wo »gegnerische Kräfte« am Werk sein konnten – und das hieß für die Stasi: überall.

Da Mielke den unschätzbaren Wert solchen Wissens kannte, gab es auch nur eine Person, über die die Stasi keine Informationen beschaffen durfte – und das war ihr Chef selbst: Als das MfS seinem Oberhaupt zum 80. Geburtstag 1987 eine Überraschungsfestschrift widmen wollte, stießen die professionellen Schnüffler bei ihren Nachforschungen auf Ungereimtheiten im Leben des jungen Erich Mielke: Manches Ereignis in den 37 Lebensjahren vor der Rückkehr ins kriegszerstörte Berlin 1945 schien sich doch etwas anders zugetragen zu haben, als er in offiziellen Verlautbarungen glauben machen wollte. Woher die Anordnung kam, ist unbekannt, doch wurde die Aktion »Geburtstagsüberraschung« schleunigst abgebrochen. Die schriftlichen Aufzeichnungen verschwanden auf Nimmerwiedersehen im MfS-Archiv. Heute sind diese Unterlagen zugänglich. Dennoch bleiben manche Kapitel im Leben des obersten DDR-Tschekisten nach wie vor im Dunkeln.

> Mielke blieb Zeit seines Lebens von den Erfahrungen der dreißiger Jahre in Deutschland und Moskau geprägt. Er begriff sich als Berufsrevolutionär. Er war anpassungsfähig und anpassungswillig nach oben, ein selbstbewusster und selbstständig handelnder Minister. Extremer Egoismus paarte sich mit Skrupellosigkeit und einem machiavellistischen Machtverständnis.
> Wilfriede Otto, Mielke-Biographin

> Mielke war bestrebt, alles zu wissen und auch alles selbst zu beherrschen und zu beeinflussen.
> Werner Großmann, letzter Chef der DDR-Auslandsspionage

Wohlbekannt war lediglich die proletarische Herkunft aus dem »roten Wedding« in Berlin: Erich Mielke hat fortwährend geradezu mit Inbrunst auf sie verwiesen und sich bei den organisierten Begegnungen mit »Werktätigen« in der DDR stets besonders wohl gefühlt. Am 28. Dezember 1907 geboren, war er das zweite von vier Kindern. Sein Vater Emil Mielke war Stellmacher und zunächst SPD-, später KPD-Mitglied. Als Mutter gibt Erich Mielke im offiziellen Lebenslauf Luise Mielke, geborene Ziegenhagen, an. Doch die Näherin heiratete seinen Vater in Wahrheit erst nach der Geburt der vier Mielke-Kinder und dem Tod der leiblichen Mutter Lydia Mielke, geborenen Borchert. Was Mielke zu dieser Ungenauigkeit veranlasste, bleibt unklar. Doch immerhin hatte die Stiefmutter – wie sein Vater – eine KPD-Mitgliedschaft vorzuweisen. Und Mielke war zeitlebens bestrebt, als »waschechter« Vertreter der Arbeiterklasse aufzutreten. Dabei verhieß eine gewisse Begabung, die er in der Gemeindeschule an den Tag legte, anfangs durchaus Aufstiegschancen in die bürgerliche Gesellschaft: Im Anschluss an die siebte Klasse durfte er im Rahmen eines Begabtenförderungsprogramms schulgeldfrei auf das Köllnische Gymnasium in Berlin-Mitte wechseln. Doch schon nach drei Jahren musste er 1924 gehen – wenige Wochen vor dem so genannten »Einjährigen«, der Erlangung der mittleren Reife. Im Entlassungszeugnis lobte der Schulleiter Mielkes Betragen – Disziplin besaß er schon damals. Der Oberstudiendirektor schrieb aber weiter, der Sechzehnjährige verlasse die Schule »auf eigenen Wunsch, ... da er den hohen Anforderungen der Schule nicht in allen Fächern genügte«. In Mielkes 1945 für die sowjetische Besatzungsmacht verfasstem offiziellem Lebenslauf lässt er dieses Detail unberücksichtigt: »Ich ging nur bis zur Obersekunda-Reife. In dieser ganzen Zeit wurde ich durch meine Eltern in meinem ganzen Denken und Handeln auf die Arbeiterbewegung hingelenkt.«

War das seine Rechtfertigung für das Scheitern am Gymnasium? Mitglied des kommunistischen Jugendverbandes war Mielke schon seit 1921. Doch in die KPD trat er nach eigenen Angaben erst 1927 ein. In diesem Jahr brachte der Zwanzigjährige bereits seine dreijährige Lehre als Speditionskaufmann zum Abschluss, die er nach dem Verlassen der Schule begonnen hatte. Auch hier waren Fleiß und Gewissenhaftigkeit positiv aufgefallen.

Ich war ein einfacher politischer Funktionär. Bin wie ein Treppenterrier von Haus zu Haus, habe 50-Pfennig-Broschüren an die Arbeiter verteilt.
Mielke, 1992

Ich lernte in ihm einen Arbeiterjungen vom Wedding mit echt Berliner Witz und erstaunlicher Bildung kennen.
Alexander Abusch, damals Journalist bei der *Roten Fahne*

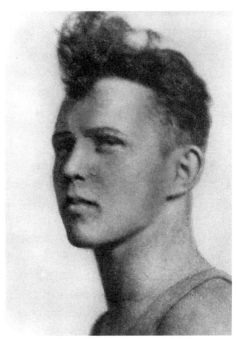

»Wie ein Treppenterrier von Haus zu Haus«: Erich Mielke Ende der zwanziger Jahre, auf dem linken Foto mit der Handballmannschaft des Turnvereins »Fichte« (3. von links).

Trotzdem wurde ihm Anfang 1931 gekündigt. Wie Millionen andere rutschte er in die durch die Weltwirtschaftskrise verursachte Arbeitslosigkeit ab.

Als Netz gegen den Absturz diente dem Dreiundzwanzigjährigen jedoch seine Partei: Mielke begann, für die *Rote Fahne*, das Zentralorgan der KPD, zu schreiben. Längst war er bei allen legalen und illegalen Aktionen seines Jugendverbandes, der Partei und des Rotfront-Kämpferbundes mit von der Partie. Er war nicht unbedingt beliebt, und schon gar nicht charismatisch. Er muss einsam gewesen sein: Seine Mutter sagte später aus, er habe niemals Freunde mit nach Hause gebracht. Aber er war der treue und gehorsame Parteisoldat einer Kaderpartei – wie Mielke selbst berichtete: »Von dem Moment an, wo Genosse Thälmann Vorsitzender des Zentralkomitees wurde, vertrat ich klar diese Linie.« Thälmann war Stalins Vertrauensmann in der KPD und brachte die Partei in erhebliche Abhängigkeit von dem sowjetischen Diktator. Dadurch waren die Gräben zwischen KPD und SPD endgültig so tief geworden, dass eine gemeinsame Aktion zur Verhinderung einer Nazi-Regierung unter Hitler undenkbar war.

> Ich hatte mich gerade in der Nähe eines Kinos befunden, als ich dicht hinter mir Schüsse hörte. Bevor ich etwas über den Zusammenhang erfahren konnte, setzten Polizeiattacken ein. ... Kurze Zeit später wurde bekannt gegeben, dass vor dem Kino Babylon zwei Polizeibeamte erschossen worden waren.
> Herbert Wehner, »Zeugnis«

Ganz im Gegenteil ließ er Männer wie Erich Mielke kräftig an der Destabilisierung der Weimarer Republik mitmischen: Mielke wurde 1931 Mitglied des illegalen Partei-Selbstschutzes, einer von der KPD geführten paramilitärischen, geheimbundähnlichen Organisation, die das staatliche Gewaltmonopol untergrub. Am 9. August 1931 konnte er erstmals beweisen, wie weit er für die Partei gehen würde: Bei Krawallen am Berliner Bülowplatz, wo auch die kommunistische Parteizentrale stand, war Tage zuvor ein Arbeiter von einem Polizisten erschossen worden. Vordergründig verlangte die Parteiführung Vergeltung. Manche vermuten eine Intervention Stalins dahinter, um die im Land Preußen regierende SPD zu schwächen. Mielke meldete sich freiwillig und legte sich mit mehreren Genossen abends am Bülowplatz auf die Lauer. Als die erwartete dreiköpfige Polizeistreife vorbeikam, eröffneten Mielke und ein Komplize das Feuer. Die Polizisten waren nicht mehr als fünf Meter entfernt. Zwei von ihnen starben, der dritte überlebte schwer verletzt.

Mielke floh, kehrte nicht in sein Elternhaus zurück, tauchte unter. Am Tag nach der Tat trat er allerdings noch einmal in Erscheinung: Er konnte der Versuchung nicht widerstehen, sich von den Genossen noch in der Stammkneipe des Rotfront-Kämpferbundes für seine »große Tat« bejubeln zu lassen. Aber vom Tag des Doppelmordes an gab es für Erich Mielke kein Zurück mehr in eine »normale« Existenz. Sein Leben gehörte nun der Partei. Sie war es, die dem Flüchtigen Schutz versprach. Und tatsächlich hatte sie schon für alles Weitere gesorgt: Per Schiffspassage ging es gen Osten, in die Sowjetunion, das erste sozialistische »Arbeiter-und-Bauern-Paradies« auf Erden.

Mielke gelang es, zunächst in einem Lehrgang der Militärpolitischen Schule, anschließend an der Le-

»Für einen erschossenen Arbeiter fallen zwei Schupo-Offiziere! Rotfront nimmt Rache!«
Häuserinschriften in Berlin, 8. August 1931

»Auf Grund meiner Teilnahme an der Bülowplatz-Aktion wurde ich vom ZK der KPD in die Sowjetunion geschickt.«
Mielke, Lebenslauf von 1951

nin-Schule unterzukommen. So musste er anders als viele in Moskau im Exil befindliche deutsche Kommunisten nicht sein Brot durch harte Arbeit selbst verdienen, sondern konnte unter dem Decknamen »Paul Bach« den Grundstein für eine Funktionärslaufbahn legen. Parteidisziplin und Gehorsam waren die wichtigsten Inhalte, die die künftige Elite zu erlernen hatte.

Und so tat sich Erich Mielke allenfalls durch Unauffälligkeit in der kommunistischen Kaderschmiede hervor. Und durch Taten – allerdings auf wenig sozialrevolutionärem Gebiet: Unter den Schülern wurde bald ruchbar, dass er eine Mitschülerin aus Deutschland geschwängert hatte und nun gegen den Willen der jungen Frau die Abtreibung verlangte. Mit massivem Druck und dank der Unterstützung durch die Schulleitung setzte Mielke seinen Kopf durch.

Mochte er damit seinen Ruf bei den wenigen Frauen an der Lenin-Schule auch vollends ruiniert haben, seine Studien konnte er Ende 1935 ungestört

»Rotfront nimmt Rache«: Trauerfeier für die von Mielke auf dem Bülowplatz erschossenen Polizisten.

> Aus Moskau konnte man nicht weggehen, man wurde delegiert oder abkommandiert. Oder umgebracht. 50 Prozent der Kursanten von Mielkes Jahrgang an der Moskauer Lenin-Schule fielen den Liquidationen während der stalinistischen Kommunistenverfolgung zum Opfer.
>
> Manfred Wilke, DDR-Forscher

> »Während der Reinigung sind folgende Tatsachen in Erscheinung getreten, dass bei Bach [= Mielke] solche Momente einer Selbstüberheblichkeit vorhanden sind, sogar Selbstgefälligkeit, Selbstherrlichkeit und in Verbindung hiermit ein bestimmtes Isoliertsein.«
>
> Einschätzung Mielkes, 17. November 1933

abschließen. Er blieb noch ein halbes Jahr als militärpolitischer Lektor an der Lenin-Schule. Zu dieser Zeit herrschte in Deutschland längst der Mann, der die deutsche Demokratie zerstört hatte und die deutschen Kommunisten nun in Konzentrationslager einsperren und foltern ließ: Adolf Hitler. Eine Rückkehr in seine Heimat stand für Mielke folglich nicht zur Debatte.

Aber auch in Moskau wurde das Klima zunehmend ungemütlicher: Stalin inszenierte unzählige Schauprozesse gegen ehemalige Weggefährten und alle anderen, die ihm gefährlich werden konnten – und sei es nur, dass sie missliebige Ansichten vertraten. Erich Mielke saß gelegentlich im Zuschauerraum, wenn wieder Unrechtsurteile im Namen der Partei gefällt wurden. Auch eine Reihe deutscher Kommunisten geriet ins Visier der GPU, der Geheimpolizei Stalins. Spätestens da wurde dem Berliner Polizistenmörder klar, dass niemand mehr würde über seine »Heldentat« berichten können, wenn sie alle hinter Schloss und Riegel säßen.

Seit der »Bülowplatz-Aktion«, wie Mielke seinen Mordanschlag nannte, war er ein tatkräftiges Instrument der Partei – bedingungslos ihrem Befehl ergeben. Zu solchem Kadavergehorsam hatte sich der Lenin-Schüler zum Abschluss seiner Moskauer Zeit gar schriftlich verpflichten müssen. Sein offizieller Lebenslauf liest sich denn auch wie eine rote Heldengeschichte: Kampfeinsatz in Spanien, Untergrundarbeit unter deutschen Exilkommunisten in Belgien, schließlich Internierung und Arbeitseinsatz im besetzten Frankreich. Doch bei genauerem Hinsehen lässt sich schnell erkennen, dass Erich Mielke nicht unbedingt jener opfermutige Krieger an der vordersten Front des Klassenkampfes war, der zu sein er vorgab.

In Spanien war 1936 ein blutiger Krieg zwischen von Hitlers Wehrmacht verstärkten faschistischen Truppen des späteren Diktators Franco und Republikanern ausgebrochen. Letztere erhielten zwar Unterstützung durch so genannte »Internationale Brigaden«, Einheiten, in denen idealistische Kriegsfreiwillige aus aller Herren Ländern kämpften – darunter auch viele westliche Intellektuelle wie George Orwell oder Ernest Hemingway. Aber die einzige wirklich effiziente Kampfkraft versprechende Hilfe kam von

»Man wurde abkommandiert oder umgebracht«: Ein Schauprozess in der Sowjetunion der dreißiger Jahre während der Stalin'schen »Großen Säuberungen«.

Hitlers Widersacher Stalin. Er setzte darauf, mit einem Sieg seiner Truppen Spanien zum zweiten staatssozialistischen Land der Welt zu machen.

Der Bürgerkrieg auf der Iberischen Halbinsel war schmutzig und gefährlich. Für Erich Mielke jedoch erwies sich das Studium an der Lenin-Schule nun als eine Art Lebensversicherung: Aus Sicht der Partei galt er schlichtweg als zu wertvoll, um als Frontoffizier in einer Internationalen Brigade verheizt zu werden. Von Anfang an hatte er Positionen im Brigadestab inne. Und so kämpfte er in Südspanien, Madrid und Guadalajara – in sicherer Entfernung von der Front. Das riskante Leben im Schützengraben brauchte der gewiefte Parteifunktionär also nicht zu fürchten. Der damalige Spanienkämpfer Heinz Priess berichtete später, wie Mielke alias Fritz Leistner sich bei einem Frontbesuch einmal groß in Szene setzte: »Er wünschte die MG-Kompanie zu besichtigen. Während wir die Anhöhe hinaufstiegen, begannen die Faschisten zu feuern. Leistner drehte sich um 180 Grad, führte den Feldstecher vor Augen, starrte ins Hinterland, wo die Lastkraftwagen standen, von wo der Nachschub kam. Dann setzte er das Fernglas ab, meinte, genug gesehen zu haben, ging zum Auto zurück und fuhr mit seinem Fahrer davon.«

> Hey, Mielke, du warst ein Spanienkämpfer? / Ich glaube dir nichts, du warst privilegiert. / Wir wissen, du hast die Trotzkisten und andre / Genossen feig hinter der Front liquidiert.
> Wolf Biermann, »Ballade von den verdorbenen Greisen«

> »Was auch immer geschieht, die Trotzkisten müssen endgültig vernichtet werden. Man muss sie den Massen gegenüber als Angehörige faschistischer Geheimdienste entlarven, die im Dienste Hitlers und Francos Provokationen durchführen, die Volksfront zu spalten versuchen und eine Verleumdungskampagne gegen die Sowjetunion führen.«
> Anweisung der Komintern an die KP Spaniens, Dezember 1936

Allerdings verstummten niemals die Gerüchte, der stalinistische Funktionär sei hinter der Front in Wahrheit damit beauftragt gewesen, die politische Zuverlässigkeit der Kämpfer zu gewährleisten: Die Brigaden sollten frei sein von Anarchisten, Trotzkisten, Separatisten und allen übrigen Bekennern »falscher Lehren«, die Stalins Plänen für die Zeit nach dem Sieg der Republik im Wege stehen konnten. Tatsache ist, dass Tausende von Spanienkämpfern verhaftet wurden, weil sie sich kritisch über Stalin geäußert hatten. Unbewiesen bleibt Mielkes Mitwirkung daran.

Jedenfalls machte der Nachwuchskader, anstatt Meriten oder Blessuren im mörderischen Bürgerkriegsalltag zu sammeln, wichtige Bekanntschaften – eine davon mit General Gómez alias Wilhelm Zaisser. Zaisser war Volksschullehrer und 1919 der KPD beigetreten. Er hatte sich der Roten Ruhrarmee angeschlossen, wodurch er seine Stellung als Lehrer verlor. Via Moskau war er als Kommandeur der XIII. Internationalen Brigade an die Bürgerkriegsfront in Spanien gekommen und machte Mielke dort zu seinem Adjutanten. Was beide nicht ahnen konnten: Zaisser sollte anderthalb Jahrzehnte später erneut Mielkes Vorgesetzter werden – als Gründungschef der DDR-Staatssicherheit. Doch eine solche Zukunft wäre beiden wohl zum damaligen Zeitpunkt als utopisch erschienen: 1938/39 ging der Kampf für die spanische Republik allmählich verloren, Francos Truppen nahmen Barcelona ein und marschierten nun in Richtung Madrid. Stalins Strategie, Spanien zum ersten kommunistischen Staat in Westeuropa zu machen, war gescheitert.

> *Ein Jahr später erfuhr ich, dass in Valencia vom »Servicio de Informacion Militar« der Internationalen Brigaden ein Gefängnis für Spione, Agenten und Trotzkisten eingerichtet worden war. Es zählte zu den Haftanstalten, wo, mit oder ohne Prozess, Verdächtige verschwanden. Und der Mann, der mich dort hatte hinschicken wollen, war für den SIM in der 11. Brigade zuständig. Er hieß – Erich Mielke.*
> Walter Janka, damals in Spanien

»Volksfront von Moskaus Gnaden«: Internationale Brigaden im Spanischen Bürgerkrieg auf dem Weg an die Front, 1936.

Mielke setzte sich jedoch nicht wie viele führende ausländische Kommunisten in die Sowjetunion ab, sondern rettete sich dank der Hilfe französischer Genossen zusammen mit einigen tausend anderen Kommunisten über die französische Grenze. Offiziell behauptete er stets, er habe seine Einheit nicht im Stich lassen wollen. Doch dürfte ihm die gefährliche politische Atmosphäre in Moskau diese Entscheidung zumindest erleichtert haben.

Während die übrigen ehemaligen Spanienkämpfer im Lager Saint-Cyprien in Südfrankreich interniert wurden, erhielt Mielke schon den nächsten Auftrag der Partei: Er wurde Leiter eines Parteizirkels in Brüssel. Unter dem Decknamen »Gaston« brachte er eine kommunistische Untergrundzeitung heraus, die dem illegalen Kampf der Partei im nationalsozialistischen Deutschland dienen sollte.

Ein politisches Husarenstück Stalins sorgte Ende August 1939 für eine Zerreißprobe unter den deutschen Exilkommunisten: Trotz aller Unterdrückung und Verfolgung der KPD-Genossen in Hit-

> »Zum Schluss half ich, ... die Rückführung der Interbrigaden aus Barcelona und Katalonien nach Frankreich Ende 1939 zu organisieren.«
> Mielke

> »Wir hatten uns als Letten unter den Namen ›Hebel, Richard‹ und ›Knauer, Karl‹ legalisiert und verblieben in Südfrankreich. Wir arbeiteten mit Spaniern. Auf Grund von Differenzen mit dem Unternehmen wurden wir später verhaftet und am 2. Januar 1944 der Org. Todt zur Verfügung gestellt.«
> Mielke, Lebenslauf von 1951

lers Reich machte der Moskauer Despot gemeinsame Sache mit seinem Berliner Widerpart und verständigte sich mit diesem über die Aufteilung Polens – der Hitler-Stalin-Pakt war Realität geworden. Damit hatte Stalin dem Berliner Tyrannen nicht nur den Rücken endgültig frei gemacht, damit dieser den Zweiten Weltkrieg vom Zaun brechen konnte, sondern auch eine politische 180-Grad-Wende vollführt. Und selbstverständlich erwartete er von seinen Untertanen, dass sie dem neuen Kurs bedingungslos folgten. Also machte sich Mielke daran, Überzeugungsarbeit zu leisten.

Doch Argumente waren nicht sein einziges Mittel, mit dem er die Parteigenossen auf Linie zu bringen gedachte: Mielke witterte stets auch und gerade in der Partei den Gegner am Werk. Spätestens in seiner Moskauer Zeit war er zum überzeugten Stalinisten und zum Anhänger der »Tscheka« geworden, der politischen Polizei, die mit ihrem Terror dem Sowjetsystem nach der Oktoberrevolution 1917 den Machterhalt gesichert hatte.

Vielen Aktivisten, die in Belgien illegal im Untergrund agierten, drückte Mielke im Frühjahr 1940 ein Parteikontrollverfahren auf. Entlohnt von den unter Lebensgefahr eingesammelten Beiträgen der deutschen Kommunisten und Moskauer Zuwendungen, spielte er sich zum Gralshüter der Parteilinie auf, indem er sich mit größtem Eifer den Verhören und Vernehmungen der Genossen widmete. Sammeln, Sortieren, Protokollieren und Ausspielen von Informationen – schon damals scheint dies seine liebste Aufgabe gewesen zu sein. Jahrzehnte später sollte er damit einen ganzen Apparat beschäftigen.

Doch jetzt gerieten Mielkes Unterlagen in die falschen Hände. Betroffene Genossen berichteten, nach dem Einmarsch der Wehrmacht in Belgien im Mai 1940 seien die Akten für Hitlers Gestapo eine willkommene Fundgrube gewesen, die etliche deutsche Exilkommunisten in Lebensgefahr gebracht habe. Der verantwortliche Apparatschik selbst überlebte die deutsche Besetzung derweil unerkannt im zunächst unbesetzten Teil Frankreichs – als Holzarbeiter. Die Verbindung zur Parteiführung war abgerissen. Als

Mielke verhielt sich in der Gruppe kameradschaftlich. Er bahnte Beziehungen an, über die Lebensmittel besorgt wurden, unter anderem Pferdefleisch, woraus Frikadellen zubereitet wurden. Im Spätherbst 1940 verschwand Erich Mielke aus Toulouse. Man suchte verzweifelt nach ihm, weil man in Sorge war, dass er in deutsche Hände geraten sein könnte und verhaftet worden war. Es verlor sich jede Spur von Erich Mielke.
Ernst Melis, damals mit Mielke in Frankreich

fleißiger Parteiaktivist versuchte er unterdessen seine Holzfällerkollegen zum Kommunismus zu bekehren, so lange, bis das Kriegsende neue Aufgaben versprach und Mielke sich schnellstmöglich auf den Weg durch den deutschen Südwesten in die sowjetisch besetzte Zone machte.

Am 15. Juni 1945, sechs Wochen nach Kriegsende, kehrte er nach Berlin zurück – erstmals seit 13 Jahren – und konnte sich mit eigenen Augen davon überzeugen, was Hitlers Wahn, alliierte Bomber und sowjetische Geschütze aus seiner Heimatstadt gemacht hatten. Er meldete sich umgehend bei der Partei und bot sich voller Tatendrang für deren Aktivitäten im sozialistischen Wiederaufbau an. Die »Stunde null« sollte schließlich auch den Beginn seiner persönlichen Karriere markieren. So hatte es Mielke wohl erhofft – und so kam es auch: Schon Ende Juni 1945 wurde er zum Leiter der Polizeiinspektion in Berlin-Lichtenberg ernannt. Walter Ulbricht, der im April aus Moskau zurückgekehrt war und seitdem den Wiederaufbau der KPD betrieb, schlug ihn persönlich für diesen Posten vor. Und die Sowjetische Militäradministration (SMAD) folgte vorbehaltlos dieser Empfehlung. Mielke war ein Mann der Partei, und er war ein Mann Moskaus. Wie die Pfeiler einer Brücke trugen diese beiden Seiten von nun an den weiteren Karriereweg Mielkes. Indem er sich gegenüber dem führenden Genossen der Ostberliner Parteispitze absolut loyal zeigte und zugleich Ziele, Handeln und Denken der Moskauer Sicherheitsorgane eins zu eins übernahm, gelang ihm eine karriereförderliche Verbindung: Ein halbes Jahr später wurde er Referent für Polizei und Justiz im Zentralkomitee (ZK) der KPD, Mitte Juli 1946 schließlich Vizepräsident der »Deutschen Verwaltung des Innern« (DVdI). Hinter diesem unscheinbaren Namen verbarg sich nichts Geringeres als die von der sowjetischen Besatzungsmacht initiierte Polizei- und Sicherheitsbehörde für die sowjetische Besatzungszone (SBZ) – quasi das Innenministerium der werdenden DDR.

Als allerdings zwei Jahre später sein Chef Erich Reschke abgelöst wurde, machten die Sowjets nicht ihn, sondern seinen Konkurrenten, den sächsischen Innenminister Kurt Fischer, zum neuen Chef der DVdI. Der Minderwertigkeitskomplex des »ewigen Zweiten« nahm wohl hier seinen Anfang. Bis zu seiner Verhaftung 1989 blieb Mielke persönlich im Besitz der Kaderakte Fischers – in der Ideologie des Tschekisten war das nichts anderes als ein Symbol der Überlegenheit.

Mielke arbeitete unablässig daran, innerhalb der Polizeibehörde einen Überwachungsapparat nach stalinistischem Vorbild aufzubauen. Mit der

> *Deutschland ist zurzeit keine Einheit, es gibt zwei Zonen und daher zwei Entwicklungen. Hier in der Sowjetzone geht der demokratische Aufbau vor sich. Hier sehen wir, dass die Arbeiterklasse die führende Kraft in der demokratischen Entwicklung ist. Auch der Faktor der sowjetischen Besatzungsarmee ist von großer Bedeutung in dieser demokratischen Entwicklung, denn die sowjetische Besatzungsarmee erleichtert unsere Aufgaben, sie unterstützt uns, gibt Ratschläge, macht Vorschläge, und sie hält die versteckte Reaktion nieder. In den anderen drei Zonen, die ich hier als eine Zone bezeichne, weil sie ein gleiches Ziel und einige gleiche Entwicklungsmerkmale haben, haben wir eine Entwicklung, die der nach 1918 ähnelt, also keine Führung der Arbeiterklasse, sondern eine Koalition mit der Bourgeoisie, die von der Sozialdemokratie geführt wird.*
> Referat Mielkes auf einer Polizeikonferenz, 30. Oktober 1946

Entstehung der DDR im Oktober 1949 war er seinem Ziel ein großes Stück näher gekommen: Er wurde Gründungschef der neu gebildeten »Hauptverwaltung zum Schutz der Volkswirtschaft« – Wegbereiter und Vorläufer der Stasi. Mielke prägte der Geheimpolizei schon in dieser Zeit ihren paramilitärischen Charakter auf und verpasste seinen Mitarbeitern eine militärische Hierarchie, militärische Ränge und Uniformen.

Doch als die Behörde in der Berliner Normannenstraße tatsächlich Anfang 1950 zum »Ministerium für Staatssicherheit« umfunktioniert wurde, war Mielke selbst wiederum nur zweite Wahl: Er wurde Stellvertreter unter Wilhelm Zaisser – jenem Mann, dem er bereits in Spanien als Adjutant gedient hatte. Mielke hatte allen Grund, sich um die Früchte seiner Arbeit betrogen zu fühlen. Gleichwohl ließ er sich nicht beirren und ging emsig wie eh und je seinen Aufgaben nach, um durch Bespitzeln und Drangsalieren die Diktatur des Proletariats und seiner Partei nach innen und außen zu sichern.

»Mielke = Zuverlässigkeit.«
Notiz Wilhelm Piecks, 14. Mai 1948

»Zaisser ist der geeignetere Kandidat für den Posten des Ministers für Staatssicherheit. Mielke kann stellvertretender Minister bleiben.«
Einschätzung des sowjetischen Geheimdienstes NKWD in Berlin, Januar 1950

Pikanterweise waren es die Werktätigen selbst, die der »Diktatur des Proletariats« und ihrem Überwachungsapparat den schwerstmöglichen Schlag versetzten: Am 17. Juni 1953 bildeten sich überall in der DDR spontane Demonstrationen und illegale Streiks gegen neu beschlossene Normerhöhungen – und binnen kürzester Zeit stellte der Aufstand das

»Der ewige Zweite«: Mielke (4. von rechts) als Vizepräsident der »Deutschen Verwaltung des Innern«, 1949.

ganze System an den Pranger. Sowjetische Panzer richteten ein Blutbad unter den Demonstranten an – es war der einzige Weg, das SED-Regime im Sattel zu halten. Von solch einer bedrohlichen Situation hatte die Stasi zuvor nichts berichtet – und auch nichts geahnt.

Das Debakel kostete Zaisser seinen Job und degradierte das Ministerium für Staatssicherheit – der formalen Stellung sowie dem Türschild nach – zu einem profanen »Staatssekretariat«. Allerdings war Erich Mielke noch immer nicht an der Reihe: Ernst Wollweber, ehemaliger Matrose der kaiserlichen Marine und während des Zweiten Weltkriegs kommunistischer Untergrundaktivist, besaß für den Moment die einflussreicheren Freunde in Moskau. Walter Ulbricht höchstpersönlich hatte soeben noch verhindern können, dass Mielke nach dem 17. Juni wie sein ehemaliger Vorgesetzter in der Verdammung durch die Partei endete.

Doch die Sowjets setzten langfristig aufs falsche Pferd: Wollweber übernahm selten kritiklos etwas aus Moskau – mochten es bloß Sprachregelungen oder handfeste Anweisungen sein. Auch das Ost-

> Unsere Organe des Ministeriums für Staatssicherheit, deren Aufgabe es ist, unseren Staat gegen feindliche Diversions- und Agententätigkeiten zu schützen, haben versagt.
>
> Otto Grotewohl nach dem 17. Juni 1953

> Ohne Einschränkung und Rückhalt möchte ich offen und ehrlich der Partei gegenüber erklären, dass ich für diese Schwächen und ernsten Fehler mitverantwortlich bin.
>
> Mielke nach dem 17. Juni 1953

berliner Politbüro wurde seiner überdrüssig: Er richte sein Hauptaugenmerk zu stark auf den Feind im Westen, hieß es, und unternehme zu wenig gegen den Gegner im eigenen Land. Je heftiger die Kritik wurde, desto deutlicher schien sich Stellvertreter Mielke als Lösung des Personalproblems geradezu aufzudrängen: Er bekundete rückhaltlose Ergebenheit gegenüber dem »großen Bruder« und versprach, die DDR mit einem engmaschigen Überwachungsnetz zu überziehen. Am Ende waren es die vielerorts bemühten Gesundheitsgründe, mit deren Hilfe Wollwebers Amtsverzicht gerechtfertigt wurde. Mielke war endlich an seinem Ziel angelangt: Am 1. November 1957 wurde er nach langem, geduldigem Warten Minister für Staatssicherheit der DDR.

Diese Chance wusste er zu nutzen: Binnen fünfzehn Jahren wurde aus dem Mann der zweiten Wahl ein Strippenzieher allerersten Ranges: Als Erich Honecker seinen Vorgänger und Ziehvater Walter Ulbricht 1971 stürzen wollte, war ihm die Loyalität Mielkes für den Fall eines erfolgreichen Putsches eine der wichtigsten Vorbedingungen. Dazwischen lagen die sechziger Jahre – das Jahrzehnt Mielkes, das Jahrzehnt der Stasi. Eine Zeitspanne, die die Gesinnungspolizei kommunistischer Prägung zu einer allmächtigen Maschinerie für die Überwachung von Staat und Gesellschaft reifen ließ.

Als die Stasi gegründet wurde, hatte sie 1100 hauptamtliche Mitarbeiter. Als Mielke die Leitung des Apparats übernahm, bestritten schon 20 000 Menschen ihren Unterhalt mit Schnüffeln, Abhören, Vernehmen, Exekutieren. Noch einmal ungefähr die gleiche Anzahl war im »Nebenverdienst« als Tschekisten tätig. Der neue Minister sorgte dafür, dass die »Firma Horch und Guck«, wie die Stasi im DDR-Volksmund hieß, weiter expandierte und ein Jahrzehnt später schon über 40 000 Werktätigen Arbeit und Brot gab – nicht mitgezählt die mehr als 100 000 IMs auf der Gehaltsliste von Mielkes Imperium.

> »Dem Wunsche des Genossen Minister Wollweber, aus gesundheitlichen Gründen seine Funktion niederzulegen und in Pension zu gehen, wird entsprochen. Als Minister für Staatssicherheit wird Genosse Generalleutnant Mielke eingesetzt.«
>
> MfS-Sitzungsprotokoll, 15. Oktober 1957

Die psychisch-moralische Wirkung einmal außer Acht gelassen, war ein solch allgegenwärtiger Geheimapparat für die DDR-Steuerzahler eine außerordentliche Belastung: Die stets klamme DDR-Regierung ließ es sich 1962 mehr als 400

»Noch nicht an der Reihe«: Mielkes Amtsvorgänger Zaisser (linkes Foto, hinter ihm Mielke) und Wollweber (rechtes Foto, links, mit DDR-Präsident Pieck).

Millionen Mark (Ost) kosten, ihre Bürger durch verdeckte Methoden auf Linie gebracht zu wissen. Das waren knapp zehn Prozent des gesamten Polizei- und Armeeapparats – Tendenz steigend: 1989, im letzten Jahr der Stasi, verschlang sie 3,6 Milliarden Mark – mehr als ein Prozent des gesamten DDR-Staatshaushalts.

Diese Zahlen illustrieren nicht nur das Konzept einer allwissenden Gesinnungspolizei, sondern spiegeln auch Mielkes Wahn von einer lückenlosen Kontrolle der Gesellschaft. Seit den sechziger Jahren verfolgte der Minister für Staatssicherheit das Ziel, seine Behörde zu einem omnipräsenten Superministerium umzufunktionieren. Tatsächlich sollte ihm diese Rolle immer bereitwilliger zugestanden werden – je länger er das Zepter in der Stasi führte und je mehr Spitzengenossen, Minister und Funktionäre diskreditierendes Material über sich selbst in seinen Händen wähnten. Kaum eine Vorlage für Politbüro oder ZK, kaum ein Gesetzentwurf wurde weitergeleitet, ohne dass zuvor grünes Licht aus der Normannenstraße eingeholt worden war.

> Es wird für jeden überraschend sein, wenn ich auf die Frage nach der Anzahl der Mitarbeiter des Ministeriums für Staatssicherheit sage, dass ... weder im Politbüro noch im Nationalen Verteidigungsrat, ganz zu schweigen vom Ministerrat, jemals die personelle Stärke des Ministeriums für Staatssicherheit festgelegt wurde, sodass ich die Anzahl der hauptamtlichen Mitarbeiter ... auf 35 000 Mitarbeiter schätzte. Über die Anzahl 85 000 hauptamtlicher und 100 000 ehrenamtlicher Mitarbeiter war ich sehr überrascht.
> Erich Honecker, 1990

> Wir müssen alles erfahren. Es darf nichts an uns vorbeigehen.
>
> Mielke

> Es wurden alle bespitzelt, die nur irgendwie im Verdacht standen, oppositionell tätig zu sein. Hier steckte der Kern der falschen Sicherheitsdoktrin des Ministeriums.
>
> Markus Wolf, Ex-MfS-General, 1990

Ganz so bereitwillig wie die Topkader kooperierte die große Masse der Überwachten freilich nicht mit Mielkes Spitzelministerium. Das demonstriert der Vergleich mit der Terrorbehörde des »Dritten Reiches«: Hitlers Gestapo benötigte 1944 gerade einmal 31 000 Mitarbeiter, um ein Klima der Angst zu schaffen und die Querdenker unter den 60 Millionen Deutschen in Schach zu halten. Die DDR hatte nicht einmal ein Drittel so viele Einwohner. Doch die Gestapo schöpfte aus einem nahezu unbegrenzten Potenzial bereitwilliger Denunzianten. Die Stasi genoss zu keinem Zeitpunkt so viel Bereitschaft zur Komplizenschaft in der Bevölkerung. Der Grund dafür liegt auf der Hand: Das SED-Regime, dessen »Schild und Schwert« die Stasi sein wollte, besaß für die meisten seiner Bürger eben nicht jene Blendkraft, die Hitlers verbrecherischer Führerstaat auf die Mehrzahl der Deutschen ausgeübt hatte.

Dabei schien der Sozialismus kurz vor dem Sieg zu stehen, als Mielke Ende 1957 die Leitung der Stasi übernahm: Im Oktober war der erste künstliche Erdsatellit »Sputnik« von einer sowjetischen Interkontinentalrakete in

»Wir müssen alles erfahren«: Das Ministerium für Staatssicherheit in der Berliner Normannenstraße, Anfang der siebziger Jahre.

den Orbit befördert worden und hatte mit seinem monotonen »piep... piep... piep« die ganze westliche Welt in Angst versetzt. Und seit Anfang November drehte eine russische Hündin in einer Sputnik-Kapsel ihre Runden um die Erde. Doch während sich die Ostberliner Parteiführung in triumphalem Freudentaumel und himmelsstürmerischen Phantasien erging, war die Stasi an zwei allzu irdischen Brennpunkten gefordert: bei der Kollektivierung der Landwirtschaft und der steigenden Zahl »Republikflüchtiger«.

Die Industrie war in der Folge der DDR-Gründung relativ rasch verstaatlicht worden. Nun postulierten kommunistische Ideologie und sowjetisches Vorbild auch die rasche Enteignung der Bauern und die Errichtung von Produktionsgenossenschaften. Die Kollektivierung der Landwirtschaft hatte laut sozialistischer Lehre nach dem Sturz des Kapitalismus automatisch – und folglich freiwillig – zu erfolgen. Doch eben hier klafften Anspruch und Wirklichkeit meilenweit auseinander. Aufgeschreckt durch den Aufstand vom 17. Juni 1953 hatte die Partei den Behörden zunächst die Weisung erteilt, vorläufig die juristisch-administrativen Daumenschrauben bei der Zwangskollektivierung etwas umsichtiger anzuziehen, um mit einer Bauernrevolte nicht den Bestand des Regimes zu gefährden. So befand sich noch 1959 weniger als die Hälfte der Äcker, Wiesen und sonstigen landwirtschaftlichen Nutzflächen in der DDR in der Hand von Landwirtschaftlichen Produktionsgenossenschaften (LPGs). Noch wesentlich gefährlicher war die explosionsartig anwachsende Zahl von LPG-Austritten im Jahr 1960. Dabei hatte der 5. SED-Parteitag zwei Jahre zuvor die große »sozialistische Umgestaltung«, die Verwirklichung des sozialistischen Staats- und Gesellschaftsmodells in der DDR, beschlossen. Dazu gehörte natürlich ebenfalls, dem »sozialistischen Sektor« in der Landwirtschaft zum Siegeszug zu verhelfen. Von solch einer Forderung musste sich auch Erich Mielke angesprochen fühlen. Und in der Tat erklärte er die »sozialistische Umgestaltung auf dem Land« zum wichtigen Auftrag der Stasi: »Aus diesen Gründen müssen wir unsere IM darauf konzentrieren, dass sie mithelfen, alle Maßnahmen zur Förderung und Entwicklung der Landwirtschaft durchzusetzen.« Das Beispiel zeigt, wie die Stasi schon früh zum Instrument gegen politische Alltagsprobleme wurde.

Was ihr Einsatz bedeutete, sollte die Bevölkerung auf dem Lande bald mehr und mehr zu spüren bekommen – wie etwa die Menschen in Frauendorf, Kreis Senftenberg in der Lausitz. Dort beobachteten die Bewohner, wie

»Einsicht in die Notwendigkeit?«: Propagandatafeln und politische Agitatoren sollten Bauern den Eintritt in die LPG schmackhaft machen.

schwarze Limousinen sowjetischer Bauart über die holprigen Straßen in den Ort einfuhren und einige der Bauern in den Wagen verschwanden – ihrem Beitritt in die LPG sollte auf diese Weise Nachdruck verliehen werden. Eine Schilderung dieser Vorgänge gelangte in den Westen und wurde vom Westberliner Radiosender RIAS publik gemacht. Intern dokumentierte die Stasi daraufhin ihre Version des Geschehens: »Von der Dienststelle des MfS in Senftenberg wurden am 17. 2. 1960 aus Frauendorf 5 Personen zur zeugenschaftlichen Vernehmung geholt. Diese Vernehmung dieser Personen hatte sich im Zusammenhang mit der Bearbeitung eines Vorganges wegen staatsgefährdender Hetze notwendig gemacht.« »Staatsgefährdende Hetze« – so oder so ähnlich lautet eine der bevorzugten Phrasen jeder politischen Polizei. Bei der Stasi konnte damit jede unbedachte Äußerung gemeint sein, die nicht hundertprozentig im Einklang mit Partei- und Staatslinie stand, und damit faktisch jeden treffen. Zwar sind Details über das Verhör der Frauendorfer Bauern unbekannt, doch schon mit dem willkürlichen Vorwurf der staatsgefährdenden Hetze hatte sich Mielkes Apparat selbst entlarvt – auch wenn im internen Bericht betont wird, es habe »keine Aussprache mit Bauern über den Eintritt in die LPG« stattgefunden. Weiter heißt es, anschließend seien »diese Personen« lediglich mit dem Wagen der Dienststelle wieder nach Hause gefahren worden. Ein Schelm, der Böses dabei denkt – und sich nur vorstellt, welchen Eindruck die dunklen Straßenkreuzer der Stasi in dem Lausitzer Bauerndorf hinterlassen haben müssen.

Dass es weniger als vier Wochen später zu einer ähnlich aufwändig inszenierten Vernehmung durch die Stasi kommen musste, bevor der LPG-Beitritt unter Dach und Fach war, belegt die Hartnäckigkeit der Betroffenen – aber auch die Bereitschaft der Stasi, jeden Widerstandswillen rücksichtslos zu brechen.

Die perfiden Methoden sorgten für erheblichen psychischen Druck und trieben manch einen Betroffenen an den Rand des Selbstmords. Wie wenig das die Stasi kümmerte, zeigt ein anderer Fall aus Kleinmehlen, ebenfalls im heutigen Brandenburg. Dort wurde ein Landwirt von einer so genannten »Brigade« heimgesucht, die sich aus Angehörigen des MfS, der Volkspolizei, anderer Behörden und von Betrieben zusammensetzte. Ihre Aufgabe war es, für die LPGs zu werben. Der fragliche Bauer weigerte sich, erklärte laut Stasi-Protokoll, »dass er mit dem Eintritt in die LPG sein Eigentum verlieren würde, brach in Weinkrampf aus und ging kurze Zeit später in die Scheune«. Nach einigen Minuten folgten ihm die Stasi-Schergen und sahen ihn in der Scheune hängen. Dabei stellten sie fest, dass er »die Schlinge vorn am Kinn hatte, wodurch sich diese nicht zuziehen konnte«. Auch habe er keine Atembeschwerden oder Druckstellen am Hals gehabt. Für die Stasi war der Fall damit klar: Bei dem Selbstmordversuch handelte es sich um nichts anderes als um ein Täuschungsmanöver. »Am 15. 3. 1960 suchten die Genossen der Brigade ihn erneut auf«, heißt es im Stasi-Bericht über den darauf folgenden Tag, »bei diesem Besuch erklärte er sich durch Unterschrift bereit, zur Entwicklung des vollgenossenschaftlichen Dorfes beizutragen.« »Vollgenossenschaftlich«, tönte auch die Propagandapresse immer dort, wo schließlich auch der letzte Bauer in einer Gemeinde oder einem Bezirk dem Druck nachgegeben hatte.

Wovon die Propaganda freilich nichts berichtete – und die Stasi-Dossiers auch nur in verklausulierten Formulierungen: Mit ihren Zwangsmaßnahmen leitete die Staatsführung selbst eine Fluchtwelle aus den Dörfern gen Westen ein: Allein in den ersten drei Monaten des Jahres 1960 setzten sich fast 1000 Landwirte in den Westen ab – und es wurden zunehmend mehr. Einer von ihnen äußerte sich den MfS-Informationen zufolge drastisch: »Er würde lieber zu Adenauer als Panzerfahrer gehen als in die LPG eintreten.«

> Natürlich ist es so im Leben, dass dort, wo gehobelt wird, auch Späne fallen. ...Es gab natürlich auch Übergriffe. Das liegt ganz klar auf der Hand. Aber die Staatssicherheit verteufeln, dazu besteht überhaupt kein Grund, denn es waren in der übergroßen Mehrheit Kinder des Volkes, und sie haben in dem Bewusstsein gearbeitet, dem Volke zu dienen.
>
> Erich Honecker, 1990

> Jeder in diesem Land kann Geschichten erzählen, in denen die Staatssicherheit eine Haupt- oder Nebenrolle spielt. Sie war ein Teil unseres Lebens und gehörte einfach dazu.
>
> Bärbel Bohley, Bürgerrechtlerin

»Ich hasse die LPG.«
Kreideinschrift eines Bauern an seiner Scheune, in der er sich erhängte, Kleinhartmannsdorf 1961

»Bei dem überwiegenden Teil der republikflüchtigen Einzelbauern handelt es sich um solche Personen, die mit dem Eintritt in die LPG nicht einverstanden waren. So äußerte der Bauer Q. aus Staffelde/Oranienburg, er würde lieber zu Adenauer als Panzerfahrer gehen als in die LPG eintreten.«
Bericht des Zentralkomitees der SED, März 1960

Darin äußerte sich mehr als der Unmut einiger weniger Angehöriger der »Gutsbesitzerklasse«. Es war ein Staatsproblem.

Die Situation war so brisant, dass Walter Ulbricht seit dem Frühjahr 1960 jeden dritten Tag eigens über die Republikflucht von Berufstätigen aus dem Agrarsektor informiert wurde. Das Ausbluten der Landwirtschaft zog gefährliche Konsequenzen nach sich: Die Produktivität der LPGs lag ohnehin weit unter jener der Einzelbauern. Jeder republikflüchtige Landwirt – ganz gleich, ob er Hof oder LPG verließ – beeinträchtigte den Ertrag und damit unmittelbar die Versorgungslage der Bevölkerung. Je länger Fleisch und Butter rationiert werden mussten, je weiter sich die Schere zwischen Adenauers Wirtschaftswunderland und Ulbrichts »Arbeiter-und-Bauern-Paradies« öffnete, desto fragwürdiger wurde die sozialistische Selbstverklärung – allein in materieller Hinsicht.

Doch Kritik am System, am Patentrezept des Marxismus-Leninismus, war nicht gestattet. Die internen Papiere von Mielkes Apparat strotzten folglich genauso wie die Propagandaerzeugnisse vor Schuldzuweisungen: an die Westmedien, an Rückständige, an »verbohrte Reaktionäre«, an die mangelhafte »Kaderstrecke«. Niemals waren die ideologischen Maximen falsch – und Entscheidungen von oben schon gar nicht: Wenn vor Ort etwas nicht funktionierte, was von vorgesetzten Instanzen beschlossen worden war, hatte der Fehler eben auch stets vor Ort zu liegen – so sah die Dialektik der Macht in einer Kaderpartei aus. Und darin bestand der lebenslange kollektive Selbstbetrug aller Parteiinstanzen und Staatsbehörden, einschließlich und vor allem des Ministeriums für Staatssicherheit.

Die zugespitzte Lage in der DDR machte einen zunehmenden Ausbau des MfS erforderlich. Wir waren aber stets in der Lage, die gesammelten Informationen auszuwerten. Das System, das wir hierzu entwickelt haben, war so gut, dass wir sehr schnell bemerkt haben, wenn jemand versuchte, uns an der Nase herumzuführen. Das Ministerium ist immer beherrschbar geblieben.
Mielke, 1992

Die Lösung der Probleme blieb dabei freilich auf der Strecke, so auch bei den Versorgungsengpässen Anfang der sechziger Jahre. Die Flüchtlingszahlen schnellten indessen ungehemmt in die Höhe. DieStimmung in der Bevölkerung wurde von Tag zu Tag mieser. Mielkes Spitzel notierten Äußerungen über den »nächsten 17. Juni« genauso wie den Satz: »Adenauer kann wenigstens seine Bevölkerung ernähren.«

> Wir mussten ergründen: Wie ist die wahre politische Einstellung, wie ist die Stimmung? Diese Stimmungsberichte gaben uns die Möglichkeit zu analysieren, sich darüber klar zu werden, was zu tun ist.
>
> Mielke, 1992

Die Staatsmacht reagierte: Ulbricht befahl, die Zügel ein wenig zu lockern und politische Delikte etwas liberaler zu handhaben. Mielke dagegen wies seine »Tschekisten« an: »Der Beschluss des Staatsrates ändert nichts daran, dass die Feinde im Interesse der Erhaltung des Friedens schonungslos bekämpft werden müssen. In der Beurteilung des Feindes dürfen die Mitarbeiter nicht die Schärfe verlieren.«

Niemals ging es Mielke darum, die Ursache einer Krise beseitigen zu helfen. Sein Ziel war stets, die Herrschaft der Partei mit den Methoden der Geheimpolizei zu sichern – und wie immer er das anstellte, es würde seinem Apparat zugute kommen. Längst kannte Mielke auch einen Erfolg versprechenden Weg, um die wirtschaftlich verheerenden Republikfluchten zu stoppen – mithilfe der polizeilichen Abriegelung der DDR. Es war also ein Weg ganz nach dem Geschmack des damaligen Generalleutnants und späteren Armeegenerals. Im Protokoll einer Sitzung des MfS-Kollegiums Anfang 1958 heißt es: »Wir müssen vorschlagen, welche Maßnahmen sich zur Durchsetzung des Passgesetzes ergeben und welche Auswirkungen diese und jene Maßnahmen haben (evtl. Grenze schließen).« Der eingeklammerte Nachsatz belegt, dass Mielke schon zu diesem Zeitpunkt über die Abschottung der DDR nachdachte.

Am 13. August 1961 wurde die Mauer gebaut. Sie veränderte das Leben der Menschen in der DDR, aber auch die Rolle der Staatssicherheit von Grund auf: Bis dahin konnten die Ostdeutschen ihrem Staat und seiner Terrorzentrale noch davonlaufen. Jetzt mussten sie sich mit beiden arrangieren – oder aufgeben. Das innenpolitische Klima wurde schärfer nach dem Mauerbau: Aus dem Jahre 1961 datieren mehr als 18 000 Verurteilungen wegen »Staatsverbrechen«, die höchste Anzahl seit den unruhigen Zeiten zwischen dem 17. Juni 1953 und dem Aufstand in Ungarn 1956 – ein trauriger Rekord. Im Dezember 1961 musste selbst Mielke seinen Apparat schließlich bremsen.

> Aber auf eines können Sie sich verlassen: Sauberkeit war bei uns, wir haben nichts, wogegen verstoßen wurde. Wer über die Gesetze wachen will, der muss auch die Gesetze verteidigen und selbst rein sein.
>
> Mielke, 1992

> »Keiner kommt durch, Genossen, das sei versprochen! Nicht den Verführten lassen wir aus unserem Land, nicht den Verführer lassen wir herein.«
>
> Gedicht des DDR-Dichters Helmut Preißler

Angesichts der neuen Entstalinisierungsbemühungen in Moskau verkündete er – innerlich möglicherweise zähneknirschend: »Es ist nicht möglich, die gegenwärtig hohe Zahl von Festnahmen noch länger beizubehalten.«

Doch beileibe nicht jeder Fall so genannter »Staatsverbrechen« kam auch zur Verhandlung: Der junge Grenzpolizist und Unteroffizier Rudi Thurow erlebte kurz nach dem Mauerbau, wie Stasi-Beamte solche Angelegenheiten auf dem »kurzen Dienstweg« zu regeln pflegten: Ein Mann habe in einer Gaststätte in angetrunkenem Zustand gesagt: »Herr Ulbricht und das fette Schwein, Chruschtschow, sind Verbrecher«, erinnert sich Thurow. Sofort hätten zwei MfS-Angehörige den Mann zum nahe gelegenen Posten der Grenzkompanie gebracht und dort verhört: »Als er seine Worte dort wiederholte, wurde er, ohne dass er sich zur Wehr setzen konnte, mehrfach mit der Maschinenpistole auf den Kopf geschlagen.« Späteren Berichten zufolge erlitt der Mann einen doppelten Schädelbasisbruch. Und dann der größte Schock für Thurow: »Sie verboten mir, dem Mann ein Verbandspäckchen anzulegen, und sagten: ›Diesen Vaterlandsverräter lass doch mal krepieren.‹«

Rudi Thurow, damals 24 Jahre alt, galt als vorbildlicher Unteroffizier der Grenzpolizei: Im Alter von 18 Jahren hatte er sich freiwillig gemeldet. Thurow, das älteste von vier elternlosen Kindern, war danach durch Disziplin, Zuverlässigkeit und Einsatzbereitschaft aufgefallen. Fünfzehn Belobigungen zierten seine Kaderakte, keine einzige Disziplinarstrafe trübte das Bild des jungen Mannes. Im Alter von 24 Jahren war er bereits Gruppenführer, und 1960 trat er der Partei bei.

Doch nachdem der Mann, der seinen Gedanken freien Lauf gelassen hatte, von der Stasi halbtot geprügelt worden war, wurde Thurows Glaube an sein Land schwer erschüttert: »Dramatische Zustände waren das«, sagt er in der Rückschau. Bereits vor dem Mauerbau war er mit der Staatssicherheit aneinander geraten: »Meine damalige Freundin Monika hat bei der Reichsbahn gearbeitet. Ab und zu fuhr sie nach Westberlin und kaufte sich dort schicke Kleidung. Bei einer Kontrolle, als sie aus Westberlin zurückkam, wurde festgestellt, dass sie mit DDR-Geld einige Sachen in Westberlin gekauft hatte.« In der Realität des Kalten Krieges war das bereits ein Verbrechen. In den ersten zwölf Jahren nach Gründung der DDR hatten 2,7 Milli-

»Ich suchte Kameradschaft«:
Rudi Thurow als Soldat der DDR-Grenzpolizei.

onen Menschen den ostdeutschen Staat verlassen. Weil es vor allem die Jüngeren waren, die gingen, war der Aderlass für den Staat DDR und dessen Volkswirtschaft existenzbedrohend. Weder das Regime in Ostberlin noch Moskau konnten diese Entwicklung tatenlos hinnehmen. Während die Freundin festgenommen wurde, erhielt Rudi Thurow Besuch von Mielkes Schergen: »Sie zwangen mich regelrecht, diese Verbindung abzubrechen. Und drohten mir mit einer Haftstrafe für den Fall, dass ich das nicht einhielte.« Auch dieser Fall ist ein Beispiel dafür, dass sich Mielkes Sicherheitsapparat schon lange nicht mehr allein gegen politische Oppositionelle richtete, sondern das Leben – und sogar die Liebe – ganz normaler Bürger diktieren wollte. So wuchs bei vielen die Bereitschaft zur Flucht.

> Ich suchte Kameradschaft, ich suchte eine große Familie, und deswegen habe ich damals beschlossen, dass ich zu den Grenztruppen gehe.
>
> Ich wollte mit denen nichts mehr zu tun haben. Ich wollte nicht irgendwelche Leute zusammenschlagen oder erschießen. Ich wollte einfach nur Soldat sein.
>
> Rudi Thurow

Für Rudi Thurow sollte eine Begegnung mit zwei Männern und einer Frau ausschlaggebend werden: In Grenznähe fragten sie den Uniformierten offen nach einem »Loch« in den Grenzbefestigungen: »Ich bekam einen riesigen Schrecken«, erinnert sich Thurow. Gewarnt vom Stasi-Besuch wegen seiner Freundin, hielt er auch das fluchtwillige Trio für Angehörige der Staatssicherheit. »Aber ich stellte fest, dass sie aus meiner Ortschaft kamen, in meiner Straße wohnten.« So entwickelte sich rasch ein offenes Gespräch, an dessen Ende Thurows Entschluss feststand: Er würde mit ihnen in den Westen fliehen. Und sein Insiderwissen über die Grenzpolizei sollte ihnen dabei helfen.

Also heckten die vier eine der spektakulärsten DDR-Fluchten der Geschichte aus: An einem Tag, wenn Thurow Diensthabender an der Grenze nahe Steinstücken war, würden die drei Zivilisten in einem LKW beim Grenzposten vorfahren. Thurow wollte zuvor die Schlagbolzen von den Maschinenpistolen der Grenzposten entfernen, um sie außer Gefecht zu setzen. Seine drei Komplizen sollten sich als Angehörige der Stasi ausgeben: »Dann wäre ich dazu gekommen, hätte das bestätigt und gesagt, ich hätte sie bereits erwartet.« So wären die vier gemeinsam nach Steinstücken durchgebrochen. Das jedenfalls sah der minutiös ausgearbeitete Plan vor. Doch in Wirklichkeit verlief am 21. Februar 1962 alles völlig anders: Wie vorgesehen hatte Thurow noch die Schlagbolzen von den MPs seiner Kameraden entfernt. Doch dann bemerkte einer seiner Untergebenen die Manipulation, als er – entgegen der ausdrücklichen Weisung für Grenzsoldaten im Dienst – schon vor Dienstschluss mit dem Reinigen seiner Waffe begonnen hatte. Sofort wurde Alarm ausgelöst: »Ich bekam den Befehl, 150 Soldaten einzusetzen – genau dort, wo wir durchbrechen wollten«, erinnert sich Rudi Thurow. Doch der Unteroffizier behielt kühlen Kopf, erteilte die Befehle, die für diese Situation vorgesehen waren, und eilte zu seinen Gefährten, die in der Nähe mit dem LKW warteten: »Ich habe ihnen schnell erläutert, in welcher Gefahr wir uns jetzt befinden. Daraufhin haben wir den LKW mit allen Papieren, allem, was wir dort hatten, stehen gelassen und sind aufs Geratewohl in Richtung Steinstücken marschiert.« Es folgte die dramatische Flucht, die nach Schusswechsel und Abtransport durch die Amerikaner glücklich endete.

Doch jetzt trat die Stasi erst richtig ins Leben von Rudi Thurow: In Republikflucht sah Erich Mielke Verrat an der sozialistischen Idee. Und dieser Verrat musste bestraft werden. Wenn das schon für »normale« Flüchtlinge galt, wie erpicht musste er erst auf den Kopf eines fahnenflüchtigen Grenz-

»Spektakuläre Flucht«: Der US-amerikanische Kampfhubschrauber mit den vier DDR-Flüchtlingen startet in Steinstücken, 22. Februar 1962.

polizisten sein, der auch noch drei Fluchtwilligen den Grenzdurchbruch ermöglicht hatte! »Die ganze Geschichte war eine große Demütigung für Herrn Mielke«, resümiert der ehemalige Grenzer heute – zumal Thurow als Erstes bereitwillig amerikanischen Militärs und Agenten Auskunft gab und sich anschließend auch noch einer Westberliner Fluchthilfeorganisation anschloss. In dieser Zeit beteiligte er sich beispielsweise am Bau eines Tunnels in den Ostteil der geteilten Stadt. Damit ermöglichte er neun weiteren Menschen die Flucht aus Ulbrichts Reich.

»Ich wurde vom ersten Tag in Westberlin von Sonderkommandos des DDR-Staatssicherheitsdienstes observiert«, weiß Thurow heute aus den Stasi-Unterlagen. In den kommenden elf Jahren unternahmen Mielkes Schergen gleich vier »Liquidierungsversuche«. Damit war im »Tschekisten«-Deutsch zunächst eine Entführung zurück in die DDR – mit ungewissem Ausgang – gemeint, nach deren dreimaligem Scheitern auch ein Mordversuch. Dabei offenbarte sich, wie weit der Arm der Stasi in Wahrheit reichte: Beim ersten Entfüh-

»Der Deserteur Thurow, Rudi – ehemaliger Unteroffizier der NVA, Kdo. Grenze –, wurde in der Vergangenheit, seit Mai dieses Jahres, seitens der GM-Gruppe ›Bodo Krause‹ betreffs seines Aufenthaltes in Westberlin intensiv aufgeklärt und beobachtet mit dem Ziel, selbigen habhaft zu werden und durch Schleusung in das Gebiet der DDR zu überführen.«

MfS-Plan zur »Liquidierung« von Rudi Thurow, 25. November 1963

> Ich hielt Vorträge über meine Flucht und über das Leben in der DDR. Eines Tages saß plötzlich eine Fluchthelfergruppe vor mir. Sie sprachen mich an, ob ich nicht Fluchthelfer werden wolle.
> Rudi Thurow

rungsversuch fungierte sein Vorgesetzter in einer Westberliner Metallbaufirma als Lockvogel. Der Mann, der sich dem Ex-Grenzer gegenüber als ehemaliger Bautzen-Häftling ausgegeben hatte, war in Wahrheit Stasi-IM. Gemeinsam mit Thurow bestieg er eine der Aussichtsplattformen an der Westseite der Mauer – unter dem Vorwand, neue Strecken für Fluchttunnel zu erkunden. Von dort aus sollte er den fahnenflüchtigen Grenzsoldaten auf die Ostseite herunterstoßen. Doch ein Mann des im Schatten der Mauer lauernden Greifkommandos stolperte: »In dem Augenblick wusste ich, dass irgendwas nicht stimmt. Ich habe sofort gemerkt, dass ich auf der östlichen Seite erwartet werde.« Thurow rettete sich mit einem Sprung von der Aussichtsplattform in den Westen: »Ich hatte keinerlei Verdacht gegenüber meiner Begleitperson. Das erfuhr ich erst nach der Wende durch die Gauck-Behörde.«

Nicht lange nach dieser Pleite folgten zwei weitere Entführungsversuche der Stasi: Beim ersten Mal sollte ihm ein Liebespärchen im Hausflur begegnen, das es in sich hatte: Zwei Stasi-Schergen sollten ihn betäuben, ihm einen Sack über den Kopf ziehen und ihn schnellstmöglich nach Ostberlin schaffen. »In diesem Augenblick kamen Menschen die Treppe herunter.« Der Plan schlug fehl. Für die dritte Entführung war es der Normannenstraße gelungen, einen ihrer Agenten ausgerechnet in den Kreis der Fluchthelfer einzuschleusen. Thurow begegnete ihm nichtsahnend nach der Arbeit: »Das war Zufall. Er kam mit einem großen Wagen vorbei und hat mich eingeladen. Ich hatte einen ziemlich weiten Heimweg.« Thurow stieg ein – und bemerkte mit einem Mal: »Da vorne hätten wir abbiegen müssen. Aber er ist

> *Mir wurde bei einer Veranstaltung an der Mauer mit einer Gaspistole ins Gesicht geschossen. Der Plan sah vor, dass eine falsche Rettungswagenmannschaft mich über die Grenze in den Osten fahren sollte. Aber meine Freunde umringten mich und brachten mich mit ihrem Privatwagen in eine Klinik. Bei einer anderen Gelegenheit versuchte mein damaliger Chef, mich von einer Aussichtsplattform an der Grenze an die Mauer zu stoßen, damit man mich von dort rüberziehen konnte. Später stellte sich heraus, dass er in den Diensten der Stasi stand. Als er sich dafür kurz nach der Wende bei den Ermittlern rechtfertigen sollte, erlitt er einen Herzinfarkt und starb.*
> *Rudi Thurow*

Hauptabteilung I
Abt. Aufklärung B
- Referat I -

Berlin, den 25.11.1963
Gefertigte Exemplare : 2
geschrieben von Ltn. Gerth

P L A N

der operativen Maßnahmen zur Liquidierung des :

T h u r o w , Rudi
geboren am 16.08.1937 in Leipzig
wohnhaft: Berlin-Zehlendorf, Riemeisterstraße 150
jetzige Tätigkeit: beschäftigt als Angestellter bei
der amerikanischen Firma " Dexion Metallbau " GmBH
Berlin, Kurfürstendamm 220

Der Deserteur Thurow, Rudi, ehemaliger Unteroffizier der NVA, Kdo. Grenze wurde in der Vergangenheit, seit Mai dieses Jahres, seitens der GM-Gruppe " Bodo Krause " betreffs seines Aufenthaltes in Westberlin intensiv aufgeklärt und beobachtet mit dem Ziel, selbigen habhaft zu werden und durch Schleusung in das Gebiet der DDR zu überführen.

Nach eingehender Analysierung aller Aufklärungsergebnisse und Auswertung der uns seitens anderer Hauptabteilungen zugegangener Informationen wurde ein Plan der operativen Maßnahmen zur Schleusung des Objektes erarbeitet, welcher jedoch hinfällig wurde, da das Objekt in der Zwischenzeit aus der uns bekannten Wohnung in der Trautenaustraße Nr. 1 ausgezogen war. Hierauf wurde - unter Auswertung von Informationen der HA V/5 und HA IX - die neue Wohnunterkunft des Thurow durch intensive Beobachtung des Objektes bekannt, wobei die Aufklärung von der uns bekanntgewordenen Arbeitsstelle - amer. Metallbaufirma " Dexion " Westberlin Kurfürstendamm 220 - aus aufgenommen wurde.

»Verhältnismäßig günstige Bedingungen zur Liquidierung des Objekts«: Thurows Stasi-Akte enthält den Mordbefehl Mielkes.

> »Auf dem angeführten Weg bestehen verhältnismäßig günstige Bedingungen zur Liquidierung des Objekts, wobei jedoch beachtet werden muss, dass dieser Weg von der hier vorhandenen Straßenbeleuchtung sehr stark erhellt wird. Zum Vorteil spricht jedoch, dass sich zu beiden Seiten am Buschwerk des Weges Schatten ergeben, die zur Überwältigung des Objektes günstig ausgenutzt werden können.«
>
> MfS-Plan zur »Liquidierung« von Rudi Thurow, 25. November 1963

> Der Plan war so gut ausgearbeitet, dass er hundertprozentig auch gelungen wäre. Man hätte mir die Papiere und das Portemonnaie weggenommen. Dann wäre ich so zurecht gemacht worden, dass es nach Raubmord aussieht.
>
> Rudi Thurow

mit hoher Geschwindigkeit auf die Grenze zugefahren. Ich zog blitzschnell meine Pistole und hielt sie ihm an den Kopf. Er hat sofort gehalten. Er wusste, dass ich sonst abdrücke, und sagte: ›Ich wollte nur mal testen, wie du reagierst.‹« Erst nach der Wende stellte sich heraus, dass auch diesem Zwischenfall ein perfider Kidnapping-Plan der Stasi zugrunde lag.

Nach drei gescheiterten Entführungen entschied Mielke persönlich – niemand sonst war zu solchen Ausnahmeentscheidungen ermächtigt –, Thurow töten zu lassen. Geplant war jener Mordanschlag mit dem Hammer, demzufolge dem Republikflüchtling hinterrücks der Schädel eingeschlagen werden sollte. Monatelang wurde das Konzept perfektioniert und immer wieder geprobt. Doch eine passende Gelegenheit wollte sich nicht bieten.

Erst als der designierte Mörder »aufgrund seiner Wichtigkeit« nicht mehr für weitere Aktionen infrage kam und Thurows Engagement in den Fluchthilfeorganisationen zu Ende gegangen war, ließ Mielke vom fahnenflüchtigen Unteroffizier der Grenzpolizei ab und die Mordpläne 1972 im Archiv seines Ministeriums verschwinden. Sie passten ohnehin nicht mehr so recht in die Zeit des beginnenden Tauwetters zwischen Bonn und Ostberlin, nachdem der »Grundlagenvertrag« vom Sommer desselben Jahres ein neues Kapitel in den deutsch-deutschen Beziehungen aufgeschlagen hatte.

Die zumeist in Westberlin ansässigen Fluchthilfeorganisationen blieben Erich Mielke aber weiterhin ein Dorn im Auge. Fluchthilfe hieß im DDR-Strafrecht kurzerhand »Menschenhandel« – und dafür waren drakonische Strafen vorgesehen. Die Bezeichnung war insofern absurd, als sie nur die Selbsttäuschung der Herrschenden widerspiegelte, dass doch eigentlich kein DDR-Bürger, kein »Werktätiger« den Wunsch hegen dürfte, freiwillig dem »sozialistischen Paradies Deutschland« den Rücken zu kehren. Besonders niederträchtig war das Vorgehen der Stasi gegen die Fluchthelfer aber vor allem deshalb, weil Mielkes Helfershelfer selbst in Wahrheit die größten Menschenhändler im Nachkriegseuropa waren. Es war das Ministerium für Staatssicherheit, das als »Geschäftspartner« in einem pikanten Deal mit der Bundesregierung in Bonn fungierte: politische Gefangene gegen Bares.

Nur zwei Jahre nach dem Mauerbau kam das fragwürdige Geschäft in Gang. Damals existierten noch nicht einmal die offiziellen Beziehungen über ständige Vertretungen in Bonn und Ostberlin. Und so folgte der Austausch einem Drehbuch, das Vorlage für einen einfallslosen Spionagethriller hätte sein können: Ein unauffällig gekleideter Herr bestieg nervös die Berliner U-Bahn. Ludwig Rehlinger, Staatssekretär im Bundesministerium für innerdeutsche Beziehungen und Beauftragter der Bundesregierung in dieser heiklen Mission, hatte einen Umschlag dabei, der 180 000 D-Mark in bar enthielt. Auffallen durfte er nicht. Die braunen Geldscheine waren die Entlassungspapiere für die ersten acht politischen Häftlinge. Bis zum Untergang der DDR sollten ihnen weitere 34 000 Menschen folgen und das SED-Regime um 3,6 Milliarden D-Mark reicher machen – solch einträgliche »Exportartikel« besaß die DDR nur wenige. Zumal später noch etwa 250 000 Ausreisewillige hinzukamen, die ebenfalls von der Bundesrepublik freigekauft wurden. Devisenbeschaffer Alexander Schalck-Golodkowski, Chef der Stasi-Abteilung »Kommerzielle Koordinierung« (KoKo), veranschlagte hierfür nach der Wende einen Betrag von weiteren etwa viereinhalb Milliarden D-Mark.

> Genossen, wir brauchen Devisen, deswegen brauchen wir Häftlinge.
> Gerhard Niebling, MfS-Generalmajor, 1987

> Wäre die Vermutung richtig, dass die DDR nur zu dem Zweck des Freikaufs Bürger inhaftiert hätte, hätte die DDR keine drei Amnestien zugelassen. Die letzte 1987. Denn für die Entlassung im Rahmen der Amnestien gab es natürlich keine Gegenleistung.
> Wolfgang Vogel, DDR-Anwalt

Das Ritual der Freilassung war zumeist das gleiche: Eine Gruppe Stasi-Angehöriger brachte die Gefangenen zu einem Autobahnrastplatz entweder bei Stadtroda in der Nähe des Hermsdorfer Kreuzes oder bei Wartha-Herleshausen. Der war zuvor abgeriegelt worden – unerwünschte Beobachter konnte keine der beiden Seiten gebrauchen. Bevor die Übergabe der Häftlinge wenig feierlich über die betont unspektakuläre Bühne ging, redete ihnen Dr. Wolfgang Vogel, Ausreiseanwalt mit guten Kontakten zu Erich Honecker und zum MfS, noch einmal ins Gewissen: »Seien Sie froh, dass Sie in diesem Bus sitzen. Die Karten dafür gibt es weder am Ostbahnhof noch am Kurfürstendamm«, erinnert sich einer der Freigekauften an die Worte des Anwalts. Und die Mahnung hallt ihm heute noch im Ohr: »Gehen Sie nicht zur Presse, und lassen Sie keine Namen veröffentlichen von Leuten, die hier noch in Haft sind, denn dann kann ich nicht mehr helfen. Ich sitze dann

> Angenehm war das Gefühl damals nicht, aber wir haben der Auffassung Adenauers zugestimmt: Wenn es möglich ist, mit Geld die Freiheit von Menschen zu erreichen, dann muss man das auch dafür einsetzen.
>
> Egon Bahr, SPD-Politiker

Leuten gegenüber, die zu entscheiden haben. Die nehmen einen roten Stift, streichen den Namen des Gefangenen vor meinen Augen durch, und sie lächeln noch dabei.«

Aber auch die bundesdeutsche Seite hatte kein Interesse daran, den Deal an die große Glocke zu hängen. So sah sich der damalige Vizekanzler und Bundesminister für innerdeutsche Beziehungen, Erich Mende, veranlasst, höchstpersönlich die Redaktionen der größten deutschen Zeitungen, Zeitschriften, Rundfunk- und Fernsehsender aufzusuchen, um Stillschweigen zu vereinbaren.

Bis heute ist der Handel umstritten: Stützten die D-Mark-Milliarden nicht das defizitäre DDR-Regime? Und ermunterten die Deviseneinnahmen Mielkes Apparat nicht regelrecht dazu, weitere politische Gegner zu inhaftieren, um ausreichend »Exportgut« vorrätig zu haben? Der Vorwurf »völlig willkürlicher« Inhaftierungen von Regimegegnern machte nach der Wende die Runde. Doch Willkür zählte zu den gebräuchlichen Funktionsprinzipien von Mielkes Stasi-Apparat. Für die Freigekauften selbst bedeutete der Handel das Ende von Haft, Gewalt, Angst und Schrecken – er gewährte ein Leben in Freiheit.

»Die Karten gibt es nicht am Ostbahnhof und nicht am Kurfürstendamm«: Busse mit freigekauften politischen Häftlingen aus der DDR auf dem Weg nach Westen.

> *Im Sommer, im Juli 1964, verschwand aus Bautzen einer meiner Kumpel, ein Häftling. Es waren rund 80 Männer, die aus Westdeutschland stammten, zum großen Teil Spione, ein Teil von ihnen war aus dem Westen entführt worden. Alle hatten lebenslänglich oder zwölf, 15 Jahre und hatten bereits durchschnittlich acht, zehn, elf Jahre hinter sich. Plötzlich war einer weg. Beispielsweise Winfried Esch, Fotograf aus Westberlin. Das war etwas ganz Neues, was es vorher nicht gegeben hatte. Es gab riesige Aufregung im Bau. Was war los? Das war das erste Mal, als ich davon gehört habe, dass einer rausgekauft worden ist.*
> Erich Loest, Schriftsteller, damals Häftling in Bautzen

Während immer mehr politisch Unliebsame kurzerhand in den Westen verkauft wurden, bemühte sich die Führung unter Ulbricht in den ersten Jahren nach dem Mauerbau darum, die Spannungen zwischen Bevölkerung und Regime abzubauen: Lebensmittel wurden aus der Sowjetunion importiert, um die Versorgungslage zu verbessern. Ein »Neuer Kurs« in der Wirtschaftspolitik versprach Staatsunternehmen mehr Eigenverantwortung und kleinen Mittelständlern eine weitere Galgenfrist bis zur Kollektivierung. Und der engstirnige Spruch: »Wer nicht für uns ist, ist gegen uns« wurde in sein Gegenteil verkehrt: »Wer nicht gegen uns ist, ist für uns.«

Der innenpolitische Richtungswechsel sollte ein freieres Leben ermöglichen – wohlgemerkt im Schatten der Mauer. Vor allem um die Jugend wollte sich die Staatspartei nun bemühen: Mit »Gängelei, Zeigefingererheben und Administrieren« sollte in der Jugendpolitik künftig Schluss sein, entschied das Politbüro und bestimmte außerdem: »In der letzten Zeit gab es viele Diskussionen über bestimmte Tanzformen, hervorgerufen einerseits durch Einflüsse westlicher Unkultur und andererseits durch engstirnige Praktiken gegenüber Jugendlichen. Wir betrachten den Tanz als einen legitimen Ausdruck von Lebensfreude und Lebenslust.« Niemandem falle ein – wie in Wahrheit noch kurz zuvor geschehen –, der Jugend vorzuschreiben, sie solle ihre Gefühle und Stimmungen beim Tanz »nur im Walzer- oder Tangorhythmus ausdrücken. Welchen Takt die Jugend wählt, ist ihr überlassen: Hauptsache, sie bleibt taktvoll!«

Der FDJ-Vorsitzende Horst Schumann durfte zur Bekräftigung den bis dahin verpönten »Twist« öffentlich tanzen. Und für das »Deutschlandtreffen der Jugend« 1964, ein dreitägiges Kulturfestival, öffnete Ostberlin gar 25 000 Jugendlichen aus dem Westen die Mauer. Die klassenkämpferischen

Jahre schienen Vergangenheit zu sein. Geschützt durch Mauer und Stasi, hatte der ostdeutsche Teilstaat eine ungeahnte Stabilität erlangt.

Doch gerade die eigene Staatspartei machte die Ansätze einer liberalen Gesellschaftspolitik zunichte: Nach dem Sturz Chruschtschows in Moskau im Oktober 1964 hatte dessen Nachfolger Leonid Breschnew die Entstalinisierung für beendet erklärt. Jetzt erhielt der dogmatische Marxismus-Leninismus auch in der DDR wieder Auftrieb. Zum Wortführer dieser Richtung schwang sich Ulbrichts Kronprinz Erich Honecker höchstpersönlich auf.

Honecker wollte die Kehrtwende: zurück zum kleinbürgerlichen Spießertum, zurück zur »heilen Welt« der Werktätigen, zurück in die gefahrlose Eintönigkeit einer gleichförmigen Gesellschaft. Nach außen hin mochte die liberale Jugendpolitik tatsächlich offene Flanken bieten: Die neue relative Offenheit hatte eben nicht den erhofften fleißigen, gehorsamen, biederen Einheitswerktätigen geschaffen. Vielmehr schien sie nach Meinung vieler Spitzengenossen gar eher die Basis des Regimes zu unterminieren. Und die meisten SED-Kader vom Schlage Mielkes witterten hinter allen Ausprägungen und Auswüchsen der Jugendkultur, die sie nicht verstanden, eine geplante, gesteuerte Offensive des Klassenfeindes im Westen. In Wahrheit waren die SED-Oberen von der Angst vor mündigen Bürgern und kritischen Intellektuellen getrieben.

Auf dem 11. ZK-Plenum im Dezember 1965 erhielt Honecker die Chance zum »Roll-back«. Mit den Worten: »Unsere DDR ist ein sauberer Staat. In ihr gibt es unverrückbare Maßstäbe der Ethik und Moral, für Anstand und gute Sitte«, erklärte er das kulturelle Tauwetter für beendet. Es begann eine neue dogmatische Eiszeit. Kritische Schriftsteller wurden mit Publikationsverbot belegt. Der Kampf um die Jugend geriet zum kulturellen Kahlschlag.

Das Scheitern der liberalen Jugendpolitik der sechziger Jahre war symptomatisch für die permanente Schaukelpolitik der SED. »Wasch mir den Pelz, aber mach mich nicht nass« – nach diesem Prinzip wollte die Staatspartei stets zunächst politische Veränderungen herbeiführen, verkehrte das ganze Vorhaben aber genau zu dem Zeitpunkt ins

---

Ich bin der Meinung, Genossen, mit der Monotonie des yeah, yeah, yeah, und wie das alles heißt, sollte man doch Schluss machen. Ist es denn wirklich so, dass wir jeden Dreck, der aus dem Westen kommt, kopieren müssen?
Ulbricht

Unsere Partei tritt entschieden gegen die von den Imperialisten betriebene Propaganda der Unmoral auf, die das Ziel verfolgt, dem Sozialismus Schaden zuzufügen. Dabei befinden wir uns in voller Übereinstimmung mit der Bevölkerung der DDR und der ... Mehrheit der Menschen in Westdeutschland.
Honecker auf dem 11. Plenum des ZK der SED, 1965

Gegenteil, sobald erste unerwünschte Nebenwirkungen auftraten. Meistens siegte am Ende der Überwachungs- und Umerziehungsstaat – und ruinierte weiter den Glauben der Bevölkerung an die »sozialistische Nation«.

Langfristig sollte die SED so auch den Kampf um die Jugend verlieren: Nach dem Ende der sechziger Jahre gab es niemals wieder einen ernsthaften Versuch der Partei, den kommunistischen »neuen Menschen« zu schaffen. Doch in seinem festgefahrenen Denken glaubte Mielke, seinen Kampf um die Jugend gewinnen zu können: Er veranlasste die strikte Überwachung auch der jungen DDR-Bürger – schließlich waren sie besonders leicht zu beeinflussen durch den »Gegner«. Als Informanten dienten dabei nicht nur Lehrer und Ausbilder, vielmehr sollten auch Gleichaltrige zu Spitzeldiensten herangezogen werden. Mithilfe perfider Methoden wollten sich Mielkes Geheimdienstler Jugendliche als Zuträger dienstbar machen und dafür gewinnen, ihre Cliquenmitglieder auszuspionieren. Wie das funktionierte, erlebte Reinhard Kölbl aus Tangermünde 1966 am eigenen Leib: Gemeinsam mit Freunden hatte der damals fünfzehnjährige Schüler Weltkriegswaffen aus Erdlöchern am Elbeufer ausgegraben und sich dafür eine Anzeige wegen »illegalen Waffenbesitzes« eingehandelt – in der DDR ein Schwerverbrechen. »Das war natürlich absurd. Das war nur eine gedankenlose Mutprobe unter Jugendlichen«, sagt Kölbl heute. Doch damals wurde er mehrfach rigoros von der Volkspolizei verhört, die elterliche Wohnung durchsucht. »Nach dem letzten Verhör schickte mich die Volkspolizei ins Parteihaus. Ich sollte mich beim Staatssicherheitsdienst melden.« Eingeschüchtert und voll Angst begab sich Kölbl dorthin. Zwei junge Männer in Zivil erwarteten ihn bereits. »Sie waren überaus freundlich. Sie bemühten sich, eine lockere Atmosphäre zu schaffen. Aber ich habe mich unter sehr starken Druck gesetzt gefühlt, weil ich ja wusste, dass wir etwas ausgefressen hatten.« Die beiden Stasi-Beamten kamen schnell zur Sache: Wenn Kölbl sich zur Zusammenarbeit verpflichte, könnten sie Einfluss auf die Strafe nehmen. »Außerdem stellten sie mir in Aussicht, dass ich mit 18 dann aktiv mitarbeiten könne.« Das sei auch finanziell lohnenswert, versicherten die jungen »Tschekisten«. Kölbl solle einfach nur die Stimmung unter Jugendlichen ausloten. Als Kölbl ablehnte, räumten ihm die Beamten eine Bedenkzeit ein und legten ihm eine Schweigeverpflichtung vor, die er zu unterschreiben hatte: »Ich habe dann tatsächlich niemandem etwas davon erzählt, auch nicht meinen Eltern.« Auch im zweiten Gespräch ließ er sich nicht zu Spitzeldiensten einspannen. »Ich wusste damals schon: Wenn ich jetzt unterschreibe, komme ich nie wieder los von denen.« Als er zum dritten Ge-

> Natürlich ist es nicht einfach, unter Jugendlichen die richtigen IM zu schaffen; denn das müssen im Prinzip Jugendliche dieser besonders interessierenden Altersgruppen, zum Beispiel Sechzehn- bis Zwanzigjährige, sein, damit sie wirklich eindringen können. Solche IM müssen genauso »aufgebaut« werden, wie das in anderen Fällen notwendig ist, das heißt, hier muss bereits unter den Vierzehn- bis Fünfzehnjährigen gezielt operativ gearbeitet werden.
> Mielke

> Mit sehr raffinierten Methoden wurde hier ein tausendfacher Missbrauch an jungen Menschen begangen.
> Thomas Auerbach, MfS-Forscher

spräch geladen wurde, versteckte sich der Fünfzehnjährige kurzerhand: »Danach habe ich nie wieder etwas gehört«, sagt er heute, »wahrscheinlich hatten die einen anderen überredet.« Wegen der Weltkriegsgewehre wurde Kölbl zu neun Monaten Haft auf Bewährung verurteilt. Seitdem führte die Stasi eine Akte über ihn – 23 Jahre lang, bis zur Wende.

Der Einsatz der Staatssicherheit »zur politisch-operativen Bekämpfung der politisch-ideologischen Diversion und Untergrundtätigkeit unter jugendlichen Personenkreisen der DDR«, wie es in schönstem MfS-Deutsch hieß, trieb auch manch kuriose Blüten. So bekamen die Mitglieder des ZK der SED 1966 einen Bericht mit der Aufschrift »streng vertraulich!« zu lesen, der über Pikantes aus der Alltagswelt von Jugendlichen informierte: Das Papier beschreibt den Ernteeinsatz von Studenten der TU Dresden auf dem volkseigenen Gut im mecklenburgischen Gustävel. Von den 40 einbestellten Studenten seien ohnehin nur 27 erschienen, bemängelte der Bericht. Diese hätten dann aber auch noch – sehr zum Leidwesen der Parteiführung – einen spätpubertären Hahnenkampf am Bierglas veranstaltet und – Stasi-amtlich verbrieft – »in der Zeit vom 20. 9. bis zum 6. 10. insgesamt 52 Kästen Bier« vertilgt. Schuld an der daraus resultierenden mangelnden Arbeitsmoral konnten freilich nur »Westfernsehen und Westrundfunk« sein.

Ein Student aber, Helmut B., verdiente die besondere Aufmerksamkeit des ZK. Denn er trieb es allzu bunt: Gemeinsam mit zwei weiteren Studenten,

> *In den letzten Monaten gab es einige Vorfälle, die unsere besondere Aufmerksamkeit erforderten. Einzelne Jugendliche schlossen sich zu Gruppen zusammen und begingen kriminelle Handlungen, es gab Vergewaltigungen und Erscheinungen des Rowdytums. ... Studenten, die zum Ernteeinsatz waren, veranstalteten Saufgelage im Stile des westdeutschen reaktionären Korpsstudententums.*
> Honecker auf dem 11. Plenum des ZK der SED, 1965

Oben: »Ausdruck von Lebensfreude und Lebenslust«: Mitunter durfte man auch in der DDR tanzen, wie man wollte. Jugendliche auf einem Volksfest in Ostberlin.
Unten: »Weil ich Humanist bin«: Mielke (links neben dem Akkordeonspieler) während eines Besuchs in der Sowjetunion, 1964.

zwei Studentinnen, einem Landarbeiter und einem siebzehnjährigen Lehrmädchen namens Margot W. feierte er eine private Abschlussparty – über die die Stasi bestens im Bilde war: »Nachdem einige Flaschen Bier von jedem der sieben Anwesenden getrunken wurden, kam einer der Studenten (wer, konnte nicht mehr ermittelt werden) auf den Gedanken, ein Flaschenspiel zu spielen. Bei diesem Spiel ging es darum, dass sich alle Mitspielenden zu einem Kreis setzten, die Flasche in der Mitte dieses Kreises gedreht wurde und derjenige, auf den der Flaschenhals nach Stillstand der Flasche zeigte, ein Kleidungsstück ausziehen musste. Dieses Spiel wurde so lange gespielt, bis alle sieben Personen, einschließlich der beiden Studentinnen sowie der Landarbeiterin W., vollkommen nackend dasaßen.« Auch als die beiden Studentinnen und einer der Studenten gegangen waren, sei das »Biergelage« fortgesetzt worden, »bis die siebzehnjährige W. mit dem Studenten Helmut B., mit dem sie befreundet war, ins Bett ging und beide den G.-Verkehr im Beisein des Studenten Karl-Heinz K. und des Landarbeiters L. ausführten. K. sowie L. klatschten den Takt dazu.«

Es ist nicht bekannt, ob dieser Bericht die voyeuristischen Gelüste der ZK-Genossen bediente. Tatsächlich belegt der peinliche Vorgang nur das Wesen des totalitären Regimes der DDR: Der Anspruch der Staatspartei, und hier vor allem der Honecker-Linie, das Leben der gesamten Gesellschaft zu leiten und zu bestimmen, machte es notwendig, dass sich ihr formal höchstes Entscheidungsgremium auch für die delikaten Details aus dem Sexleben unreifer Jungbürger interessierte und über zulässigen und unzulässigen »G.-Verkehr« zu befinden suchte. Mielkes Stasi war es, die dafür sorgte, dass sie alle dazu notwendigen Informationen auch zu lesen bekam.

Es waren diese Unfreiheit, die Überwachung, das Gefühl des Misstrauens, der Angst, auf Schritt und Tritt verfolgt zu werden, aber auch die bleierne Eintönigkeit in der DDR, die viele Menschen noch viel weiter in die Fänge der Stasi trieb – dann nämlich, wenn sie flüchten wollten.

So erging es auch Ellen Thiemann. Sie war gelernte Krankenschwester, mit einem Fußballer und Sportjournalisten verheiratet, Mutter eines elfjährigen Sohnes und wohnte in Ostberlin. Wie viele andere DDR-Flüchtlinge wollte sie die Freiheit zu reisen, wohin sie wollte. Und das ging nur im Westen. Alles war vorbereitet, alles arrangiert – an diesem 29. Dezember 1972.

Seit 1968 planten die Thiemanns die Flucht. »Eine endlos lange Zeit, wenn man in einem Land lebt, das überall und immerzu mit wachsamen

Augen durch das Ministerium für Staatssicherheit die Bürger observiert«, erinnert sich Ellen Thiemann. Die »von der Musik«, wie die Stasi bei ihnen genannt wurde, seien ihre ständigen Begleiter gewesen. Einmal entdeckte Familie Thiemann eine »Wanze« in ihrem Fernseher. Ungezählt jedoch waren die Wanzen und Spitzel, von denen sie nichts wussten.

> **Fast täglich erörterten wir unsere Flucht. Wir waren der Meinung, nun nicht mehr zurück zu können, nachdem wir innerlich so eindeutig mit diesem Regime gebrochen hatten.**
>
> **Eine Möglichkeit der Entdeckung hatten wir vorher überhaupt nicht ins Auge gefasst.**
> Ellen Thiemann

Dieser Druck war es, der Ellen Thiemann das Unmögliche riskieren ließ: die Flucht in einem Autoversteck nach Westberlin. »Das ist doch Wahnsinn!«, hatte sie noch eine Woche zuvor zu dem von ihrer Westberliner Tante Lola aufgetriebenen Fluchthelfer gesagt. Doch eigentlich stand die Entscheidung des Ehepaares fest: »Hier können wir nicht mehr leben!« Jetzt, da die Tante Kosten und Mühen investiert hatte, »konnten wir ihr nicht aus Angst einen Korb geben«. Das Vertrackte: Es konnte immer nur eine Person fliehen, und der Fluchthelfer verlangte, dass Ellen Thiemann den Anfang machte, dann würde Sohn Carsten und erst nach einiger Zeit Klaus Thiemann folgen. Bis dahin durfte der Ehemann, mit dem sie fast zwölf Jahre lang verheiratet war und Fluchtplan um Fluchtplan geschmiedet hatte, nichts erfahren: Stasi-Verräter konnten schließlich überall lauern, selbst in der eigenen Familie.

Also bereitet Ellen Thiemann die Flucht vor, ohne ihrem Mann etwas zu sagen. Sie hatte den Fluchthelfer Manfred – alle Beteiligten kennen einander nur beim Vornamen – überzeugen können, dass jetzt zuerst ihr Sohn und sie selbst erst am Tag danach fliehen würden. Einstweilen könnte der Elfjährige bei der Tante unterkommen. Dann geht es los: »Wir fuhren in eine etwas abgelegene Gegend in Pankow.« Dort baut der Fluchthelfer den Rücksitz ab. In dem weißen BMW ist der Tank umgebaut und verkleinert worden. Dadurch war ein Hohlraum entstanden. Ellen Thiemanns Sohn Carsten zwängt sich dort hinein und stellt sofort fest: »Hier passt ihr doch niemals hinein.« Doch Fluchthelfer Manfred beruhigt: »Keine Bange, die letzte Frau im Oktober war viel dicker als deine Mutti.« Nun fahren sie Richtung Chaussee- und Invalidenstraße. Vor der Grenze setzt Manfred Ellen Thiemann ab: »Wie verloren stand ich plötzlich draußen. Meine Nerven waren zum Zerreißen gespannt.« Sie beobachtet, wie der BMW sich dem Schlagbaum nähert – der Grenzübergang ist hell erleuchtet. Wenige Sekunden nur dauert es, dann ist der weiße Wagen von einem Dutzend Soldaten umstellt. »Nein!

113

Oben: »Das Risiko der Flucht eingegangen«: Ein Flüchtling, kurz nachdem er die Grenzanlagen mit einer Planierraupe durchbrochen hatte, September 1966.
Unten: »Nahtstelle zwischen Ost und West«: Am Grenzübergang Invalidenstraße endete die Flucht von Ellen Thiemanns Sohn Carsten.

»Innerlich mit dem Regime gebrochen«: Ellen und Klaus Thiemann auf einer Geburtstagsfeier (oben) sowie Ellen Thiemann und ihr Sohn Carsten (unten) kurz vor der der geplanten Flucht.

Nein! Das darf nicht sein! Das ist doch unmöglich!«, schießt es Ellen Thiemann durch den Kopf. Minuten später führen Uniformierte Carsten ab. »Was würden sie meinem Kind tun?« Diese Sorge lässt Ellen Thiemann beinahe in Ohnmacht fallen. Doch jetzt heißt es, schnell zu handeln: Ellen Thiemann eilt zurück nach Hause und beichtet ihrem Mann Klaus den geänderten Geheimplan und dessen furchtbares Scheitern.

Bange Stunden später klingelt das Telefon. Klaus Thiemann nimmt ab: »Ja, bitte?« – »Wer ist dort?«, fragt eine männliche Stimme. – »Thiemann.« – »Oh, entschuldigen Sie, falsch verbunden.« Das ist ein Besorgnis erregendes Anzeichen, und Ellen und Klaus Thiemann wissen, was es zu bedeuten hat: Eine Dreiviertelstunde vergeht, bis sie durch die Schlitze in den heruntergelassenen Rollos erkennen können, wie unten auf der Straße zwei Wartburg vorfahren. Sechs Männer in Zivil steigen aus. »Ich zitterte am ganzen Körper«, erinnert sich Ellen Thiemann. Minuten später befinden sich die Eheleute getrennt in jeweils einem Wartburg mit je dreiköpfiger Bewachung und werden in die Untersuchungshaftanstalt in der Keibelstraße gebracht. Dort beginnt der Psychoterror: »Wo ist mein Kind? Wie geht es ihm? Ich sage nichts mehr. Ich will erst meinen Sohn sehen!«, begehrt Ellen Thiemann auf. Der Stasi-Beamte entgegnet ihr knapp, aber bestimmt: »Beeilen Sie sich mit Ihrer Aussage, desto eher können Sie zu Ihrem Sohn.« Der »Tschekist« hat sein Handwerk gelernt: »Wissen Sie eigentlich, dass Ihr Mann mehrere Verhältnisse zu anderen Frauen unterhält? Das wussten Sie nicht?« – »Nein, und ich glaube es auch nicht!« – »Na ja, im Übrigen sagt man dasselbe auch von Ihnen.« Ellen Thiemann versucht sich unbeeindruckt zu zeigen, auch wenn sie ahnt, dass man in diesem Moment ihrem Mann genau das Gleiche erzählen wird.

Es ist drei Uhr nachts. »Ich will mein Kind«, verlangt die Mutter verzweifelt. »Unterschreiben Sie!«, kontert der Beamte und hält Ellen Thiemann ein Protokoll hin, das eine ganze Reihe von Verdrehungen und Falschaussagen enthält. »Das ist doch nur ein vorläufiges Protokoll. Der Wortlaut ist gar nicht so wesentlich«, beschwichtigt der junge Mann: Sie könne diese Punkte immer noch richtigstellen. Und er ködert sein Opfer: »Schließlich wollen Sie doch schnellstens mit Ihrem Kind und Ihrem Mann nach Hause gehen.« Ellen Thiemann unterschreibt. Sie wird abgeführt. Auf dem Gang sieht sie ihren Sohn: »Kommst du mit nach Hause?« – »Ja.« Dann werden die beiden von den Aufsehern getrennt – für drei lange Jahre.

Auch der Haftrichter präsentiert ihr ein vorgefertigtes Geständnis bezüglich »Republikflucht« und »staatsfeindlicher Verbindungsaufnahme«. Eine

Verweigerung der Unterschrift sei aussichtslos: »Sie müssen so oder so dableiben.« Ellen Thiemann setzt wiederum ihren Namen unter das Papier.

Nun beginnt die Tortur im Stasi-Apparat erst richtig: Ellen Thiemann wird ins Stasi-eigene Untersuchungsgefängnis Hohenschönhausen verlegt. Zelle 305. Häftlingskleidung. Einzelhaft. Zur Nummer degradiert. Keine Ahnung, wo sie sich befindet. Keinerlei Informationen über Mann und Kind. Tagsüber ist nur das Sitzen erlaubt: »Wand anstarren, von früh vier Uhr bis abends 21 Uhr!« Zur Kontrolle blinzeln Unbekannte regelmäßig durch ein kleines Guckloch. Auch nachts: Alle zwei Minuten wird es in der Zelle taghell. Hände auf die Decke. Nur auf dem Rücken liegen. Die Stasi weiß um die Wirkung von Schlafentzug. Es gibt keinen geregelten Tagesablauf. Der »Vernehmer« holt Ellen Thiemann, wann immer er will: tags, nachts, wochenlang gar nicht. Mal ist er freundlich, geradezu besorgt, mal brüllt er sie an – Frage um Frage. Der »Vernehmer« entscheidet über jede ihrer Bitten selbst – er ist der allmächtige Herrscher über ihren Gefängnisalltag. »Stellen Sie sich mit ihrem Vernehmer gut«, lautet der Ratschlag, den Ellen Thiemann dieser Tage häufiger zu hören bekommt. Doch der will, dass sie ihren Mann belastet. »Bloß nicht! Dann ist unser Mäuschen in einem Kinderheim«, denkt Ellen Thiemann und bleibt standhaft.

Das Strafgesetzbuch, das ihr zwecks Verteidigung eigentlich zusteht, wird ihr vorenthalten: Es gebe kein Exemplar mehr. Ihre Haftbeschwerde wird übergangen – ohne eine Chance, dagegen zu protestieren: Umgangsformen eines totalitären Staates und Taktik zur Zersetzung der Moral. Gelehrt wurde dieses Vorgehen an der MfS-eigenen Hochschule in Potsdam. Gemäß Order des Ministeriums war Psychologie hier »unverzichtbarer Bestandteil« des Lehrplans.

Ellen Thiemanns Widerstandskraft ist mit den Mitteln der Psychologie nicht zu brechen. Deshalb werden ihr Drogen verabreicht: »Mein Körper will nicht gehorchen. Mein Wille, meine Auffassungskraft sind noch da.« Nach weiteren tagelangen Torturen wird ihr ein weiteres Geständnis vorgelegt – und Ellen Thiemann, zerbrochen an Körper und Geist, unterschreibt abermals ein für sie verheerendes Papier.

> »Ganz ausziehen!«, höre ich von weitem. Meine Unterwäsche also auch? Ach, wie furchtbar ist das alles! Ich werde ja wie ein Verbrecher behandelt.
> Ellen Thiemann

> Die Zelle ist scheußlich. Grüne Wände, grüner Wandschrank, grünes Klappbett, das am Tage an der Wand angeschlossen wird, damit man nur auf dem harten Holzhocker sitzen kann. Auch der in Grün.
> Ellen Thiemann

> Der Richter ist eine Marionette in der Hand der Staatssicherheit! Das wird zunehmend klarer! Und da habe ich gehofft, vor Gericht wird der Wahrheit die Ehre gegeben!
>
> Es ist Pause. Da stehen sie alle im trauten Gespräch vereint: der Richter, seine Schöffen, die Staatsanwältin und mein Vernehmer! Es ist nicht zu fassen: Sie lachen und scherzen miteinander! Und da habe ich auf eine objektive Rechtsprechung gehofft...
> Ellen Thiemann

Als sie endlich erstmals ihren Anwalt sieht, Dr. Wolfgang Vogel, begreift sie schnell, dass der ihr im Verfahren auch nicht wird helfen können: »Wollen Sie noch nach dem Westen?«, will er wissen. Ellen Thiemann fragt zurück, ob ihre Tante die 15 000 Mark, die sie dem Schleuser bezahlt hatte, zurückerhält. »Das glaube ich kaum«, antwortet Vogel. Damit steht Ellen Thiemanns Entscheidung für den Westen fest. »Denn ich muss es ihr ja zurückzahlen.« Der Anwalt greift zum Telefon: »Kann abgeholt werden!« Ende eines Mandantengesprächs. Der Anwalt wusste, dass die Stasi mithörte.

Nach fünf Monaten Psychoterror beginnt schließlich der Prozess im Mai 1973. Noch hofft Ellen Thiemann auf Alfred Scholz, einen der Stellvertreter Mielkes. Ihr Mann Klaus kannte ihn durch seine Sportlerkarriere persönlich. Und Scholz hatte einmal versucht, Klaus Thiemann für die Stasi zu werben: »Unser Minister Mielke ist ja der Meinung, dass du unser Mann seist. Aber deine Frau ist ja wohl nicht so ganz auf unserer Seite, oder?«

Doch diese »Freundschaft« war nun nichts mehr wert, das Ministerium für Staatssicherheit tut alles andere, als sich um vertrauensbildende Maßnahmen zu bemühen: Der Prozess gerät zur Farce. Wie alle politischen Gerichtsverfahren findet er unter Ausschluss der Öffentlichkeit statt. Nicht nur Ellen Thiemanns mündliche Aussagen unterscheiden sich erheblich von den schriftlichen Protokollen der Stasi-Vernehmer – das Gleiche gilt auch für den einzigen Zeugen der Flucht, den Fluchthelfer Manfred. Doch der greise Richter schert sich darum nicht. Interessanter findet er dagegen die Aktfotos von ihr, die die Stasi bei der Durchsuchung ihrer Wohnung entdeckt und nun mit in die Prozessakte geheftet hatte. Ein so anrüchiger Verstoß gegen die »sozialistische Moral« fügt sich nur zu gut ins Bild der Republikflüchtigen und Staatsfeindin.

Die bitterste Enttäuschung wartet allerdings erst noch auf Ellen Thiemann – bei der Aussage ihres Mannes: »Er spricht mit den Worten meines Vernehmers! Das ist nicht die Sprache meines Mannes. Er belastet mich ja unnütz!« Dann lobt er das »tolle, liebenswerte« Verhalten der Staatssicherheit gegenüber dem beim Fluchtversuch aufgegriffenen elfjährigen Sohn. Klaus Thiemann wagt beim Verlassen des Gerichtssaals keinen Blick hinüber zu seiner Frau. Wegen Republikflucht und staatsfeindlicher Tätigkeit wird Ellen Thiemann anschließend zu dreieinhalb Jahren Haft verurteilt. Im Frauenzuchthaus Hoheneck verbüßt sie ihre Haftstrafe im Kreis gewöhnlicher Krimineller. Nach zweieinhalb Jahren wird sie aus dem Gefängnis entlassen. Doch alle Hoffnungen auf die Rückkehr in die heile Welt des Familienlebens erweisen sich als Illusion: Ellen Thiemann muss erkennen, dass ihr Mann für die Stasi tätig war – und ohne Scheidung mit einer neuen Frau zusammenlebt. Das stört die Stasi-Sittenwächter freilich wenig – sozialistische Doppelmoral.

Nach diesem langen Leidensweg lässt die Staatsmacht Ellen Thiemann ziehen. Das hatte Anwalt Vogel für sie möglich gemacht. Am 18. Dezember 1975 verlässt sie zusammen mit ihrem Sohn Carsten die DDR – für immer. Unvergesslich der Moment, als ein Bundesgrenzschutzbeamter in Helmstedt die Papiere kontrolliert: »Ich begrüße unsere beiden neuen Bundesbürger auf das Herzlichste. Viel Glück und einen guten Neubeginn!« – »Ich musste mit den Tränen kämpfen«, erinnert sich Ellen Thiemann. Endlich frei! Erst nach dem Ende der DDR erfuhr sie, dass ihr Mann sie bespitzelt hatte und dass er es war, der durch die Weitergabe eines für die Tante bestimmten Briefes an die Stasi ihre Flucht vereitelt und ihre langjährige Haftstrafe verursacht hatte.

Waren 1974 noch 2000 Menschen unter Lebensgefahr illegal aus der DDR geflohen, so halbierte sich diese Zahl innerhalb der folgenden zehn Jahre. Der Grund war nicht die plötzliche Begeisterung der DDR-Bürger für ihren Staat, sondern eine weniger riskante Alternative zur Flucht. Auch Ellen Thiemann hatte diesen neuen Ausweg aus der DDR genommen: die Ausreise mit Genehmigung offizieller Stellen. Honecker hatte im selben Jahr an der Konferenz über Sicherheit und Zusammenarbeit in Europa (KSZE) in Helsinki teilgenommen und – um des internationalen Renommees willen – die Schlussakte unterzeichnet. Darin hatte sich die DDR zur Einhaltung der Menschenrechte, einschließlich des Rechts auf Freizügigkeit, verpflichtet. Von nun an musste Erich Mielke dem quasi staatlich sanktionierten »Verrat an der Arbeiterklasse« ins Auge sehen: mehr als 10 000 Mal pro Jahr. Der »Tschekist« erkannte die Dimension des Problems, das die Möglichkeit zur legalen Ausreise für die DDR bedeuten konnte, wusste sich aber nicht anders zu helfen, als auch dieses Problem mit den üblichen Methoden in den Griff zu bekommen: Repressalien gegen Antragsteller. Ausreisewillige wurden vom MfS jahrelang beobachtet, ausgegrenzt, aufs Übelste schikaniert.

> Natürlich waren wir Dresdner keine Widerstandskämpfer. Wir waren bei der Bezirksbehörde der Polizei angestellt. Wir hatten regelmäßig Politunterricht, und wir sind sogar zweimal im Jahr auf den Schießplatz gegangen. Aber Mielke hat uns gehasst.
>
> Klaus Sammer, Spieler und Trainer bei Dynamo Dresden

> Die Spiele gegen den BFC in Dresden liefen ganz normal. Aber die Punktspiele in Berlin und die Pokalendspiele, da gab es Entscheidungen von Schiedsrichtern, die nicht nachvollziehbar waren, und sogar gravierende Fehlentscheidungen.
>
> Frank Lippmann

Doch damit ließ sich der Freiheitsdrang nicht bremsen: 1984 warteten 32 000 Menschen auf die Ausreise aus der DDR, 1988 waren es schon 120 000.

Doch es gab eine Reihe von Menschen, die faktisch keinen Ausreiseantrag stellen konnten – Frank Lippmann gehörte zu ihnen. Er war Fußballer bei Dynamo Dresden, aber als Spieler dieses Polizeivereins zugleich Angehöriger der Volkspolizei. Seinen Job wäre er sofort losgewesen, hätte er die Ausreise beantragt. Weniger aus politischen Gründen haderte er mit seinem Staat als vielmehr aus sportlichen: »Ich war damals jung und hatte eigentlich nur Fußball im Kopf.« Doch nach den ersten Einsätzen für die SG Dynamo Dresden bekam er deutlich zu spüren, wie Mielkes Allmachtsphantasien sogar in die scheinbar völlig unpolitische Welt des Fußballs hineinreichten: Bei Spielen gegen den FC Dynamo Berlin, Mielkes Lieblingsklub, häuften sich Unregelmäßigkeiten: »Freistöße, Abseitsstellungen und vieles mehr wurde zum Vorteil des BFC gepfiffen. Das empfand ich als katastrophal«, erinnert sich Frank Lippmann. Nur wenn sich an der spielerischen Überlegenheit der Gegner nichts manipulieren ließ, habe auch Mielkes hintergründige Unterstützung der Berliner Stasi-Mannschaft nicht mehr zum Sieg verhelfen können – so beim FDGB-Pokalendspiel 1985, das Dynamo Dresden mit 3:2 für sich entschied. Anschließend erlebte Frank Lippmann Stasi-Minister Erich Mielke beim Festbankett: »Er war sehr niedergeschlagen.« Schließlich beschäftigte er bei »seinem« BFC eine Reihe Stasi-Offiziere »im besonderen Einsatz« – und seine Jungs wollte er folglich auch siegen sehen.

In den westdeutschen Stadien dagegen rollte die Lederkugel ohne politische Einflussnahme. Und mehr noch rollte hier auch der Rubel. Für das junge Fußballtalent war das äußerst verlockend: »Die Bundesliga hat uns junge Menschen sehr fasziniert. Und ich wollte einmal in der damals stärksten Liga der Welt spielen. Auch um das Leben genießen und ausleben zu können.«

Der Stürmer bestritt mit seinem Team mehrere Spiele im »kapitalistischen Ausland«, in Frankreich und Italien, und hatte dabei niemals einen Gedan-

»Schiebermeister BFC«: Mielke gratuliert den Spielern seines Lieblingsklubs BFC Dynamo zur DDR-Meisterschaft 1985.

Links: »Wir waren natürlich keine Widerstandskämpfer«: Frank Lippmann im Trikot von Dynamo Dresden.

Rechts: »Die kleine heile Welt zusammengebrochen«: Nach der Flucht ihres Mannes begann für Annett Lippmann ein Spießrutenlaufen.

> *Es war wie in einem schlechten Propagandafilm: Plötzlich stand Mielke höchstpersönlich in der Tür der Umkleidekabine. In staatsmännischer Manier sprach er: »Willkommen in der Hauptstadt der DDR. Der BFC als Fußballmeister begrüßt auch die Schiedsrichter und freut sich auf eine qualitätsvolle Spielleitung.« Qualitätsvolle Spielleitung? Seltsam. Ich hörte die Worte, aber was ich verstand, war: »Mein lieber Heynemann, ich darf doch annehmen, Sie wissen, wo Sie hier sind. Dann wissen Sie natürlich auch, wer hier heute als Sieger vom Platz gehen wird, nicht wahr? Das wäre nämlich gut für Ihre weitere Karriere.«*
> Bernd Heynemann, DDR-Oberligaschiedsrichter

ken an Flucht verschwendet. Doch dann kam das Viertelfinale im Europapokal der Pokalsieger 1986 bei Bayer Uerdingen. Dresden durfte sich nach einem 2:0-Hinrunden-Ergebnis bereits im Halbfinale wähnen. Nach der Halbzeitpause stand es gar 3:1 für den DDR-Verein, zu dessen Torschützen auch Frank Lippmann zählte, und Dynamo sah bereits wie der sichere Sieger aus. Doch dann stellte Uerdingen mit seinem Kampfgeist das Spiel völlig auf den Kopf und warf Dynamo aus dem Wettbewerb. Beim Bier im Krefelder Hansa-Hotel versuchten die Spieler die bittere Niederlage zu verkraften – Wundenlecken. Mit drei Mannschaftskameraden saß Frank Lippmann in einem Hotelzimmer zusammen. Da klopfte es. Vor der Tür stand ein Fußballfan, den alle vier noch aus der DDR kannten: »Er war dort als Diskjockey tätig gewesen.« Nun lebte er in der Bundesrepublik. Das war die Gelegenheit für Lippmann, seinen Plan, der ihm seit der Abreise aus der DDR durch den Kopf ging, spontan Wirklichkeit werden zu lassen. Unter vier Augen sprach der DDR-Fußballer den »Neuwessi« unverblümt an: »Ich will im Westen bleiben, hier Fußball spielen. Kannst du mir helfen?« Die Antwort fiel ebenso unumwunden positiv aus, und so machten sich die beiden Männer unverzüglich auf den Weg. Der Wagen des frisch gebackenen Fluchthelfers war in der Tiefgarage des Hotels geparkt – es war ein langer Weg, denn IMs und Stasi-Wachen konnten hinter jeder Ecke lauern. »Mir standen die Schweißperlen auf der Stirn. Ich hatte Angst.

> **Wenn man solche Dinge vorher in der Familie oder mit Bekannten bespricht, dann ist die Gefahr groß, dass etwas durchdringt und der Flucht dann ein Riegel vorgeschoben wird. In meinem Fall war ich der Einzige, der überhaupt etwas von der Flucht wusste.**
>
> **Für mich als DDR-Bürger war das schon eine Situation, in der mir die Schweißperlen auf der Stirn standen. Und die Angst, die hat mich auch noch verfolgt, als ich schon im Auto saß.**
> Frank Lippmann

Schleunigst rein in den Fahrstuhl, nicht nach links und nach rechts schauen. Dann hab ich mich unten ins Auto hineingesetzt.« Dessen Fahrer steuerte das Fluchtgefährt aus der Tiefgarage hinaus und auf direktem Weg Richtung Nürnberg, wo Frank Lippmann rasch Aufnahme beim dortigen Traditionsklub 1. FC fand.

Noch ahnte seine Freundin in Dresden nichts von der Flucht ihres Lebensgefährten. Das Paar kannte sich gerade zweieinhalb Jahre, die gemeinsame Tochter war vier Monate alt. »Es war eine kleine heile Welt«, erinnert sich heute Annett Lippmann. Aber dann fuhr sie ins Vereinsheim: »Alle Spieler guckten sehr ernst, und ich dachte: ›Das ist wegen des verlorenen Spiels.‹« Doch der Grund war ein anderer: »Ich hab es nicht geglaubt. Ich habe es einfach nicht geglaubt.« Wenig später erhielt sie die Bestätigung aus dem Westradio. Zurück in der Wohnung, traf sie auf zwei Dynamo-Mitarbeiter, die sich bereits eigenmächtig Zugang verschafft hatten: »Wir müssen Sie zum Verhör mitnehmen.« Dynamo war schließlich Polizeisportverein. Noch im Schockzustand wegen der Flucht ihres Freundes wurde Annett Lippmann verhört, »unaufhörlich – stundenlang. Ich war kaputt und leer.« Nachdem die Nachricht über alle Kanäle gegangen war, wurde der Fall zum Politikum. Die Nacht musste Annett Lippmann im Stasi-Gebäude Bautzener Straße in Dresden verbringen: »Die Räume sind kalt. Im Verhör werden Sie mit einem Scheinwerfer angestrahlt. Und dann kommt eine Person, die immer und immer wieder dasselbe fragt.« Die junge Frau wusste keine Antwort. Ihr Freund hatte nichts von seinen Fluchtgedanken erzählt. Wie fühlte sich der im Westen? Frank Lippmann zählte auf seine Bekanntheit als Fußballer – zu Recht: Er setzte alle politischen Hebel in Bewegung – bis hoch zum bayerischen Ministerpräsidenten Franz Josef Strauß, der seit den westdeutschen Milliardenkrediten an die DDR Anfang der achtziger Jahre gute Beziehungen nach Ostberlin pflegte. Unterdessen versuchte Lippmann, den Kontakt zu seiner Familie so gut wie möglich aufrechtzuerhalten.

Doch schlagartig war aus dem jungen Glück eine Liebe mit Hindernissen geworden: Zuständig für das Abhorchen der Telefongespräche war die »Linie 16« der Stasi, deren 131 »Spezialisten« alle Telefonate zwischen

> Im ersten Moment war es für sie ein Schock. Sie war gar nicht ansprechbar. Für sie war eine Welt zusammengebrochen. In den ersten Tagen und Wochen war es ungeheuer schwierig, über das Telefon wieder zueinander zu finden.
>
> Frank Lippmann

> Wir lebten in einer kleinen, heilen Welt. Man dachte, vielleicht heiratet man. Vielleicht kommt ein zweites Kind. Und von einem Tag auf den anderen brach diese ganze Welt zusammen. Da war eine plötzliche Leere, und man musste sein Leben erst mal neu ordnen.
>
> Annett Lippmann

West- und Ostdeutschland überwachten. Ohnehin war Annett Lippmanns Dresdner Wohnung seit der Flucht ihres Mannes verwanzt. Für den Briefverkehr verfügte Mielkes Apparat in jedem größeren Postamt über die »Dienststelle 12«, deren mit den Adresslisten »subversiver Elemente« ausgestattete Briefschnüffler jede ihnen verdächtige Post öffneten. Als einzig sicherer Kommunikationsweg erschienen da noch Boten: »Wenn mal Besuch da war, konnte man denen etwas mitgeben. Darin konnte man etwas detaillierter werden«, erinnert sich Frank Lippmann.

Nach end- und ergebnislosen Verhören durfte Annett Lippmann wieder nach Hause. Zunächst wollte man ihr das Auto und die Zweizimmerwohnung, die laut DDR-Recht für eine allein erziehende Mutter zu groß war, wegnehmen. Ein Antrag auf Ausreise aus der DDR wurde ihr in unmissverständlicher Weise abgeschmettert: »Sie sind unser Vorzeigefall. Sie können hier sitzen, bis Sie schwarz werden.« Schikane um Schikane musste sie erdulden: »Vorher hat man manchmal gedacht, ob andere da nicht vielleicht etwas übertreiben. Die können doch nicht so schlimm sein«, sagt Annett Lippmann heute. »Aber dann hat man das am eigenen Leib verspürt, wie das System die Menschen kaputt machen will.« Es war die Vergeltung dafür, dass dank der Flucht ihres Freundes in der DDR ein Spottvers kursierte: »Willst du in den Westen türmen, musst du für Dynamo stürmen.«

Aber selbst im Getriebe des DDR-Terrorapparats knirschte es ab und zu. Die operative Abteilung des MfS plante schon Frank Lippmanns Entführung aus dem Westen – die wohl nur deshalb kein grünes Licht erhielt, weil der IM als unzuverlässig eingestuft wurde –, als der Visumstelle ein schwer wiegender Fehler unterlief: Annett Lippmann beantragte jedes Jahr ein Visum für Ungarn – 1989 erhielt sie es völlig unerwartet. Im Sommer wies ihr ein von ihrem Lebensgefährten engagierter Fluchthelfer an der Grenze zu Österreich den Weg. 1065 Menschen waren insgesamt bei Fluchtversuchen ums Leben gekommen. Und auch die junge Frau riskierte alles, um in die Freiheit zu gelangen: »Da, wo der Wald zu Ende war, kam der erste Zaun. Die Türme waren ziemlich hoch. Man konnte kaum erkennen, ob ein Grenzsoldat auf der Lauer liegt.« Der Zaun hatte bereits Löcher. Da-

---

Ich wollte die Behörden ein bisschen ärgern. Und deshalb habe ich wieder ein Visum für Ungarn beantragt. Nie im Leben hätte ich daran gedacht, dass dieses Visum genehmigt werden würde. Aber nach 14 Tagen Bearbeitungszeit flatterte mir die Genehmigung ins Haus.
Annett Lippmann

Es war ja noch nicht so, dass man gefahrlos von Ungarn nach Österreich gehen konnte. Aber es war ja damals alles in Bewegung. Und an der grünen Grenze war es etwas lockerer geworden. Immer mehr wagten diesen Weg.
Frank Lippmann

hinter folgte ein Rasenstreifen: »Das war das gefährlichste Stück. Da sind wir nur noch gerannt.« Auch der zweite Zaun wies Löcher auf, die von niemandem ausgebessert worden waren – es war der Sommer des Wandels. Die Regierung in Budapest teilte schon lange nicht mehr die dogmatische Engstirnigkeit der Ostberliner SED-Genossen, sondern folgte dem Kurs Michail Gorbatschows: Erneuerung und Öffnung.

Auf der Westseite der Grenze wurde Annett Lippmann von Schildern mit der Aufschrift »Willkommen in Österreich« begrüßt: »Das war ein unbeschreibliches Gefühl. Unbeschreiblich.«

Wenige Monate nach Annett Lippmanns Flucht fiel die Mauer – und das Mielke-Imperium brach in sich zusammen. Es zählt zu den größten Glücksfällen – in den Augen mancher gar Rätseln – der deutschen Geschichte, dass die Herrschaft der Stasi beinahe sang- und klanglos unterging. Mit seinen üblichen Methoden hatte das MfS längst die Oppositionsgruppen in der DDR unterwandert – und war bestens über sie informiert. Als aber zigtausende DDR-Bürger über Ungarn flohen und die bundesdeutschen Botschaften in Prag und Budapest besetzten, als der Demonstrantenstrom bei den Leipziger Montagsdemos stetig anschwoll, schaukelten sich Massenflucht und Massenproteste gegenseitig hoch. Dieses dynamische Wechselspiel hatten das brutale Grenzregime und der Staatssicherheitsdienst fast drei Jahrzehnte lang erfolgreich unterbunden. Doch nun geriet die Situation außer Kontrolle.

Das Regime in China war im Mai 1989 in Peking einer ähnlich bedrohlichen Lage wieder Herr geworden, indem es ein Massaker unter Oppositionellen auf dem Platz des Himmlischen Friedens hatte anrichten lassen. Obwohl Ostberlin damals gratuliert hatte, kam die »chinesische Lösung« nun nicht infrage. Michail Gorbatschow hatte aus Moskau bereits frühzeitig signalisiert, dass sowjetische Panzer – anders als 1953 – diesmal nicht rollen würden, um die DDR-Regierung vor ihrem eigenen Volk zu schützen. Und für Honecker war das internationale Renommee seines Staates stets ein hohes Gut – auch weil die DDR ohne westdeutsche Kredite und Handelspartner überhaupt nicht mehr lebensfähig war. Ganz der treue Parteisoldat, der er zeitlebens war, hielt sich Mielke an die von Egon Krenz ausgearbeitete Direktive, dass bei den Montagsdemonstrationen keine brutale Gewalt angewendet werden sollte. Allein mit »tschekistischen« Methoden aber war der Massenaufstand nicht aufzulösen. Und so nahmen die Ereignisse ungehindert ihren Lauf: Am 9. November fiel die Mauer. Und in der Volks-

»Wie ist die Stimmung?«: Oppositionelle Gruppen wie die Umweltbibliothek an der Ostberliner Zionskirche wurden rund um die Uhr bespitzelt. Stasi-Mitarbeiter vor der Kirche (oben), MfS-Überwachungsfoto aus dem Jahr 1987 (unten).

»Kein Schlussstrich unter die Vergangenheit«: Die Aktenberge des Ministeriums wurden nach der Wende für die Opfer zugänglich, so wie viele Demonstranten es 1989/90 gefordert hatten.

> Ich liebe, ich liebe doch alle. Ich liebe doch, ich setze mich doch dafür ein...
>
> Mielke vor der Volkskammer, 13. November 1989

> »Minister gesprochen / bedauert / konnte sich nicht mehr steuern / psych. / physisch am Ende.«
>
> Interne Notiz eines MfS-Majors, 14. November 1989

kammersitzung vom 13. November 1989 wurde kurzerhand der gesamte Ministerrat abberufen. Mielke hatte noch wenige Tage zuvor gehofft, ungeschoren davonzukommen. Trotz eines engen Vertrauensverhältnisses zu Honecker war er bei dessen Sturz zum Honecker-Kronprinzen und -Nachfolger Egon Krenz übergelaufen.

Doch nun stammelte der kurz zuvor noch gefürchtete Geheimdienstminister vor den Abgeordneten: »Ich liebe doch alle.« Er verstand die Welt nicht mehr. Mit diesem Auftritt und dem darauf folgenden ungestraften Gelächter der vielfach altgedienten und jahrelang unterwürfigen Volkskammerabgeordneten war der Mythos »Stasi« schlagartig zerbrochen: Der rücksichtslose »Obertschekist« bettelte um Zuneigung und Anerkennung. Der Habitus des allmächtigen Geheimpolizisten hatte sich der Lächerlichkeit preisgegeben. Erich Mielke war nach 32 Jahren nicht mehr Minister für Staatssicherheit der DDR. Nur fünf Tage später musste er sein Büro in der Normannenstraße für immer verlassen.

Zwar hoffte mancher Kader noch, die alten Strukturen unter neuem Namen, im »Amt für Nationale Sicherheit«, erhalten zu können. Doch längst liefen die Reißwölfe im MfS und den Bezirksverwaltungen auf Hochtouren. Die Stasi, einst berühmt-berüchtigter »Schild und Schwert der Partei«, wollte sich selbst entsorgen – und ihre grausame Geschichte vergessen machen.

Doch die Macht der Bürgerbewegung schien dieser Tage grenzenlos: Am 4. Dezember 1989 stürmten Demonstranten die ersten Bezirksverwaltungen der Stasi. Am 15. Januar 1990 fiel die Zentrale des Terrors in der Normannenstraße. 170 Kilometer Akten hinterließ die Megabehörde. Viele wollten sie für Jahrzehnte in Archiven verschwinden sehen. Bei der Aushandlung des Einigungsvertrages verständigten sich die Delegationen beider Seiten darauf, die Unterlagen – entgegen einem ausdrücklichen Beschluss der DDR-Volkskammer – dem Bundesarchiv in Koblenz zu überstellen: mit der Garantie jahrzehntelanger Sperrfristen. Nur aufgrund einer erneuten Besetzung der Stasi-Zentrale Anfang September 1990 durch Bürgerrechtsgruppen wurde diese Klausel aus dem Vertrag gestrichen.

> »Unserem Ministerium wurde durch den eigenen Minister ein lebensgefährlicher Stoß, hoffentlich nicht der Todesstoß, versetzt!«
>
> Offener Brief von MfS-Mitarbeitern, 14. November 1989

Seit der Wiedervereinigung sind die schriftlichen Belege für die Verbrechen von Mielkes Geheimdienstapparat beim »Bundesbeauftragen für die Unterlagen der ehemaligen DDR-Staatssicherheit«, also der »Gauck-« beziehungsweise »Birthler-Behörde«, allgemein zugänglich. Einen »Schlussstrich« unter die Stasi-Vergangenheit, ein jahrelanges Schweigen über Schuld und Schuldige wie nach der Nazi-Diktatur konnte und durfte es nicht geben.

Und dennoch tat sich das wiedervereinigte Deutschland schwer damit, Mielke für das Unrecht, das er »im Auftrag der Partei« begangen hatte, zur Verantwortung zu ziehen: Schon am 7. Dezember 1989 wurde Erich Mielke in der Parteibonzensiedlung Wandlitz verhaftet. Der Generalstaatsanwalt der DDR verdächtigte ihn der Schädigung der Volkswirtschaft, insbesondere der Devisenverschwendung. Außerdem wurde ihm »Hochverrat und verfassungsfeindliche Tätigkeit« vorgeworfen.

Mielke lernte das Stasi-Untersuchungsgefängnis Hohenschönhausen nun aus der Perspektive des Häftlings kennen. Und doch hatte sich Grundlegendes geändert: Der Zweiundachtzigjährige konnte ungestraft behaupten, sich nicht erinnern zu können. Er beteuerte immer wieder, es gehe ihm gesundheitlich nicht gut, und er erwirkte damit zahlreiche Unterbrechungen der Verhöre sowie eine erhebliche Verzögerung des Verfahrens. Nie hatten sich seine Schergen einem Häftling gegenüber so human gezeigt. Doch nun brach allmählich in Hohenschönhausen die Herrschaft des Rechtsstaats an: kein Psychoterror mehr, keine unmenschliche Behandlung, keine erpressten Geständnisse. Im März 1990 erreichte Mielkes Anwalt sogar Haftverschonung wegen andauernder Haftunfähigkeit.

Insgesamt sechs weitere Haftbefehle wurden bis 1992 gegen Erich Mielke erlassen: wegen Unterstützung der westdeutschen Terrorgruppe RAF, wegen der Wahlmanipulationen bei der Kommunalwahl 1989, wegen der Telefonüberwachung durch das MfS, wegen vier Mauertoten und später wegen weiterer 68 getöteter Flüchtlinge.

Doch hinter Schloss und Riegel kam Erich Mielke nicht wegen alledem, was er sich im Amt

> Ein unvergessliches Bild: ein Greis, auf seinen Stock gestützt, mit müde-bitteren Gesichtszügen und einem kalten, hintergründigen Blick aus kleinen klaren, schmalen und flinken Augen. Es schien, als würde sich nur in den Augen die wirkliche Lebensgeschichte von Erich Mielke spiegeln.
> Wilfriede Otto, Mielke-Biographin

> Meine Ideale sind zerstört worden. Ich habe mein ganzes Leben nur der Frage gewidmet, dass es den Menschen besser gehen soll.
> Mielke, 1992

> »Das Ende eines grausamen Menschen. Sein böses Herz hat aufgehört zu schlagen.«
> Schlagzeile der *Bild*-Zeitung nach Mielkes Tod

»Kalter, hintergründiger Blick aus kleinen klaren, schmalen und flinken Augen«: Mielke auf der Anklagebank des Landgerichts Moabit, September 1994.

des Stasi-Ministers hatte zuschulden kommen lassen, sondern ausgerechnet wegen des sechs Jahrzehnte zurückliegenden Polizistenmordes am Berliner Bülowplatz. Nach einjähriger Prozessdauer sprach das Landgericht Berlin Erich Mielke 1993 wegen Mordes in zwei Fällen und versuchten Mor-

> *Auch er war im Honecker-Prozess angeklagt, konnte aber nicht teilnehmen, weil die Staatsanwaltschaft mit einem anderen Verfahren wegen der Erschießung zweier Polizisten in Berlin vorgeprescht war. ... Sein anderer Prozess konnte nicht mehr nachgeholt werden, Mielke war inzwischen verhandlungsunfähig. So ist er im Grunde wegen der falschen Tat verurteilt worden – auch das kein Ruhmesblatt deutscher Justiz.*
> Uwe Wesel, Rechtswissenschaftler

des schuldig und verurteilte ihn zu einer Gefängnisstrafe von sechs Jahren.

Nach nur zweijähriger Haftzeit wurde der Siebenundachtzigjährige aus gesundheitlichen Gründen entlassen. Ausgerechnet jenem Geheimdienstchef, der in seinem Unrechtsregime keine Gnade, kein Recht kannte, wurden Gnade und Recht zuteil. Viele Stasi-Opfer empfanden das als Schlag ins Gesicht. Doch der Rechtsstaat hatte sich im Angesicht seines größten Feindes nicht von Rachegefühlen, sondern von seinen eigenen Prinzipien, von der Maxime der Humanität, leiten lassen – und damit seine wahre Stärke bewiesen. Bis zu seinem Tod am 21. Mai 2000 lebte Erich Mielke in einem Plattenbau in Berlin-Hohenschönhausen als freier Mann – von den Gerichten verschont, von der Geschichte verurteilt.

Kati und der schöne Schein

Für die beiden Eisköniginnen war es ein Duell um den Thron, für die Funktionäre, Politiker und Medien ein Kampf der Systeme. Ort des Showdowns: die Olympischen Winterspiele in Calgary, Februar 1988. Katarina Witt aus der Deutschen Demokratischen Republik trat an gegen Debi Thomas aus den USA. Erst im Jahr zuvor hatte sich Witt, die Olympiasiegerin von 1984 und mehrfache Welt-

> Ich konnte und wollte mich nicht von dem Staat distanzieren, der meine Heimat war, solange ich nicht selbst wusste, welches Unrecht dort Menschen angetan wurde, welche Verbrechen gegen die Umwelt begangen wurden.
> Katarina Witt

meisterin, in Cincinnati von der US-Amerikanerin den WM-Titel zurückgeholt. Jetzt wollte sie Sportgeschichte schreiben und der Welt beweisen, dass sie zweimal hintereinander olympisches Gold gewinnen konnte. Ein Zufall erhöhte die Spannung: Beide Eiskunstläuferinnen tanzten ihre Kür nach der Musik »Carmen« von Georges Bizet. Carmen (Ost) trat an gegen Carmen (West). Über das Duell sagte Katarina Witt später: »Der totale Klassenkampf. Auch für die Amis, die natürlich wollten, dass die Debi für sie gewinnt. Und bei uns war es genauso. Es war ein Kampf der Systeme.« Im kanadischen Calgary war es 20 Uhr, als Katarina aufs Eis ging, in Ostberlin vier Uhr morgens. Erich Honecker war mitten in der Nacht aufgestanden und saß vor dem Fernseher. In den USA wollten 27 Prozent aller Fernsehzuschauer und in der DDR 60 Prozent sich das Spektakel nicht entgehen lassen. Katarina trug ein hautenges Kostüm in flammendem Rot und dramatischem Schwarz im Stil einer Flamencotänzerin. Zwar war es hochgeschlossen, doch erweckte der durchsichtig wirkende helle Stoff, der das Kleid auf der Vorderseite wie ein langes V durchzog, den Eindruck eines Ausschnitts bis zum Bauchnabel. Nicht von ungefähr verwendete die Presse für Kati Witt ein Attribut, das ansonsten eher selten mit der DDR in Verbindung gebracht wurde: »Sexy.«

> Ich weiß, er hat mich gern im Fernsehen gesehen. 1988, als ich in Calgary Gold holte, ist er sogar – wie viele andere Fans auch – nachts um halb vier aufgestanden, um meine Kür zu sehen.
> Katarina Witt

133

In der Halle waren 17 000 Augenpaare auf Kati Witt gerichtet, als sie ihre Kür begann. »Ich laufe, es gelingt mir alles. Zwei dreifache Toeloop, ein dreifacher Salchow, ein Doppelaxel. Es kommt die schönste Szene, die, in der Carmen singt: ›Die Liebe ist ein wilder Vogel, den niemand zähmen kann, und es ist sinnlos, ihn zu rufen, wenn er nicht kommen will…‹ Ich fühle mich plötzlich hundeelend, so schwach und müde – ich möchte am liebsten aufhören. Jetzt müsste der dreifache Rittberger kommen. Ich merke schon beim Anlauf, dass es nichts wird. Wenn du jetzt stürzt, ist alles aus. Also lieber nur einen doppelten, ich gehe auf Nummer sicher. Danach kehrt irgendwie meine Kraft zurück, ich laufe an zur Kombination Salchow und Flip, und es hämmert im Kopf: ›Dreifach, dreifach, dreifach.‹ Wenn ich den Salchow auch nur doppelt springe, kann ich alles vergessen. Es gelingt mir, aber ich kann das nicht genießen. Ich würde am liebsten jubeln, aber ich kann hier jetzt nicht meine Erleichterung zeigen, ich muss im Charakter der Carmen bleiben. Ich kann jetzt nicht einmal lächeln, wenn die gleich abgeschlachtet wird. Das ist der Unterschied zwischen Debis und meiner Interpretation. Ihre ›Carmen‹ überlebt – ›weil mich auf dem Eis niemand besiegt‹, hat sie vorher gesagt. Meine Kür geht mit Carmens Tod zu Ende. Endlich tut sie das. Ich liege da – und denke mir: Das war's, vier Dreifache habe ich geschafft, aber der Rittberger hat gefehlt, wenn Debi ihr Programm perfekt präsentiert, wird sie Olympiasiegerin.« Es kam anders. Die Konkurrentin machte Fehler. Kati Witt gewann Gold.

Für Erich Honecker war der Sieg seiner Vorzeigesportlerin ein politischer, die Ehrung staatstragend. »Der Vorsitzende des Staatsrats der Deutschen Demokratischen Republik verleiht Katarina Witt die Ehrenspange zum Vaterländischen Verdienstorden in Gold in Würdigung überragender Verdienste beim Aufbau und bei der Entwicklung der sozialistischen Gesellschaftsordnung in der Deutschen Demokratischen Republik und der Fes-

---

Ich bin Erich Honecker zwei- oder dreimal begegnet. Sehr genau kann ich mich an ein Essen erinnern. Er hat mich dabei verschiedene Dinge gefragt, aber ich habe ihn nicht verstanden, weil er so nuschelte. Also habe ich immer nur »Ja« gesagt. Ich hatte keine persönliche Beziehung zu Honecker und kann nicht behaupten, ihn wirklich gekannt zu haben. Sicher, wenn es eine offizielle Einladung vom Staatsratsvorsitzenden gab, sind wir Sportler alle hingegangen. Das war völlig normal.
Katarina Witt

»Was ich bin, verdanke ich der DDR«: Katarina Witt und Erich Honecker beim Sportlerempfang im Staatsratsgebäude, April 1988.

tigung der Freundschaft zwischen den Völkern«, denn: »Hervorragende Leistungen zur Ehre und zum Nutzen unserer Deutschen Demokratischen Republik finden seit jeher die besondere Anerkennung unserer Gesellschaft. Wer sich um das Wohl des Volkes verdient macht, dem sagt unser Arbeiter- und-Bauern-Staat auf besondere Weise Dank.« Folgsam dankte Kati Witt bei einem Abendessen für die Olympiateilnehmer ihrem Staatsoberhaupt mit den Worten: »Wir wissen, dass die Werktätigen unseres Landes täglich mit anstrengenden Leistungen die Grundlagen dafür schaffen, sodass sich der Sport der DDR auf solch hohem Niveau entwickeln kann. Deshalb waren unsere Leistungen auch ein Dankeschön an unsere Bevölkerung, die uns trotz der großen Entfernung zum anderen Kontinent sehr nahe war.« Später schrieb sie: »Ich meinte das ehrlich.« Doch im Grunde bedeutete die Goldmedaille für Kati Witt einen persönlichen Triumph. Ihre Ziele waren nicht sozialistischer, sondern ganz individueller Art: »Ich

> Bei den Empfängen durfte sie neben Honecker sitzen, Man konnte immer sehr schön sehen, dass die alten Herren im Politbüro dieses junge, hübsche Ding mit Wohlgefallen betrachtet haben.
>
> Hans Joachim Teichler, Sportwissenschaftler

> Das, was ich damals gesagt habe, daran habe ich damals auch geglaubt. Rückblickend fühle ich natürlich, dass man oft nicht die Wahrheit gesagt bekommen hat, aber das ist heute auch nicht anders.
>
> Katarina Witt

1988 war ich schon ganz schön traurig. Ich wusste damals überhaupt nicht, wie es weitergehen würde, ob ich überhaupt wieder Schlittschuh laufen könnte. Damals gab es ja noch die DDR, die Lage war unübersichtlich und meine Zukunft relativ ungewiss.

Katarina Witt, 1994

Die gesellschaftliche Identifikation der DDR mit ihren Spitzenstars bröckelte spätestens in der zweiten Hälfte der achtziger Jahre. Man fragte sich: Wie kann es sein, dass wir auf der einen Seite wirtschaftlich so marode sind, dass es an allen Ecken immer mehr klemmt, und dass es sich unser Land immer noch leisten kann, einen derartig aufgeblähten Leistungssport zu fördern?

Hans Joachim Teichler

wollte besser sein als jeder andere«, sagte sie nach der Wende in einem Interview. »Das war mein Ziel, dafür habe ich trainiert, auch um einen hohen Marktwert hinterher zu haben. Ich wusste, dass ich das brauche. Wenn ich Zweite oder Dritte geworden wäre, da hätte ich auch nicht die Angebote gehabt, um nachher weiter eislaufen zu dürfen.«

Die Eiskunstläuferin Katarina Witt, von der US-Zeitschrift *Time* als »das schönste Gesicht des Sozialismus« bezeichnet, war Erich Honeckers glanzvollstes Aushängeschild für die DDR. Der Staat versuchte seine Spitzensportlerin zu vereinnahmen. Mit Anmut, Schönheit, Talent und viel harter Arbeit entwickelte sie sich zu einer der besten Eiskunstläuferinnen der Welt. Ihr Erfolg wurde dem maroden Staat an die Fahne geheftet. Sie repräsentierte den »schönen Schein« der DDR. Doch je heller Katis Stern strahlte, desto mehr schwand der Einfluss der Machthaber auf sie. Als sie zum zweiten Mal Gold gewann, war längst die ganze Welt ihre Bühne. Die Amerikaner waren verrückt nach ihr, selbst die *Bild*-Zeitung titelte: »Kati, wir lieben dich alle.« Der Glanz, den Kati Witt verkörperte, verdeckte die graue Wirklichkeit in der DDR.

Erich Honecker, im Mai 1971 in einer Palastrevolte gegen Walter Ulbricht an die Parteispitze gekommen, vermittelte bei Amtsantritt zunächst den Anschein, als ob sich der Machtapparat Staat den eigenen Bürgern gegenüber offener und toleranter zeigen würde. Der ehemalige Jugendfunktionär schien vor allem ein Herz für junge Leute zu haben. Westliche »Beatmusik«, von Ulbricht noch mit einem Bannstrahl belegt, durfte wieder gespielt werden. Sogar die Wahrzeichen des westlichen Imperialismus, die bislang verpönten »Blue Jeans«, waren auf einmal in der DDR zu haben. Bald wurden Nachahmungen der »Nietenhosen« sogar volkseigen produziert, wenn auch die »Wisent-Jeans« nie die Qualität des Originals erreichten. Honecker gab sich auch im Kampf gegen den nach Westen gerichteten Antennenwald geschlagen und ermunterte sogar dazu, »die wahren Absichten der regierenden Kreise in Bonn zu durchschauen«. Fortan schauten und hörten die DDR-

»Selbstverständlich kein ständiger Begleiter des Sozialismus«: Im »Intershop« gab es jetzt ganz offiziell Westwaren für Westgeld zu kaufen.

Bürger ungestraft das »Gift aus dem Äther«. Auch der Umlauf der »D-Mark« wurde auf einmal geduldet. DDR-Bürger konnten mit ihr allerdings nur in den »Intershops« einkaufen. Die neuen Töne Honeckers ließen vor allem die Intellektuellen und Künstler hoffnungsvoll aufhorchen. Auf einer Tagung des Zentralkomitees (ZK) der SED erklärte er im Dezember 1971: »Wenn man von der festen Position des Sozialismus ausgeht, kann es meines Erachtens auf dem Gebiet von Kunst und Literatur keine Tabus geben.«

Vor allem auf internationaler Ebene wollte Honecker das Ansehen der DDR verbessern und eine Öffnung vorgaukeln. Gelegenheit dazu gaben ihm die X. Weltfestspiele der Jugend 1973. Während des Festivals schien alles erlaubt zu sein. Scheinbar unbehelligt von Polizei oder Spitzeln feierte die Ostjugend mit Gleichaltrigen aus »Bruderländern« und dem kapitalistischen Ausland das »Woodstock des Ostens«. Die Musikbands durften spielen oder singen, was sie wollten – der Sound von Rock'n'Roll und mancher freche Liedtext drangen durch die Straßen Ostberlins und ließen die Hoffnung auf-

1971 hatte Honecker Ulbricht abgelöst und etliche Segnungen der sozialistischen Utopie ins Heute vorverlegt. Die Haare durften wachsen, Rockmusik war nicht länger »Schüttelkrampf des verendenden Spätkapitalismus«, sondern »jugendmäßiger Ausdruck des künstlerischen Gegenwartsschaffens«.

Christoph Dieckmann, Journalist

> Das war eine inszenierte Show. Die ist am letzten Tag zu Ende gegangen. Es ist wieder abgeschottet worden.
> Norbert Pötzl, Journalist

> Die Inszenierung war erfolgreich, aber es war nicht nur spaßig: Stasi und NVA standen bereit, zehntausende Jugendliche wurden an der Fahrt nach Berlin gehindert, und die scheinbar freie Diskussion auf dem »Alex« war stark beobachtet.
> Stefan Wolle, DDR-Forscher

> Die Woche war wie ein Traum. Ich hätte mir gewünscht, dass sich die DDR so weiterentwickelt hätte.
> Klaus Uwe Benneter, damals Juso-Funktionär

keimen, dass sich etwas ändern könnte. Westliche Aktivisten verteilten ungehindert Flugblätter; auf dem Alexanderplatz versammelten sich Gruppen von Menschen und diskutierten die Nächte hindurch. Keiner erzürnte sich wie noch zu Ulbrichts Zeiten über die »Rowdys« und »Gammler«. Das Straßenbild war von knutschenden Liebespaaren, bunt gekleideten Jugendlichen und Langhaarigen geprägt, die noch kurz zuvor auf Polizeiwachen zwangsfrisiert worden wären. Selbst Honecker band sich ein blaues FDJ-Tuch um, nahm ein Bad in der Menge und wagte ein blitzlichtumwittertes Tänzchen mit einer sowjetischen Genossin. Ostberlin schien in einer Art realsozialistischem »Sommer der Liebe« zu schwelgen.

Eine besondere Genugtuung dürfte für Honecker der Auftritt des Sängers und Filmschauspielers Dean Reed gewesen sein: Reed, der aus dem US-Staat Colorado stammte, hatte in Südamerika Erfolge gefeiert und gab als erster Amerikaner Konzerte hinter dem Eisernen Vorhang. Sein Repertoire bestand aus Rock 'n' Roll, Schlagern, Country- und Protestsongs. Meist interpretierte er Evergreens und steuerte gelegentlich einen eigenen Song bei. 1971 hatte er sich in eine Ostdeutsche verliebt und schließlich seinen Wohnsitz in die DDR verlegt. Die Tatsache, dass er sich aus dem Land der unbegrenzten Möglichkeiten in den Osten aufgemacht hatte, war für die staatliche Kulturpropaganda wie ein Geschenk. Es dauerte nicht lange, bis die SED den in seiner Heimat eher unbekannten Künstler zu einem Helden und Weltstar hochjubelte. Zum Auftakt der Weltjugendfestspiele intonierte er den Propagandahit »Wir sagen Ja«.

Doch die Weltläufigkeit war Fassade, dahinter stand die größte Polizeiaktion seit der Niederschlagung des Volksaufstandes im Juni 1953. Neben 19 800 uniformierten Volkspolizisten sicherten 4260 hauptamtliche Leute des Ministeriums für Staatssicherheit (MfS), 1500 dem MfS unterstellte Polizisten und mehrere tausend Mitglieder der »Freien Deutschen Jugend« (FDJ), die man für diesen Zweck zusammengetrommelt hatte, die Feier mit dem Klassenfeind. In blaue FDJ-Blusen gesteckte Elitesoldaten des MfS-Wachregiments »Feliks Dzierzynski« besetzten Säle, um Ostbürger von un-

Oben: »Woodstock des Ostens«: Die Weltfestspiele 1973 sollten eine weltoffene DDR demonstrieren. Honecker schwingt das Tanzbein.
Unten: »Es war nicht nur spaßig«: Aufpasser in FDJ-Hemden waren überall präsent.

liebsamen Westrednern fern zu halten. In einem vorbeugenden Großreinemachen waren schon in den sechs Monaten zuvor in der ganzen DDR so genannte Asoziale, Geisteskranke, Vorbestrafte und Frauen mit angeblich »häufig wechselndem Geschlechtsverkehr« regelrecht eingesammelt worden. Die Zahl von 6635 Ermittlungsverfahren im ersten Halbjahr 1973 ergab im Vergleich zum gleichen Zeitraum im Vorjahr eine Steigerung um über 200 Prozent.

Die vermeintliche neue Freiheit markierte den Durchbruch zum schrankenlosen Überwachungsstaat. Die Weltjugendfestspiele waren nur das Gesellenstück für die verdeckte Repression, die die folgenden Jahre der DDR prägen sollte. Hinter der Fassade bestand immer noch eine Diktatur. 1972 hatte Honecker an der Grenze Selbstschussanlagen anbringen lassen, um seine Bürger im »Arbeiter-und-Bauern-Staat« zu halten. Von den Kindergärten bis zu den Universitäten sollte die Gesellschaft militarisiert werden. Mitte der siebziger Jahre wurde die Staatssicherheit, »Schild und Schwert der Partei«, kräftig aufgerüstet. Als Honecker an die Macht kam, verfügte das Ministerium über 45 500 hauptamtliche Kräfte. Ende der achtziger Jahre beschäftigte das MfS 91 015 hauptamtliche und 173 000 inoffizielle Mitarbeiter. »Niemals«, bilanziert der Historiker Stefan Wolle, »war ein Staat besser geschützt, niemals eine politische Führung über die kleinste Unmutsäußerung ihrer Untertanen besser informiert.«

Auch der Rocker Klaus Renft sah Licht am Ende des Tunnels, als er bei den Weltjugendfestspielen 1973 zusammen mit internationalen Stars »Give Peace a Chance« singen durfte. Ende der sechziger Jahre hatte sich die »Renft-Combo« mit Liedern von Led Zeppelin bis Pink Floyd zu einer der populärsten Undergroundbands der DDR entwickelt. Im Vorfeld der Weltfestspiele hatte ein regelrechter Rockboom eingesetzt. Die DDR erfand – Jahre vor der »Neuen Deutschen Welle« im Westen – den Deutschrock und wurde damit über die Grenzen hinaus bekannt. So landete Peter Maffay Anfang der Achtziger mit der Interpretation des Titels »Über sieben Brücken musst du gehen« der ostdeutschen Band »Karat« einen Hit. Ein Grund für die Entstehung der eigenständigen DDR-Rockmusik war eine Anordnung aus den fünfziger Jahren, die dem Vormarsch westlicher Popmusik Einhalt gebieten sollte: Mindestens 60 Prozent der gespielten Titel sollten von Autoren aus der DDR oder den »sozialistischen Bruderländern« stammen. Auch die Leipziger Renft-Combo produzierte nun eigene Songs, die schnell zu Hits wurden. Es folgten Fernsehauftritte und Konzerte. Ein »Komitee für Unterhaltungskunst« hielt seine staatliche Hand über die Rockbands und schloss mit ausgewählten Gruppen und Interpreten Förderverträge. Aber als »Renft« den Kulturbehörden die Texte zu seiner dritten LP vorlegte, gab es Ärger. Schuld daran waren die regimekritischen Texte des Liedermachers und Wolf-Biermann-Freundes Gerulf Pannach. In Songs wie »Glaubensfragen« und der »Ottoballade« wurden Tabuthemen wie Wehrdienstverweigerung und Republikflucht besungen. »Wir wollten die DDR nicht abschaffen, sondern verbessern«, erklärte Renft später in einem Interview. »Wir wollten einen Sozialismus, der demokratisch-humanistisch ist, und da haben wir dann über die Probleme gesungen, wie die Mauer und die Beschränkung der Reisefreiheit.«

Die Behörden teilten mit, dass »die Texte mit der sozialistischen Wirklichkeit nichts zu tun« hätten. Die Platte war gestorben. Dennoch versuchte »Renft« aufmüpfig, die Grenzen, die der Kulturapparat setzte, zu sprengen. Als die Band die abgelehnten Titel bei einem Konzert in Leipzig doch noch spielte, kam das endgültige Aus. »Weil in Ihren Texten die Arbeiterklasse verletzt wird und die Staats- und Schutzorgane diffamiert werden, sind wir der Auffassung, dass damit die Gruppe Renft als nicht mehr existent anzusehen ist«, hieß es im Dezember 1975. Es war das Ende einer Rocklegende »made in GDR«. Ein halbes Jahr später durfte Renft ausreisen. Zwei weitere Bandmitglieder wurden im Zuge der Biermann-Ausweisung im November 1976 verhaftet und neun Monate später von der Bundesregierung freigekauft, wie Gerulf Pannach, der 1998 an Krebs starb. Seitdem kursieren Gerüchte, dass Pannach, wie auch die Regimekritiker Rudolf Bahro und Jürgen Fuchs, der in der Haft von der Staatssicherheit systematisch mit Röntgenstrahlen verseucht wurde, um schleichend ihren Tod herbeizuführen. Beweise hierfür gibt es allerdings nicht. »Unser Erfolg als ›Renft‹ entstand nicht durch Einverständnis mit dem Staat, sondern durch Missverständnis. Die versuchten uns zu fangen, indem sie uns Angebote machten und uns langsam in ihre Richtung bogen«, berichtete ein Bandmitglied. »Das ist bei anderen gelungen, bei ›Renft‹ nicht.« Wer bereit war, Kompromisse einzugehen, durfte bleiben – wie die populären »Puhdys«, die ab 1976 sogar die Möglichkeit hatten, im Westen aufzutreten. »Wenn sie unbedingt Revoluzzer spielen wollten, mussten sie

»Renft« hatte etwas Befremdliches; die wollten den Sozialismus sozusagen links überholen, den Edelsozialismus einklagen. Damit haben sich die Puhdys niemals aufgehalten; die hatten gesunde kleinbürgerliche Instinkte und sind auch nicht angeeckt.

Christoph Dieckmann

Wir hatten in der DDR eine Menge Spaß. Die Enge ließ uns zusammenrücken. Und wir wussten um den Wert einer Elvis-Presley-Single, die über dunkle Kanäle in den Osten gelangt war. Heute liegt das Zeug überall herum.

Klaus Renft

> *Wir hatten bereits fünf oder sechs Nummer-eins-Hits, sonst wären wir gar nicht für die Weltjugendfestspiele infrage gekommen. Unsere erste LP war erschienen, und wir zählten zu den so genannten »Spitzengruppen«. Gleich hinter den Puhdys. Oder die gleich hinter uns. Daran hat sich die ganze Republik gespalten. Die Puhdys waren die kommerzielle Rockvariante, wir stellten das Rebellentum dar.*
> Klaus Renft

eben mit Konsequenzen leben«, sagt ein Mitglied der »Puhdys« über »Renft«, »wir wollten einfach nur Musik machen, und die wollten die Welt verändern. Musik machen hat funktioniert, die Welt verändern hat nicht funktioniert.«

Wie sich bald herausstellte, waren die Tabus auf dem Gebiet von Kunst und Literatur weiterhin allgegenwärtig. Kaum proklamiert, schlug die neue Toleranz schon wieder ins Gegenteil um. Besonders der Dichter und Sänger Wolf Biermann reizte die Regierenden bis zum Äußersten. Biermann war 1953 freiwillig in die DDR eingereist und bekennender Marxist und Kommunist. Der Liedermacher war in der ganzen DDR bekannt, und seine Wohnung in Ostberlin wurde bald regelmäßiger Treffpunkt für eine große Anhängerschar. Aber seine Lieder waren frech und oft regimekritisch. Biermann ließ sich – obwohl er seit 1965 Auftrittsverbot hatte – den Mund nicht verbieten. In der Hoffnung, doch noch öffentlich singen zu dürfen, hatte er für die Weltjugendfestspiele ein Lied über Che Guevara geschrieben und bei den Behörden vorgelegt – diese reagierten nicht einmal. »Ich ging also mit saurer Miene und beklommenem Herzen spazieren im Getümmel der jungen FDJler, die dort Bockwurst fraßen und sich knutschten, sangen und genossen, dass sie als Genossen so schön genießen konnten«, erzählt Biermann. Auf dem Alexanderplatz erkannten ihn einige FDJler und verwickelten ihn in ein Gespräch. Erst als sich eine Menschentraube gebildet hatte und Biermann schon längst sein Che-Guevara-Lied ohne Gitarre zum Besten gegeben hatte, wurde die Stasi auf ihn aufmerksam. »Doch die kamen nicht ran, wie in einer Komödie«, berichtet Biermann. »Die sprangen immer hinten hoch und wollten immer da rein, und die Leute waren so eng, dass sie wie ein Schutzgürtel um mich rum waren.« Während einer Tournee in der Bundesrepublik wurde Biermann 1976 »wegen feindseligen Auftretens« gegenüber der DDR zwangsausgebürgert, seine persönlichen Sachen schickte man ihm hinterher.

Oben: »Alt wie ein Baum möchte ich werden«: Die Songs der Puhdys taten den DDR-Oberen nicht weh – im Gegensatz zu den Liedern der Renft-Combo.
Unten: »Ich möchte am liebsten weg sein und bliebe am liebsten hier«: Nach seinem Auftritt in Köln im November 1976 wurde der Liedermacher Wolf Biermann ausgebürgert.

> »Zur Staatsbürgerschaft gehört eine Treuepflicht gegenüber dem Staat. Das ist nicht nur in der DDR so. Biermann hat diese Treuepflicht bewusst und ständig grob verletzt. Die Konsequenzen daraus wurden entsprechend dem Staatsbürgerschaftsgesetz der DDR gezogen.«
>
> Neues Deutschland, 17. November 1976

> Die ganze Aktion lief völlig unüberlegt ab, aus reiner Wut über Biermanns Beleidigungen. Ich war zwar auch für seine Ausbürgerung, doch als die Protestwelle der Künstler gegen unsere Entscheidung anlief, da war mir klar, dass wir einen riesigen Fehler gemacht hatten.
>
> Kurt Hager, SED-Chefideologe

Ein Aufschrei des Protestes hallte daraufhin durch die intellektuellen Zirkel der DDR, wurde aber bald erstickt. Es folgte ein Exodus von Musikern, Künstlern, Schauspielern und Schriftstellern. Nina Hagen, deren schrille Töne ohnehin nicht in das Kulturprogramm der DDR passten, folgte ihrem Ziehvater Biermann in den Westen. Auch Manfred Krug, Armin Mueller-Stahl, Jurek Becker, Sarah Kirsch und Erich Loest kehrten der DDR den Rücken. Die Ausbürgerung von Wolf Biermann markierte eine Zäsur in der Kulturlandschaft der DDR. Wer nicht schweigen wollte, dem wehte ein eisiger Wind entgegen. Der systemkritische Naturwissenschaftler und Biermann-Freund Robert Havemann wurde mit permanentem Hausarrest bestraft. Als Rudolf Bahro 1977 eine kritische Analyse des SED-Staates in der Bundesrepublik veröffentlichte, wurde er zu acht Jahren Zuchthaus verurteilt. Besonders bittere Erfahrungen musste die Dichterin Gabriele Stötzer machen. Sie hatte sich an einer Unterschriftensammlung Berliner Künstler gegen die Ausbürgerung Biermanns beteiligt. Weil sie als Erste auf der Liste unterschrieb, beschuldigte man sie, die Rädelsführerin zu sein. Sie wurde verhaftet und wegen »Staatsverleumdung« zu einem Jahr Gefängnis verurteilt. Nach fünf Monaten U-Haft wurde sie in das berüchtigte Frauengefängnis Hoheneck eingewiesen. Dort wurde die Frau, die aus einem »ordentlichen Haushalt« stammte, mit Mörderinnen, Prostituierten, Diebinnen und »Asozialen« in eine Zelle gesteckt. »Dreistöckig übereinander schliefen bis zu 55 Gefangene in einer Zelle«, schreibt Stötzer. »Hoheneck war früher eine Burg, bestand aus dicken Wänden, Kälte, Feuchtigkeit und einer Nasszelle zur Bestrafung. 1977 gab es warmes Wasser, und wir hatten zwar durchgelegene, aber richtige Matratzen, früher schlief man hier auf Stroh. Alle Gefangenen mussten im Dreischichtsystem arbeiten.« Doch Gabriele Stötzer ließ sich nicht brechen und auch nicht ausweisen. Die Haft wurde für sie letztendlich zum Katalysator. Nach der Entlassung wies man ihr zunächst einen Arbeitsplatz in der Schuhproduktion zu. Doch sie gab diese Stelle auf und entschied sich für ein halblegales Leben in Künstlerkreisen. Heute zählt sie zu den eigenwilligsten und vielseitigsten Künstlerinnen der ehemaligen DDR. So

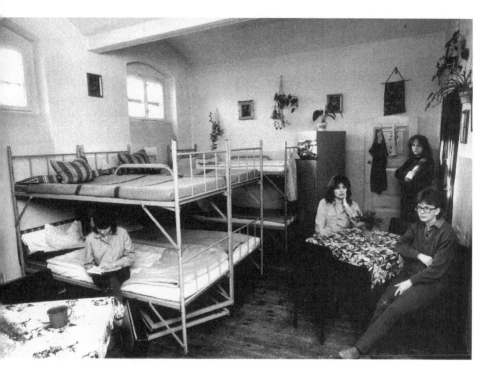

»Alle Abgrenzungen lösten sich irgendwann auf«: Eine der Zellen im Frauengefängnis Hoheneck.

endete der staatlich verordnete kulturelle Aufbruch in der DDR wie in Nina Hagens Lied »Du hast den Farbfilm vergessen«: »Alles blau und weiß und grün und später nicht mehr wahr.«

Zu dieser Zeit lebte in Karl-Marx-Stadt, heute wieder Chemnitz, ein Mädchen, das schon mit fünf Jahren die ersten Schritte auf dem Eis wagte: Katarina Witt, geboren am 3. Dezember 1965. Die Kleine zeigte Talent und eisernen Willen. Sie wollte eine große Eiskunstläuferin werden. Schon 1975 gewann sie eine Goldmedaille bei der »Kinder-und-Jugend-Spartakiade«, einem jährlichen Turnfest, das dem DDR-Sport als Talentauslese diente. Kati durfte auf eine der 25 Kinder-und-Jugend-Sportschulen (KJS) – die Kaderschmieden des DDR-Sports – und kam unter die Fittiche der

> Hoheneck war ein Ort, wo sich irgendwann alle Abgrenzungen auflösten. Die Kargheit und Härte warf uns auf uns selbst zurück, waren wir doch bis zur Existenzgrenze voneinander abhängig; ich lernte mit Mörderinnen zu essen, zu reden. Die Politischen waren sehr solidarisch, formulierten ihre Rechte und forderten sie ein. Die Kriminellen begriffen die Gegenwart als Platz, wo man die Sehnsüchte realisieren muss und kann. Sie lebten hier.
>
> Gabriele Stötzer

> Mit fünf war bei mir alles total klar. Ich wollte Eiskunstläuferin werden, und nichts und niemand auf der ganzen Welt würde mich aufhalten.
>
> Katarina Witt
>
> Was ich ihr abnehme, ist, wenn sie sagt: Ich bin ein Arbeiterkind. Eiskunstlauf ist teuer, ich verdanke meinen Werdegang der DDR.
>
> Christoph Dieckmann

Erfolgstrainerin Jutta Müller. Mit elf Jahren stand sie ihren ersten Dreifachsprung, 1979 belegte sie den 14. Platz bei der Europameisterschaft. Kati Witt war auf dem Weg nach oben – und wurde gefördert. Um als Sportlerin an die Spitze zu gelangen, war allerdings harte Arbeit erforderlich: vormittags Schule, dann mindestens vier Stunden täglich Training auf dem Eis, dazu Gymnastik, Konditionsläufe und Ballettunterricht. Doch die hochtalentierte Sportlerin nahm die Schinderei auf sich. Sie liebte das Eislaufen, sie war ehrgeizig – und sie wollte die Beste werden. Auch der Gedanke an die Privilegien, die erfolgreiche Spitzensportler in der DDR genossen, wird sie bei der Stange gehalten haben. Das galt nicht nur für Kati Witt. Das kleine 17-Millionen-Land avancierte zu einer einzigartigen Sportmacht. »Ich kann es mir nur so erklären: Das war dieser innere Antrieb in den einzelnen Athleten«, sagte Kati Witt 1990 in einem Interview. »Diese Sehnsucht nach einem etwas besseren Leben. Das Wissen eben, dass du, wenn du etwas Besonderes sein willst in diesem Staat, es primär durch Sport möglich wird. Das Wissen, wenn du reisen willst, dann geht das durch den Sport.« Es lockten ein höherer Lebensstandard, eine gesicherte berufliche Zukunft, Ehrungen und Rampenlicht. Aber auch privilegierte Spitzensportler waren keineswegs frei. Disziplin und politische Anpassung waren der Preis für den relativen Freiraum, etwas Besonderes sein zu dürfen.

Honecker wusste, welche Möglichkeiten der Sport bot, um internationale Anerkennung zu erringen. Die Spitzenathleten steigerten das Prestige der DDR und sollten als »Diplomaten im Trainingsanzug« dem sozialistischen System zum Sieg über das kapitalistische verhelfen. Im Bemühen um die Anerkennung des »Arbeiter-und-Bauern-Staates« als ebenbürtiges Mitglied der Völkerfamilie war es ein großer Schritt nach vorne, als die DDR-Mannschaft 1972 bei den Olympischen Sommerspielen in München erstmals mit eigener Flagge und eigener Hymne auftreten durfte. Zwar beschwor die DDR regelmäßig ihre »Friedensliebe« und den »olympischen Gedanken«. Aber in die Olympischen Spiele zogen die Sportler wie in den Kalten Krieg. Der Auftrag zur Erringung von Medaillen war zugleich ein Klassenauftrag. Neben Spitzenleistungen »müssen sie aus Liebe zum sozialistischen Vaterland« und mit »staatsbewusstem Auftreten« die »Überlegenheit der sozialistischen Ordnung überzeugend demonstrieren«, hieß es in einer Richtlinie.

»Ich wollte Eiskunstläuferin werden«: Die zwölfjährige Kati (2. Reihe, Mitte) bei der »Kinder- und-Jugend-Spartakiade« 1977 (oben) und nach ihrer ersten DDR-Meisterschaft im Januar 1981 in Karl-Marx-Stadt (unten).

> »Es kann keine Verbindungen, keine Kontakte mehr zu Personen der BRD und anderer kapitalistischer Länder geben. Jeder Briefverkehr, jedes auch noch so freundschaftlich scheinende und teilweise vielleicht auch ehrlich gemeinte Gespräch muss von unseren Sportlern abgelehnt und verhindert werden. ... Jede Lücke in unserer Mannschaft muss geschlossen werden.«
>
> »Argumentationspapier« des SED-Politbüros, September 1971

> Man versuchte durch gezielte Vorbereitung die Bundesrepublik im Kalten Krieg auf der Aschenbahn zu überholen und sich als das erfolgreichere System darzustellen.
>
> Hans Joachim Teichler

Wer die Planerfüllung schuldig blieb, der hatte nicht nur als Sportler, sondern auch als Staatsbürger versagt. Vor den Wettkämpfen wurden die Athletinnen und Athleten eingehend vor ihren Konkurrentinnen und Konkurrenten aus dem Westen gewarnt und ein Feindbild geschürt: »Die Klassenauseinandersetzung auf sportlichem Gebiet hat ein solches Ausmaß erreicht, dass prinzipiell kein Unterschied zur militärischen Ebene besteht. Unser Kampf ist so hart, dass er mit voller Konsequenz in der Abgrenzung, mit Hass gegen den Imperialismus und seine Abgesandten, auch gegen die Sportler der BRD, geführt werden muss«, besagte schon ein Politbürobeschluss im Vorfeld der Spiele in München.

Die DDR kam auf Platz drei der Nationenwertung – vor der Bundesrepublik, die Vierte wurde. Die Sportler hatten ihren »Klassenauftrag« erfüllt, sie hatten »dem westdeutschen Imperialismus im eigenen Land eine sportliche Niederlage beigebracht«. Kurz darauf folgte die Anerkennung der Souveränität der DDR auf politischer Ebene. Im Dezember 1972 unterzeichneten beide deutsche Staaten den Grundlagenvertrag, womit Bonn seinen Alleinvertretungsanspruch für ganz Deutschland aufgab. Im September 1973 wurde die DDR in die UNO aufgenommen, am Jahresende pflegte sie normale völkerrechtliche Beziehungen zu 100 Ländern. Auch im einzigen Aufeinandertreffen der beiden deutschen Fußballnationalmannschaften gelang der DDR ein spektakulärer Triumph über den »Klassenfeind«. Im WM-Vorrundenspiel am 22. Juni 1974 schoss Jürgen Sparwasser in der 78. Minute das 1:0 für die DDR. Zwar landeten die ostdeutschen Kicker am Ende nur auf dem sechsten Platz – die Bundesdeutschen wurden Weltmeister –, aber das Tor blieb legendär, und die DDR-Bürger konnten sich freuen: Sie waren wieder wer.

Denn der Sport hatte für die DDR auch innenpolitisch einen hohen Stellenwert. Ein großer Teil der Bevölkerung identifizierte sich mit den Spitzensportlern. Es war nicht nur politisch gewünscht, dass sie der Jugend und den Werktätigen als Vorbild dienten – sie waren tatsächlich Idole. Das kleine Land DDR konnte offenbar doch Sieger produzieren. David hatte gegen Goliath eine Chance. Allerdings wurde nicht jedem Talent das Privileg einer

Oben: »1:0 für die DDR«: Torschütze Jürgen Sparwasser dreht jubelnd ab, die bundesdeutschen Spieler Berti Vogts und Sepp Maier sind am Boden zerstört, 22. Juni 1974.
Unten: »Eine Weltmacht auf dem Gebiet des Sports«: Erich Honecker während der »Kinder-und-Jugend-Spartakiade« 1977.

> *Ich guckte damals bei unserem Obermieter – wir selber hatten keinen Fernseher. Dessen Sohn war in den sechziger Jahren nach dem Westen abgehauen. Er wollte sich mit diesem Spiel an der DDR rächen und tippte auf 5:1. Nun blieb es ganz lange beim 0:0 und dann fiel in der 78. Minute das Sparwasser-Tor, und ich vergesse nie, wie Kurt Geier »Scheiße« brüllte. »Scheiße… Scheiße… Scheiße!«*
> Christoph Dieckmann

Förderung zuteil. Nur wer politisch auf Linie war, durfte mitmachen. Wer in eine KJS aufgenommen wurde, durfte keine Westverwandtschaft oder Westkontakte haben. Jeder Nachwuchssportler musste außerdem »gesellschaftliche Aktivitäten für den Staat nachweisen können. Die Mitgliedschaft in der FDJ war für alle Schüler Pflicht – auch für Kati Witt. Die ideologische Indoktrination sollte dafür sorgen, dass aus den Sporttalenten linientreue Repräsentanten ihres Systems würden. Der gesellschaftliche Auftrag der ausgelesenen Jugendlichen bestand darin, mit sportlichen Höchstleistungen zu glänzen. Das strenge Regime war einer der wesentlichen Gründe dafür, dass die DDR Weltmeister und Olympiasieger am Fließband produzierte. Wenigstens im Spiegel der Medaillen sollte die DDR eine blühende Landschaft sein. Deshalb konzentrierte sich die Sportpolitik auf den Leistungssport. Die Förderung von Sportarten, die nicht olympisch oder zu aufwändig waren, wie Reitsport, Basketball, Hockey, wurde Ende der sechziger Jahre eingeschränkt zugunsten von Sportarten, die viele Medaillen ermöglichten, wie Eisschnelllauf, Rudern, Kanusport oder Leichtathletik.

Was zählte, waren Siege – um jeden Preis. Neben systematischer Nachwuchsförderung sicherten ausgefeilte wissenschaftliche Trainingsmethoden, ab Ende der sechziger Jahre auch Doping das »Sportwunderland« DDR. In den Leistungszentren der verschiedenen Sportarten bestanden minutiös erstellte geheime Pläne zur Versorgung der Athleten, unter anderem mit anabolen Steroi-

---

Man hat beispielsweise einfach Wasserball, wo man eine Mannschaft hinschicken muss und nur eine Medaille gewinnen kann, rausgenommen und hat dafür die Schwimmbecken freigeräumt und die Schwimmer in die Bahnen geschickt – mit denen kann man 86 Medaillen gewinnen. Man hat einfach auf Wasserball verzichtet und auf Schwimmen gesetzt.
Hans Joachim Teichler

Leistung, Leistung, nochmals Leistung – in keinem anderen Bereich der DDR-Gesellschaft wurde das Leistungsprinzip derart konsequent und kompromisslos durchgesetzt wie im Sport. Das begann bei der Suche nach Talenten, setzte sich bei der Förderung des Nachwuchses fort und endete bei der Belohnung der Spitzenathleten.
Katarina Witt

»Heidi, das ist gut für dich«: Die Kugelstoßerin Heidi Krieger 1986. Jahrelanges Doping zerstörte ihre Persönlichkeit und führte zu einer Geschlechtsumwandlung.

den. Doping war ein weltweites Phänomen im Spitzensport, vor allem in den USA. In der DDR aber war es staatlich sanktioniert und erfolgte oft ohne Wissen der Sportler, auch bei Minderjährigen. »Die Vitamine werden euch gut tun«, versprachen die Trainer. Verweigerte ein Sportler die Annahme, war die Karriere vorbei. Bei Dutzenden Athleten entstanden gravierende Gesundheitsprobleme wie Leberschäden, dauerhafte Störung des Hormonhaushalts, Stimmbruch bei Frauen, Fehlgeburten und dergleichen mehr. Spätestens ab den Sommerspielen in Montreal 1976 erregten die Bilder muskelbepackter Mannweiber am Beckenrand oder auf dem Sportplatz Aufmerksamkeit. Wegen der Oberlippenbärte und der tiefen Stimmen der Athletinnen beschlossen die Funktionäre, die betroffenen Sportlerinnen bei

> Ich bekam von Arzt und Trainer reichlich Medikamente. Sie sagten dann: »Heidi, das ist gut für dich. So bringst du noch mehr Leistung.« Ich habe nie gefragt, was das für Sachen waren. Solche Fragen stellte man einfach nicht.
> Andreas Krieger

> Es gab kein flächendeckendes System des Dopings, wie behauptet wird.
> Manfred Ewald, DDR-Sportchef, 1990

> Als Kind habe ich mich immer gefreut, wenn die DDR im Medaillenspiegel weit vorne war. Dann nahm es überhand, und ich genierte mich, dass sich dieser kleine Staat, dieser Zwerg, diesen Riesenbizeps antrainieren musste. Man merkte: Erstens war es der Minderwertigkeitskomplex der DDR, und zweitens setzte sie ihr ganzes außenpolitisches Renommee auf Sport.
> Christoph Dieckmann

Interviews nicht mehr in den Vordergrund zu stellen. Der Fall der Kugelstoßerin Heidi Krieger, die Drill und Steroide für die Zerstörung ihrer Persönlichkeit verantwortlich macht, ist eines der extremsten Beispiele für den Missbrauch: Sie unterzog sich nach der Wende eine Geschlechtsumwandlung und heißt heute Andreas. »Was waren wir anderes als Kanonenfutter?«, fragen sich einige der Opfer heute.

Das System war enorm erfolgreich. Bei den Olympischen Sommerspielen in Montreal glänzten die DDR-Sportler mit überragenden Leistungen. Die Schwimmerin Kornelia Ender wurde mit vier Goldmedaillen und einer Silbermedaille die erfolgreichste Teilnehmerin; Udo Beyer siegte im Kugelstoßen, Johanna Schaller über 100 Meter Hürden. Als Marathonläufer Waldemar Cierpinski als Erster ins Stadion einlief, rief DDR-Sportreporter Heinz Florian Oertel mit überschnappender Stimme die legendären Sätze: »Liebe junge Väter oder angehende, haben Sie Mut, nennen Sie Ihre Neuankömmlinge des heutigen Tages ruhig Waldemar – Waldemar ist da...« Selbst Sportlegende Roland Matthes, der unter Druck der Funktionäre noch einmal angetreten war, errang bei den Schwimmwettbewerben über 100 Meter Rücken eine weitere Bronzemedaille. In der Medaillenwertung nahm die DDR Platz zwei hinter der Sowjetunion ein und rangierte damit noch vor den USA – eine Sensation. Die Erfolge setzten sich 1980 in Moskau und 1988 in Seoul fort. Die kleine DDR war jahrzehntelang Weltspitze: Insgesamt gewannen Sportler und Sportlerinnen des »Arbeiter-und-Bauern-Staates« 755 Olympiamedaillen, 203 davon aus Gold.

Doch hinter den Kulissen offenbarte sich die Kehrseite des Medaillenregens. Die Stasi sorgte nicht nur dafür, dass das Dopingsystem geheim blieb, sondern Trainer, Funktionäre, Ärzte, Wissenschaftler und einige Athleten bildeten auch ein Netz von Inoffiziellen Mitarbeitern (IM) des MfS mit der Aufgabe, die Sportler zu bespitzeln. Vor allem die ehemaligen Armeesportsowie die Dynamo-Klubs, die direkt Mielkes Ministerium unterstanden, waren fest im Griff der Staatssicherheit. Verhindert werden sollten vor allem Westkontakte und – der Albtraum der Verantwortlichen – Republikflucht. Wer in Verdacht geriet, durfte nicht mehr mit ins Ausland. Wer politisch nicht konform ging, geriet schnell unter die Räder. Carola Zirzow hatte im Einerkajak Gold geholt, mit Argwohn jedoch betrachtete die DDR-Mannschaftsleitung ihre Freundschaft mit einem italienischen Kollegen. Als sie in Montreal in der Nacht nach ihrem Olympiasieg nicht ins Olympische Dorf zurückkehrte, musste sie ihre Karriere beenden. Noch härter traf es den Diskuswerfer Wolfgang Schmidt. Er hatte in Montreal die Silbermedaille gewonnen, war Weltrekordler und

> Es gab immer unangepasste freiheitsliebende Sportler, die etwas mehr als die Stadien vom Ausland sehen wollten. Der ganze Überwachungsapparat, der aufgebaut worden ist, der galt der Frage: Kommen die Leute wieder? Deswegen musste die Staatssicherheit alles wissen. Sie musste wissen, ob die persönliche Beziehung intakt war, denn vielleicht hätte er ja zufällig eine neue Freundin haben können, die dann vielleicht zeitgleich im Ausland war.
>
> Hans Joachim Teichler

»Verdienter Meister des Sports«. Schmidts Probleme mit der Staatsmacht begannen 1980 in Moskau, als er unerwartet nur Platz vier belegte. Wütend protestierte Schmidt im Stadion mit aggressiv erhobener Faust gegen das sowjetische Publikum, das ihn zuvor ausgepfiffen hatte. Nach dieser Geste gegen das »Bruderland« wurde Schmidt genauer unter die Lupe genommen. Doch sein eigentlicher »Verrat«, der schließlich zur Kaltstellung und späteren Verhaftung des Supersportlers führte, bestand darin, dass sich Wolfgang Schmidt mit Fluchtgedanken trug. Eine Weltcupveranstaltung im September 1981 in Rom wollte er zur Flucht nutzen, er wusste jedoch nicht, dass ein Freund aus dem westdeutschen Flensburg als Spitzel für die Stasi arbeitete. Kurz darauf teilte der Leichtathletikverband Schmidt mit, dass er nicht nach Rom reisen dürfe und seine sportliche Karriere außerdem beendet sei. Schmidt glaubte, schuld seien seine Westkontakte und der freundschaftliche Umgang mit amerikanischen Werfern. »Abgrenzung vom Klassenfeind war eine Norm im DDR-Leistungssport, an die man sich zu halten hatte – oder es war vorbei«, sagt Schmidt.

Träger von Schmidts Verein, dem SC Dynamo, waren das MfS und das Innenministerium. Überraschenderweise ließ die Stasi ihren Schützling nicht vollends fallen. Vorübergehend wurde Schmidt sogar noch von Stasi-Chef Mielke begnadigt, er durfte weitertrainieren und bekam einen Lada geschenkt. Aber der Diskuswerfer war fest entschlossen, dennoch zu fliehen. Als Grund gibt er an: »Die politische Gängelei. Die Morgenappelle bei der Nationalmannschaft, militärisch mit ›links, rechts, stillgestanden!‹ Wenn

Oben: »Nennen Sie Ihre Kinder Waldemar«: Der Marathon-Olympiasieg von Waldemar Cierpinski in Montreal 1976.
Unten: »Es gab immer unangepasste, freiheitsliebende Sportler«: Carola Zirzow (hinten) mit ihrer Partnerin Bärbel Köster beim Training.

»Abgrenzung vom Klassenfeind?«: Silbermedaillengewinner Wolfgang Schmidt (links) freut sich mit seinen US-Konkurrenten Wilkins (Gold) und Powell (Bronze).

»Nun, mein Junge, was wollen wir nun machen?« – »Ich würde gern wieder richtig Sport treiben.« – »Natürlich, mein Junge. Wenn du versprichst, dich gut zu benehmen, werde ich mich darum kümmern.«
Gespräch Mielke – Wolfgang Schmidt, 1981

»Dem IM wurde mitgeteilt, dass auf Grund seiner wertvollen Arbeit für das MfS sein Bekannter Schmidt inhaftiert wurde und mit einer Verurteilung vor Gericht rechnen muss. Ihm wurde in aller Form für seine präzisen Informationen gedankt, die zur Festnahme von Schmidt führten. Der IM nahm dies sehr ruhig und gefasst zur Kenntnis.«
Interner Bericht des MfS, 15. Juli 1982

wir Auszeichnungen erhielten, hatten wir zu sagen: ›Ich diene der Deutschen Demokratischen Republik!‹ Politschulungen, wöchentlich oder alle 14 Tage in der Trainingsgruppe. Da wurde über den Kapitalismus hergezogen, die Arbeitslosigkeit. …Ich wollte einfach meinen Sport machen, ohne diese Einschränkungen. Ich wollte zum Beispiel mal in Kalifornien trainieren, im Werferzentrum in San José, dort Wettkämpfe mitmachen. Aber in der DDR war man eingemauert. Für mich war die DDR das größte Gefängnis der Welt.« Die meisten Spitzensportler in der DDR sahen das anders. Zwar nutzte der eine oder andere eine Auslandsreise, um sich abzusetzen, so auch der Fußballer Lutz Eigendorf, der 1983 bei einem Autounfall starb. Heute wird vermutet, die Stasi habe dabei die Hände im Spiel gehabt. Oft waren es eher wirtschaftliche als politische Gründe, die DDR-Sportler in die Flucht trieben. Auch Wolfgang Schmidt wird mit den hohen Antrittsgagen im Westen geliebäugelt haben. Die meisten Spitzensportler aber, privilegiert, gefördert, hoch motiviert, sahen keinen Grund, in den Westen zu gehen. Zumal eine Flucht immer bittere Konsequenzen für daheim gebliebene Freunde und Verwandte nach sich zog.

Auch Wolfgang Schmidts nächster Fluchtplan – diesmal wollte er sich mit einem Hubschrauber über die Grenze fliegen lassen – wurde von seinem West-»Freund« verraten. Schmidt wurde verhaftet und am 5. Oktober 1982 von einem Militärgericht zu anderthalb Jahren Gefängnis verurteilt. Ein Jahr später wurde er vorzeitig entlassen und arbeitete eine Zeit lang als Trainer. Frühere Kollegen distanzierten sich von ihm. »Vielleicht waren einige einfach nur ängstlich«, glaubt Schmidt. »Fälle wie meiner waren natürlich nicht erwünscht. Aber wenn sich dann die Gelegenheit ergab, Macht zu demonstrieren, nutzte man das als abschreckendes Beispiel.« Nach weiteren gescheiterten Fluchtversuchen über Ungarn wurde Schmidt von Seiten des MfS ein legaler Ausreiseantrag nahegelegt. »Es war einfach so, dass die merkten, sie können mich in der DDR nicht halten«, sagt Schmidt. Ende 1987 siedelte er in den Westen über.

Er war nicht der Einzige, der sehnsüchtige Blicke gen Westen wandte. Mitte der siebziger Jahre brach ein neues Konfliktfeld für die SED-Führung auf. Die innenpolitische Abgrenzung, die im krassen Gegensatz zur außenpolitischen Entspannungspolitik stand, wurde zunehmend als Druck empfunden. Nach der Unterzeichnung der KSZE-Schlussakte von Helsinki 1975 beriefen sich immer mehr DDR-Staatsbürger auf ihr Grundrecht der freien Wohnsitzwahl und stellten einen Ausreiseantrag. 1975 waren es noch 13 000, im Folgejahr schon 20 000. Als »rechtswidrige Übersiedlungsersucher« diffamiert, wurden sie meist massiven persönlichen und beruflichen Repressalien ausgesetzt oder inhaftiert. Trotz ständiger Perfektionierung der Grenzanlagen versuchten immer wieder Menschen, sie unter Lebensgefahr zu überwinden. Bis zu 1000 starben bei Fluchtversuchen an der innerdeutschen Grenze; viele wurden verletzt oder gefangen genommen.

Wenn ich will, spielt Eigendorf keinen Fußball mehr.
Mielke zu Wolfgang Schmidt, 1981

Gäbe es die DDR noch, wäre ich wahrscheinlich tot.
Wolfgang Schmidt

Der normale DDR-Bürger bekam von solchen Vorkommnissen allerdings nur wenig mit. Die siebziger Jahre sind sogar als »goldene« Jahre in Erinnerung, waren sie doch mit einem höheren Lebensstandard und sozialen Zugeständnissen verbunden. Schon bei Amtsantritt hatte Honecker die weitere »Erhöhung des materiellen und kulturellen Lebensniveaus des Volkes« angekündigt. Anscheinend schwebte ihm eine Art sozialistische Wohlstandsgesellschaft vor, die sich im persönlichen Konsum und im sozialen Bereich bemerkbar machen sollte. Das war auch zunächst der Fall. Löhne und Renten wurden erhöht, Förderungsmaßnahmen für berufstätige Mütter, Arbeitszeitverkürzungen, Urlaubsverlängerungen sowie leistungsorientierte Ge-

Wie die meisten DDR-Bürger hatte ich mich mit vielen Mängeln unseres Systems abgefunden, weil ich es nicht anders kannte. Dass unsere Städte immer etwas grau aussahen. Dass wir in einer Mangel- und Tauschgesellschaft lebten und es mit einem lockeren »So-isses-eben« hinnahmen. Auch dass wir nicht überall hinreisen konnten, akzeptierte ich wie viele andere auch. Selbst wenn der Wunsch bestand, blieb die Frage: Wer sollte die Westreisen für alle Bürger bezahlen? Der Staat? Wir hatten doch nur die DDR-Währung, das »Micky-Maus-Geld«, brauchten die Devisen für wichtigere Dinge. Das fand ich völlig in Ordnung.
Katarina Witt

> Dieses Wohnungsbauprogramm ist einzigartig in der Geschichte des deutschen Volkes. Natürlich hat das etwas gekostet.
> ... Selbstverständlich konnten wir in dieser Frist nicht alle Wohnungen modernisieren, insbesondere nicht in den Klein- und Mittelstädten.
>
> Honecker, 1990

> Die Vorstellung vom gütigen Landesvater, von Onkel Erich, die ist sicherlich ein Klischee, das er nicht ungern zur Kenntnis genommen hat. Er war beides. Er hatte den Ehrgeiz, Landesvater zu sein und den DDR-Deutschen viele Wohltaten zu erweisen. Das zeigte sich in dem von ihm forcierten Bau von neuen Wohnungen, die ja gegenüber den Mietskasernen aus der Gründerzeit tatsächlich für viele Menschen ein großer Fortschritt an Komfort gewesen sind. Aber zugleich hat er von Jahr zu Jahr das machtpolitische Denken gelernt.
>
> Klaus Bölling, 1981/82 Ständiger Vertreter der BRD in der DDR

hälter eingeführt. Der Staat sorgte für Vollbeschäftigung und Stabilität bei Miet-, Strom-, Wasser-, Grundnahrungsmittel- und Fahrpreisen. Die Folgen dieser finanziell nicht abgedeckten Leistungen und Subventionen waren in den siebziger Jahren noch nicht erkennbar. Viel Geld hatten die DDR-Bürger damit zwar immer noch nicht in der Tasche, zumal etwa Kleidung und Möbel sehr teuer waren, aber die Beliebtheit der SED-Führung stieg.

Dazu trug auch Honeckers Lieblingsprojekt, das Wohnungsbauprogramm, bei. Es war eines der letzten massenmedial inszenierten Großvorhaben, dem ein Hauch visionärer Aufbruchstimmung anhaftete: Der Staat propagierte mit der »endgültigen Lösung der Wohnungsfrage« das kleine Glück für jedermann. Als Honecker die Regierungsgeschäfte übernahm, war jede fünfte Wohnung nicht mehr zeitgemäß ausgestattet. Doch der Staats- und Parteichef hatte schnelle Abhilfe versprochen. Als Fernziel wurde die Errichtung von drei Millionen neuer Wohnungen bis 1990 vorgegeben. Der industriell vorgefertigte Plattenbau sollte alle Probleme lösen. Es entstanden monotone Großsiedlungen wie Berlin-Marzahn, Jena-Lobeda, Halle-Neustadt und Rostock-Lichtenhagen. Die Bewohner aber, die vorher in heruntergekommenen Altbauten gelebt hatten, waren glücklich: Endlich hatten sie eine eigene Toilette, es gab Badewannen, aus den Hähnen lief heißes Wasser, Kohlen mussten nicht mehr aus den Kellern geschleppt werden. Als Honecker am 12. Oktober 1988 vor laufenden Kameras die »dreimillionste Wohnung« übergab, schien der Plan erfüllt. Tatsächlich waren aber nur 1,9 Millionen Wohnungen neu gebaut oder vollständig saniert worden. Medienwirksam rühmte Honecker die niedrigen Mieten als »große historische Leistung unserer sozialistischen Gesellschaft«. Nicht angesprochen wurde die traurige Tatsache, dass die Mittel für Instandhaltung und Reparaturen fehlten, weil keine kostendeckenden Mieten bezahlt wurden. Die Altbausubstanz in den Städten verfiel schneller, als Plattenbauten hochgezogen werden konnten. Die Folge waren graue, marode Innenstädte, die an die Ruinenlandschaften nach

Oben: »Onkel Erich zu Besuch«: Übergabe der »dreimillionsten« Wohnung an eine Familie im Ostberliner Neubauviertel Hellersdorf.
Unten: »Selbstverständlich konnten wir nicht alle Wohnungen modernisieren«:
Von »Wohnkultur« konnte in den Altbauvierteln der Städte kaum noch die Rede sein.

> Fürst Potjomkin wäre der geeignete Nationalheilige der DDR gewesen.
>
> Stefan Wolle
>
> Er hielt sich offenbar für den größten lebenden Führer des internationalen Sozialismus, für einen der Größten von Weltgeltung überhaupt – so groß war seine Eitelkeit.
>
> Werner Krolikowski, SED-Politbüromitglied

dem Krieg erinnerten. Ganze Straßenzüge in Dresden oder Leipzig, die den Bombenhagel überstanden hatten, fielen schließlich der sozialistischen Misswirtschaft zum Opfer.

Die graue Realität wollte Honecker aber lieber nicht sehen. Er zog den schönen Schein vor. Wie einst Fürst Potjomkin seiner Zarin mit Attrappen von Hausfassaden blühende Ortschaften vorgaukeln ließ, pflegte auch die DDR-Führung den »öffentlich inszenierten Selbstbetrug«. In den Straßen Ostberlins, die Erich Honeckers Autokonvoi täglich passierte, waren regelmäßig Malerkolonnen damit beschäftigt, die Fassaden aufzufrischen – »allerdings nur genau bis zu der Höhe, die man vom Wagenfenster aus sehen konnte. Dahinter dominierte wieder der sozialistische Grauschleier«, wie der Historiker Stefan Wolle schreibt. Wenn ein Besuch des Generalsekretärs angekündigt wurde, rückten Renovierungstrupps an, Telefonzellen wurden aufgestellt, Rasen ausgerollt, die Auslagen der Geschäfte füllten sich, Attrappen neuer Läden und Restaurants belebten das Straßenbild. Es heißt, Honecker habe sogar den Schein für Wirklichkeit gehalten, war er doch selbst vom grauen Alltag des Normalbürgers weit entfernt. Anwalt Wolfgang Vogel erzählte die Anekdote, er habe Honecker einmal von einem Mann berichtet, der ausreisen wolle, da er mit den Verhältnissen in der DDR unzufrieden sei, etwa weil er schon seit 15 Jahren auf seinen Wartburg warte. »Das ist doch Blödsinn«, habe Honecker darauf geantwortet. Dann habe er bei Genossen Rücksprache gehalten und Vogel aufgeklärt, dass die Wartezeit höchstens vier Jahre betrage und es auch im Westen Lieferfristen gebe. Was er anscheinend nicht wusste, war, dass vier Jahre nur für privilegierte Staatsfunktionäre galten. Auch wenn seine Tochter Sonja Honecker erzählte, dass sie keine Schuhe für den Enkel auftreiben könne, kam kurz darauf im Politbüro die Steigerung der Kinderschuhproduktion auf die Tagesordnung. »Honecker begriff nicht, dass die Mangelwirtschaft am System lag; vielmehr machte er vermeintliche Fehlleistungen Einzelner dafür verantwortlich«, schreibt der Honecker-Biograph Norbert Pötzl. Das führte dazu, dass dem Generalsekretär meistens nur geschönte Berichte über die wirtschaftliche Lage präsentiert wurden.

Die absurdeste Inszenierung ereignete sich während des Staatsbesuchs von Bundeskanzler Helmut Schmidt in Güstrow am 13. Dezember 1981.

Oben: »Die Bürger standen praktisch unter Hausarrest«: Güstrow war an Tag des Schmidt-Besuchs abgeriegelt.
Unten: »Absurdes Theater«: Der Marktplatz der Stadt war fest in der Hand der Staatssicherheit.

> In der DDR hieß es, wenn irgendwo eine schlechte Straße war: Ihr müsst den Erich mal einladen, dann wird die Straße gemacht. Das ist als Witz gedacht, aber da war schon was dran.
>
> Fred Stempel, SED-Funktionär

Schmidt hatte den Wunsch geäußert, im Güstrower Dom eine Skulptur von Ernst Barlach zu besichtigen. Außerdem wollte er sich auch »normalen« DDR-Bürgern zeigen. Mit Grausen erinnerten sich die SED-Funktionäre daran, wie Willy Brandt 1970 in Erfurt mit begeisterten »Willy-«, »Willy«-Rufen gefeiert worden war. Folglich wollten sie »Helmut-«, »Helmut«-Sprechchöre auf keinen Fall riskieren. Der Kanzler sollte an diesem dritten Advent in der mecklenburgischen Kleinstadt eine pure sozialistische Idylle vorfinden. Um die zu gewährleisten, lief schon zehn Tage vorher die Aktion mit dem Decknamen »Dialog« an. Zuerst wurden 664 Personen ausfindig gemacht, von denen man annahm, sie könnten die Idylle durch »feindlich-negatives« Verhalten stören, darunter 520, denen man »Sympathiekundgebungen für Repräsentanten westlicher Staaten« zutraute. Die Stasi blockierte daraufhin Telefonleitungen, observierte Wohnungen und erteilte Verhaltensmaßregeln. Das hieß, man bestellte unliebsame Personen auf die Polizeiwache und verbot ihnen, sich am 13. Dezember dem Zentrum zu nähern. Als der große Tag anbrach, sperrten die MfS-Mitarbeiter schon um sechs Uhr alle Zufahrtsstraßen, zwei Stunden später den so genannten militärischen Außenring um die Stadt. Damit sollten möglichst viele Menschen von einer Begegnung mit der westlichen Delegation abgehalten werden. Zusätzlich wurden entlang der linken Seite der Fahrtstrecke, dort, wo Honecker im Auto vorbeifuhr, ausgewählte Mitarbeiter des MfS positioniert, die ihrem Staatsratsvorsitzenden zujubeln sollten.

Die größten Anstrengungen aber erforderte der Kampfauftrag »Verbreiten einer festlichen Atmosphäre« auf dem Domplatz. Durch den »Einsatz von Licht, Weihnachtsmusik und Besuchern« sollte »eine lockere Atmosphäre« geschaffen werden. Rechtzeitig vor dem Eintreffen des hohen Besuchs und der Fernsehübertragung war der Platz von »unerwünschten Personen gesäubert«, und die »progressiven Kräfte« schwärmten über den Weihnachtsmarkt aus. Neben den Stasi-Komparsen stellten auf dem Weihnachtsmarkt auch Mitarbeiter und Studenten der örtlichen pädagogischen Hochschule Güstrower Bürger dar. »Es hätte eines Franz Kafka be-

> Honecker fürchtete, es könnte zu ähnlichen spontanen Sympathiekundgebungen für den westdeutschen Besucher kommen wie vormals beim Treffen Willy Brandts mit Willi Stoph in Erfurt; die zu erwartende polizeiliche und militärische Abriegelung der kleinen Stadt Güstrow... hat diese Angst vor einem großen Fernsehpublikum dokumentiert.
>
> Helmut Schmidt

durft, die Atmosphäre in dieser liebenswürdigen, gutprotestantischen und etwas ärmlichen mecklenburgischen Kleinstadt zu beschreiben«, schreibt Klaus Bölling, der damals als Leiter der Ständigen Vertretung der Bundesrepublik Helmut Schmidt begleitete. »Zahlreiche Bewohner von Güstrow hatten ein Papier unterschreiben müssen, auf dem ihnen untersagt wurde, am 13. Dezember die Häuser zu verlassen. Sie sollten sich nicht einmal an die Fenster stellen dürfen. … Niemals werde ich das unendlich traurige Bild jenes Adventssonntags vergessen: die Menschen hinter den Gardinen, die in Abständen von fünf Metern postierten Polizisten, die Legionen von Stasi-Beamten und die stumpfsinnigen Jubler auf dem Weihnachtsmarkt, die ihren Generalsekretär hochleben ließen und denen man sogar einige ›Helmut-‹, ›Helmut‹-Rufe aufgetragen hatte. Es war alles so klobig, so beleidigend dilettantisch und primitiv, dass einige in unserer Delegation für die Dauer des Aufenthalts in Güstrow wie gelähmt waren. … Seltsam hölzern und mit einer verkrampften Lustigkeit bewegte sich der Generalsekretär auf die Bürger-Darsteller am Straßenrand zu und griff nach den Händen seiner verkleideten Sicherheitsbeamten.« In einem ZDF-Interview fügte Bölling später hinzu: »Ich bin fest davon überzeugt, er glaubte, das sei das Volk, das den Landesvater liebt. Er hat überhaupt nicht mehr bemerkt, dass das organisierte Jubel-Stasi-Angestellte waren. Da war er ganz weit außerhalb der gesellschaftlichen und politischen Wahrheit.«

Katrin Saß, die Hauptdarstellerin in der Komödie »Goodbye, Lenin«, widerten diese Lügengerüste der DDR an. Sie empfand schon als junges Mädchen ein »Gefühl von Unfreiheit, die wirklich bedrückend wurde«: »Wenn ich nach Warnemünde fuhr, so ans Meer, und ich wusste, diese Schiffe fahren nach Dänemark, fahren nach Schweden – ich kriegte immer Fernweh und habe gedacht: Das wirst du alles nie erleben. Nun gut, wir konnten nach Russland und nach Bulgarien. Und in der DDR? Da gab es den FKK-Strand. Das gab es im Westen ja nicht. Damit hat man sich ein bisschen gebrüstet. Wir laufen nackt rum! Das habe ich gehasst wie die Pest.« Die große Masse der Bevölkerung badete aber durchaus gern nackt und fügte sich ansonsten in die Verhältnisse, bei aller Unzufriedenheit über die sich verschlechternde Versorgung und fehlende Reisemöglichkeiten. Was blieb, war der Rückzug ins Private, Streben nach dem kleinen Glück. »Man befand sich im Einklang mit dem System«, schreibt Stefan Wolle. »Eine

> Straßen waren von der Staatssicherheit abgesperrt, die Bürger von Güstrow standen praktisch unter Hausarrest.
> Anneliese Scharfenberg, Güstrowerin

> Noch nie war ein so hoher Einsatz erforderlich wie jetzt hier in Güstrow.
> Erich Mielke

Der Palast der Republik, ein proletarisches Bilderbuch jenes Bauhelm-Sozialismus, der Honeckers Träume illuminierte.
Christoph Dieckmann

Fuhre nebenbei«, ein Sack Zement für die Datsche, ein »Blauer« von der West-Oma, ein Besuch im Intershop, ein heimlicher Blick in die ZDF-Hitparade. Wenn man sich ungerecht behandelt fühlte oder auch nach 25 Jahren Wartezeit noch kein Telefon hatte, dann machte man eine »Eingabe« oder drohte: »Ich schreibe an Honecker«, und freute sich, wenn man damit Erfolg hatte. Doch auch der Staat sorgte für Inseln der Idylle.

Während die Kulisse von Güstrow einzig und allein für Helmut Schmidt inszeniert wurde, diente Honeckers »Palazzo Prozzo«, der 1976 fertiggestellte »Palast der Republik« im Herzen Ostberlins, dem Volk als Symbol und Inbegriff der erträumten DDR. »Mit viel Aufwand wurde über die Jahre hinweg eine Insel der Glückseligkeit aufrechterhalten«, schreibt Stefan Wolle. »Die Gesetze der sozialistischen Mangelwirtschaft schienen für einige hundert Quadratmeter außer Kraft gesetzt. Hier gab es saubere Toiletten, freundliche Kellner, funktionierende Münzfernsprecher und die begehrten Sonderbriefmarken. ... Zwischen den Gemälden der bekanntesten Künstler, auf denen keineswegs nur realsozialistische Heldengestalten zu sehen waren, flanierten Familien und Liebespaare. Aus den überall installierten Lautsprechern tönten keine Arbeiterlieder, sondern die Songs ›interna-

»Insel der Glückseligkeit«: Im Palast der Republik war der Sozialismus nach Lesart der SED Wirklichkeit geworden.

> *Auf dem VIII. Parteitag der SED 1971 hatte Erich Honecker das DDR-Fernsehen wegen einer »gewissen Langeweile« kritisiert. Das schlug natürlich bei den Verantwortlichen in Adlershof wie eine Bombe ein. Ein solcher Satz beim Parteitag hatte in der DDR das Gewicht einer politischen Standpauke und eines verbindlichen Auftrags. In der Politbürodebatte zu diesem Thema konkretisierte Honecker seine Ansprüche: Er verlangte, dafür zu sorgen, dass die DDR-Zuschauer internationale Spitzenkräfte der Kunst, speziell der Unterhaltungskunst, nicht länger nur im Westfernsehen erleben können, sondern auch in den eigenen Programmen. Er regte an, zu diesem Zweck eine große Show aus der Taufe zu heben. So wurde er zum Geburtshelfer vom »Kessel Buntes«.*
>
> Eberhard Fensch, im ZK der SED zuständig für das Fernsehen

tional bekannter Musikformationen‹. Wenn die Leute ›Erichs Lampenladen‹ sagten, meinten sie das ironisch, aber nicht feindselig. Hier existierte die viel beschworene ›Einheit von Wirtschafts- und Sozialpolitik‹ tatsächlich. Für die Kinder gab es einen Eisbecher ›Pittiplatsch‹, für Vater ein Wernesgrüner Bier und für Mama ein Stück Torte mit Schlagsahne – und dies alles zu zivilen Preisen. Im Untergeschoss vergnügte sich die ausgelassene Jugend beim Disco-Sound.« Es gab ein Bowling-Center, eine anspruchsvolle Kleinkunstbühne, und auf der großen Bühne traten westliche Popgruppen und Schlagerstars wie Katja Ebstein und Tony Christie auf. »Der Palazzo stellte die symbolhafte Inkarnation der Honecker-Ära dar: eine inszenierte Klein-DDR als Gesamtkunstwerk. Zwischen dem Weinrestaurant am Spreeufer und dem Bistro im Obergeschoss war der Staat der kleinen Leute Realität geworden«, so Wolle.

Diese heile Welt setzte sich auch in den Medien fort. Erich Honecker machte die Unterhaltung zur Chefsache. Auf dem VIII. Parteitag der SED 1971 hatte er das Fernsehen der DDR wegen einer »gewissen Langeweile« kritisiert und »gute Unterhaltung« angemahnt. Diese Forderung entsprach auch dem Zwang, mit dem Westfernsehen konkurrieren zu müssen. Mit »Unterhaltung« verband sich aber gleichsam der politische Auftrag, den Zuschauern ein Gefühl von Heimat, Geborgenheit und Glück zu vermitteln, das – wie das Fernsehen darstellen sollte – vor allem in der sozialistischen Gesellschaft zu finden war. Am 29. Januar 1972 hieß es zum ersten Mal: »Ein Kessel Buntes«. Obwohl die Mixtur aus Schlager, Pop, Klassik, Artistik und Ballett eine reine Unterhaltungsshow war, verfolgte auch diese Sendung politische Ziele. Zum einen sollte sie ihren Zuschauern »DDR-Identität« einimpfen. Die ersten Folgen wurden aus dem Friedrichsstadtpalast in der Hauptstadt Berlin gesendet, als Ausdruck des politischen Zentralismus in der DDR. Natürlich wurde auch der eine oder andere Werktätige, der zum »Aufbau des Sozialismus« beigetragen hatte, geehrt. Darüber hinaus verströmte die »Internationale Unterhaltungsshow« mit ihren Stars aus dem »nichtsozialistischen Währungssystem« (NSW) jene »Weltoffenheit«, die Honecker besonders 1975 seit der Unterzeichnung der KSZE-Schlussakte von Helsinki anstrebte. Vor allem konnten die DDR-Fernsehzuschauer endlich mal auf dem eigenen Kanal jene Stars erleben, die sie sonst nur aus dem Westfernsehen kannten: Mireille Mathieu, Roland Kaiser, Udo Jürgens, Nana Mouskouri, Chris Roberts, Marlene Charell, Audrey Landers oder Shirley Bassey gaben sich die Ehre. Spitzenreiter mit jeweils sechs Auftritten waren Katja Ebstein und Costa Cordalis. Gezahlt wurde in harter Westwährung oder in Naturalien – vom Pelzmantel bis zum Konzertflügel –, während die DDR-Künstler sich mit den üblichen Gagen abfinden mussten. Trotz der immensen Kosten wurde die Sendung mindestens sechsmal im Jahr angesetzt. Die Show mauserte sich zum Straßenfeger und erreichte Einschaltquoten von bis zu 70 Prozent.

Schon die hohe Akzeptanz führte dazu, dass auch die Unterhaltung von den Zensoren argwöhnisch unter die Lupe genommen wurde. In den ersten Jahren wurde »Ein Kessel Buntes« von den »drei Dialektikern« moderiert, die den Sozialismus satirisch durch die Mangel zogen. In einem Sketch mimt einer der Komiker, Manfred Uhlig, ein Telefonat mit seiner Frau, die sich darüber beschwert, sie werde beim Einkaufen in der Stadt ständig mit Schildern mit der Aufschrift »Wegen Umbau geschlossen«, »Wegen Inventur geschlossen«, »Wegen Urlaub geschlossen«, »Wegen Haushaltstag geschlossen« konfrontiert. »Rege dich nicht auf, das ist vollkommen in Ordnung«, sagt Uhlig, »das entspricht haargenau unserer Devise: ›Der sozialistische Handel steht geschlossen hinter der Bevölkerung.‹« Aber für Satire gab es in der DDR der siebziger Jahre kein günstiges Klima. Ziel der neuen Unterhaltungswelle war ja gerade, »das Widerspruchsbewusstsein in der Bevölkerung zu verdrängen und gesamtgesellschaftliches Wohlgefühl und Zufriedenheit zu erzeugen«, wie der

---

Die Sendung war die große Spielwiese, auf der das Beste und Originellste aus der Unterhaltung präsentiert wurde. Sechsmal im Jahr trat bei uns alles auf, was Rang und Namen hatte, ob aus dem In- oder Ausland, aus Ost oder West. Der »Kessel« bot alles: Schlager, Pop, Klassik, Ballett, Schauspiel, Artistik und Kabarett. Es war eine kunterbunte Mischung, wo trotzdem alles zusammenpasste.
Evelin Matt, Produzentin von »Ein Kessel Buntes«

»Darüber sollen wir auch noch lachen?«: Die gemäßigt kritischen »Drei Dialektiker« verschwanden bald wieder vom Bildschirm.

Medienwissenschaftler Peter Hoff schreibt. Selbst zahme Witze über Versorgungsmängel oder Bürokratie sorgten für Unmut bei der SED-Führung. Ein Sketch der »Dialektiker« über Pfusch am Bau, in dem die Bauarbeiter als »Nachtarbeiterklasse« tituliert werden, löste heftigen Protest der Gewerkschaften aus. Als dann auch noch ein Ausschnitt aus dem Kabarett »Die Distel« gezeigt wurde, verschwanden die »Dialektiker« aus dem Programm und wurden im September 1977 durch wechselnde Moderatoren ersetzt.

Honecker hatte die Massenmedien als Mittel zur Machtkonsolidierung erkannt und sah in ihnen »zuverlässige Instrumente der sozialistischen Ordnung«. Sie dienten vorrangig der Propagierung seiner erfolgreichen Politik. Auf dem IX. SED-Parteitag im Mai 1976 wurde das Fernsehen der DDR als »ideologische Waffe der Partei« bezeichnet. Diese Instrumentalisierung des Fernsehens gipfelte Ende der achtziger Jahre in der Forderung: »Das Fernsehen der DDR ist ein Machtinstrument des ZK der SED und hat die Weisungen des Generalsekretärs bedingungslos zu befolgen!« Presseorgane, Rundfunk und Fernsehen

> Haben wir nicht schon genug Probleme? Und darüber sollen wir auch noch lachen?
>
> Harry Tisch, DDR-Gewerkschaftschef, über die »Drei Dialektiker«

> Unter Honecker war Kritik kaum noch möglich. Satire zum Beispiel wurde ganz abgeschafft. Das Argument lautete immer, dem Klassenfeind keine Angriffsfläche zu bieten. Plötzlich gab es Volksmusiksendungen wie »Im Krug zum grünen Kranze« oder neue Formate wie »Außenseiter, Spitzenreiter«.
>
> Wolfgang Mühl-Benninghaus, Medienforscher

> Unterhaltende Sendungen… wurden vom Zuschauer viel weniger auf Glaubwürdigkeit befragt als etwa die Nachrichtensendungen.
>
> Reinhold Viehoff, Medienforscher

wurden von der Abteilung Agitation und Propaganda im ZK gesteuert, kontrolliert, bevormundet und gegängelt. Als in den achtziger Jahren die Mangelwirtschaft für die DDR-Bürger im Alltag immer spürbarer wurde, hielt die politische Führung die Medien verstärkt dazu an, die Berichterstattung über gesellschaftliche Unzulänglichkeiten zu unterlassen.

»Honecker und seine Berater leugneten die realen Widersprüche in der sozialistischen Gesellschaft beziehungsweise suchten sie durch populistische Entscheidungen und Beschlüsse aus dem öffentlichen Bewusstsein zu verdrängen«, schreibt Peter Hoff. »So ist auch die verordnete ›Heimatliebe‹ zu begreifen, die seit Mitte der siebziger, vor allem aber seit dem Beginn der achtziger Jahre die Unterhaltungsprogramme des DDR-Fernsehens bestimmte. Sie reagierten auf das immer offensichtlicher werdende ›kollektive Fernweh‹ der DDR-Bürger, dem sie das alte Sprichwort ›Bleibe im Lande und nähre dich redlich‹ entgegensetzten. ›Oberhofer Bauernmarkt‹, ›Im Krug zum Grünen Kranze‹, ›Auf Schusters Rappen‹ und schließlich ›Alles singt!‹ sind nur einige Titel von Sendungen, in denen folkloristische Unterhaltung geboten wurde.« Gezeigt wurde ein Idealbild der DDR, entstanden aus den unrealistischen Wunschvorstellungen der Parteiführung und dem politischen Gehorsam vieler Fernsehjournalisten.

Das galt auch für die 1985 entwickelte Unterhaltungsshow »Glück muss man haben«, die den Zuschauern die Illusion vorgaukeln sollte, in der DDR glücklich leben zu können, und mit der man gedachte, sinkenden Einschaltquoten entgegenzuwirken. Der Knüller der Samstagabend-Spielshow war, dass die Zuschauer das größte Mangelprodukt des Sozialismus gewinnen konnten: ein Auto – wenn auch nur einen Trabant. Damals musste man schon für ein neues Auto 10 000 Mark berappen. Der Schwarzmarktwert eines neuen Trabis war doppelt so hoch. »Natürlich durften die Gäste auf den Sofas nicht alles ausplaudern«, berichtet der Journalist Hendrik Petzold. »Es gab auch hier Zensur. Aber zum einen waren sowohl Promis als auch Nichtpromis geschulte DDR-Bürger, die die ›innere Schere‹ im Kopf hatten. Ohne dass wir darüber nachdachten, ließen wir doch in offiziellen Gesprächen Dinge weg, von denen wir wussten, dass sie keiner hören wollte oder sie uns Schwierigkeiten bereiten könnten. Themen wie Glasnost und Perestroika waren selbstverständlich tabu. ... Dass aber die Bemerkung ›Und da ging ich eine Titte Kirschen kaufen‹ den Oberzensoren auf den Plan rufen könnte, darauf war wohl keiner in der Redaktion gefasst.«

> Gojko Mitic ... war doch als Oberindianer einfach unschlagbar.
>
> Katarina Witt

Anscheinend hatte der Schauspieler und »Chefindianer« der DDR, Gojko Mitic, in einer aufgezeichneten Sendung mit seinem slawischen Dialekt das Wort »Tüte« nicht richtig ausgesprochen. Aber die »Titte« war nicht das Problem, wie Petzold berichtet: »Es ist bekannt, dass in der DDR nicht alles zu haben war. Stichwort: Mangelwirtschaft. Und so musste man, selbst im besonders gut versorgten Berlin, eben Glück haben, in der Kirschenzeit die begehrten Früchte zu bekommen. ... Doch Gojko Mitic erzählte nun mal von seinem Kirschenkauf. ... Erzkömodiant Heinz Rennhack setzte ein paar Minuten später noch einen drauf. Als er von seiner Mandel-

»Plädoyer gegen gesellschaftliche Bevormundung«: Szenenbild aus dem DEFA-Film »Solo Sunny« mit Klaus Brasch und Renate Krößner.

> Wir haben nicht gesagt: Jetzt ist der Tag gekommen, jetzt müssen wir das machen. Wir kannten die Wellenbewegung: Alle fünf Jahre Tauwetter, das wussten wir schon.
>
> Ulrich Plenzdorf, Drehbuchautor von »Die Legende von Paul und Paula«

> Die alten Männer im Kulturministerium verziehen mir nicht, dass ich die »Sunny«-Figur gegen alle Anfeindungen verteidigte. Also wurde das Gerücht gestreut, ich hätte einen Ausreiseantrag gestellt, was einem Berufsverbot gleichkam. Ich bekam keine Rollen mehr.
>
> Renate Krößner, Hauptdarstellerin in »Solo Sunny«

operation erzählen wollte, fragte er, ob es Mandeln denn gerade gebe, damit er davon erzählen könne. Weil es im Sozialismus offiziell keinen Mangel gab, auch nicht den an Kirschen und Mandeln, sollte umgeschnitten werden.« Der Vorsitzende des Staatlichen Komitees für Fernsehen, Heinz Adameck, verlangte daraufhin, dass »die Titte« drin bleiben sollte, die »Kirschen« und die »Mandeln« aber raus müssten. »Das ging natürlich nicht, und somit wurde der ganze Kirschenkauf herausgeschnitten.«

Auch bei Spielfilmen versuchte Honecker, brisante Themen der Gegenwart auszuklammern. Die »Deutsche Film AG« (DEFA) in Potsdam produzierte zwar über die Jahrzehnte hinweg bemerkenswerte Spielfilme, litt aber stets unter Einflussnahme und Zensur der Partei. Es kam zu zahlreichen Spannungen zwischen Künstlern und Machthabern, gewagte Vorstöße wurden mit Verboten gebremst, allzu kritische Geister am Arbeiten gehindert. Dabei stand auch die SED vor der paradoxen Situation, dass die Spielfilme zwar ideologische Inhalte transportieren, auf der anderen Seite aber ebenso beim Publikum ankommen sollten. Es fand ein Rückzug auf individuelle, private Themen statt. Mit »Die Legende von Paul und Paula«, der Geschichte einer »amour fou«, erzielte Heiner Carow 1973 einen der größten Publikumserfolge der DDR. Gesellschaftskritischer war der Film »Solo Sunny«, mit dem Konrad Wolf Anfang der achtziger Jahre aufgrund der unangepassten Protagonistin großes Aufsehen erregte. Die Arbeiterin Ingrid, gespielt von Renate Krößner, kündigt ihren Job, um als Sängerin »Sunny« durch das Land zu tingeln. Doch von Glamour keine Spur. Der Film handelt von der Suche nach Glück und Anerkennung, von Identitätsproblemen der DDR-Jugend und ist zugleich ein mutiges Plädoyer gegen gesellschaftliche Bevormundung und für den eigenen Weg durchs Leben. 1980 wurde der Film bei den Berliner Filmfestspielen mit dem Preis der Internationalen Kritik ausgezeichnet. Der silberne Bär, den die Schauspielerin Renate Krößner für ihre Rolle als Sängerin einheimste, zog allerdings einen Schlussstrich unter ihre Filmkarriere in der DDR. Sie bekam keine Rollen mehr, da der Film die unüberhörbare Forderung nach mehr Individualismus erhob und somit als ideologisch gefährlich galt. Renate Krößner blieb nichts anderes übrig, als ihre Karriere jenseits der Mauer fortzusetzen. Um die Gegenwart zu meiden, setzte man in den achtziger Jahren dann doch lieber auf die Vergangenheit. Tiefpunkte waren die auf direkten Wunsch der Parteiführung hergestellten historischen Filmgemälde. Zu Ehren des XI. Parteitags der SED musste ein neuer Thälmann-Film fertiggestellt werden, koste es, was es wolle. Der Film wurde am 6. Februar 1986, dem 100. Geburtstag Ernst Thälmanns, im Beisein des ganzen Politbüros in Berlin uraufgeführt. Die Zuschauerresonanz war mäßig.

Die Wirklichkeit sah ebenfalls düster aus. Wirtschaftlich bahnte sich in den achtziger Jahren eine tiefe ökonomische und gesellschaftliche Krise an. Zwar bestätigte die SED 1981 die bisherige Generallinie, lobte die wirtschaftlichen Erfolge und stellte weitere sozialpolitische Maßnahmen in Aussicht. Aber der vermeintliche Wohlstand erwies sich als Schein. Grund für die Krise waren neben der hausgemachten Misswirtschaft die gestiegenen Weltmarktpreise für Rohstoffe. Jetzt wären tief greifende Einschnitte notwendig gewesen. Aber aus Angst vor innenpolitischen Unruhen blieben Sozialleistungen und Subventionen unangetastet. Die DDR lebte auf Pump. Ihre Auslandsverschuldung schnellte steil nach oben: Waren es 1970 noch 2,2 Milliarden Mark, so betrug die Schuldenlast 1980 bereits 25,3 Milliarden Mark. Sieben Jahre später war sie auf 34,7 Milliarden Mark gestiegen. Um einige der Löcher zu stopfen, verhökerte Honecker mit steigenden Kopfpauschalen politische Häftlinge in der DDR an die Bundesrepublik: von 1964 bis 1989 insgesamt etwa 30 000. Der Erlös für die DDR betrug knapp 3,5 Milliarden Mark. Gekauft wurden damit Konsumgüter wie Textilien und Südfrüchte, mit denen das Volk bei Laune gehalten werden sollte. So diente selbst die Repression dem Erhalt des schönen Scheins.

Auch 1983/85 sprang die Bundesrepublik in die Bresche und wendete den

1981 war die Westverschuldung zu einer Katastrophe geworden. Und in diese Situation hinein sind dann auch noch Probleme gekommen – die UdSSR hatte ihre Erdöllieferungen von 19 auf 17 Millionen Tonnen gekürzt. Wir konnten aber ohne diese zwei Millionen Tonnen nicht auskommen und mussten deshalb große Strukturveränderungen vornehmen – sodass sich alles gebündelt hat in einem Knäuel von Sorgen und Ausweglosigkeit. Das war einer der Punkte, wo man fragen musste: Wie geht es weiter mit der DDR?
Gerhard Schürer, Chef der »Staatlichen Planungskommission«

absehbaren Bankrott mit Milliardenkrediten ab. Denn der Westen befürchtete eine Eskalation der Situation wie 1981 in Polen, wo nach Unruhen das Kriegsrecht ausgerufen wurde. So bekam Honecker noch einmal eine Gnadenfrist, um seine Fassade aufrechtzuerhalten. Doch den Bürgern blieben solche Kuhhandel nicht verborgen. Als der Entertainer O. F. Weidling einen humorvollen Blick hinter die Kulissen wagte, verlor er seinen Job. Weidling durfte am 27. April 1984 die Live-Einweihung des neuen Friedrichsstadtpalastes moderieren. Im Publikum saß Erich Honecker. Auf der Bühne lästerte Weidling: »Mancher führende Genosse ist nur außen rot, aber innen schwarz.« Und in Anspielung auf die Abwanderung vieler Künstler gen Westen: »Ich muss aufpassen, dass ich auf der Bühne nicht nach hinten abhaue.« Als pure Provokation empfand man die Bemerkung, der Aufbau gehe beachtlich voran. Sogar Franz Josef Strauß sei schon zur Besichtigung da gewesen – eine Anspielung auf den Milliardenkredit der Bundesrepublik für die DDR, den Strauß eingefädelt hatte. Am nächsten Tag erhielt Weidling Auftrittsverbot. Seine Talkshow »Treff mit O. F.« flog aus dem Programm.

Wie üblich hatte Honecker auf dem XI. Parteitag der SED 1986 nur Erfolge zu vermelden. Bis zum Schluss spiegelte die DDR nach außen hin Stabilität und Kontinuität vor – zumal Honecker ein Jahr später mit seinem Besuch in der Bundesrepublik seinen größten Triumph feiern konnte. Bis zuletzt sah Honecker in seinem maroden Staat das überlegene Gesellschaftsmodell und wahrte den Schein des Fortschritts. Noch Ende der achtziger Jahre wurden Milliarden in das Mikroelektronikprogramm gepumpt, obwohl die ostdeutsche Chipherstellung im Weltmaßstab hoffnungslos hinterherhinkte. Es war ein reines Possenspiel, als Honecker am 12. September 1988 vor laufenden Kameras den ersten in der DDR hergestellten Ein-Megabit-Chip entgegennahm. Der Speicherschaltkreis war ein handgefertigtes Muster, an eine Serienproduktion war nicht zu denken. Dennoch tönte der Generalsekretär selbstbewusst: »Den Sozialismus in seinem Lauf halten weder Ochs noch Esel auf.«

Vor allem das Informationsprogramm des Fernsehens hatte die Aufgabe, diese fatale Linie zu un-

---

Er hatte kein Berufsverbot. Dennoch wurden Veranstaltungen abgesagt. Zudem konnte eine weitere Folge seiner Fernsehsendung »Treff mit O. F.« nicht produziert werden, weil plötzlich die Ü-Wagen fehlten. Die DDR ließ so was eher durch die Scheren im Kopf erledigen und griff, zumindest in diesem Fall, nicht zu offiziellen Maßnahmen.
Carsten Weidling, Sohn von O. F. Weidling

O. F. Weidling war nach meinem Dafürhalten der intelligenteste aller Showmaster, die wir hatten. Das war ein sehr geistvoller und sehr gebildeter Mann.
Eberhard Fensch

Oben: »Der Genosse Mittag hat nicht gelacht«: Nach seinen Seitenhieben auf den Milliardenkredit und SED-Wirtschaftslenker Günter Mittag musste O. F. Weidling (links) seine Karriere beenden.
Unten: »Mein rechter Arm schläft ein, mein linker Arm schläft ein, ich schlafe ein«: Die »Aktuelle Kamera« war Verlautbarungsjournalismus der ärgsten Sorte.

> Auch der SED-Führung war klar, dass nur eine bessere, zuverlässigere und gründlichere Information durch die DDR-Medien das westliche Nachrichtenmonopol hätte brechen können. Doch davon konnte bis zum Schluss keine Rede sein. Sie blieben bis in die turbulenten Oktobertage des Jahres 1989 wie eh und je: langweilig und fade in der Machart, hölzern in der Sprache und schamlos verlogen in den politischen Inhalten.
>
> Stefan Wolle
>
> Diese Art von Informationspolitik, wie wir sie betrieben haben in der DDR, war falsch. Sie war auch einer der Sargnägel, weil sie die Menschen gegen die DDR aufgebracht hat.
>
> Eberhard Fensch

terstützen. Getreu dem Credo Honeckers, das Fernsehen als »schlagkräftige Waffe in der Auseinandersetzung mit dem Imperialismus« zu nutzen, zeigte die Fernsehreihe »Alltag im Westen« Negatives aus der westlichen Welt, wie Berufsverbote, Arbeitslosigkeit, Obdachlosigkeit und Ähnliches auf. Die Reihe ergänzte damit Karl Eduard von Schnitzlers offen agitatorischen »Schwarzen Kanal«. Aber immer weniger Menschen waren bereit, an das Prinzip »Dort drüben die Bösen, hier die Guten« zu glauben. Zumal sie sich mittels des Westfernsehens andere Meinungen bilden konnten. Die tägliche Nachrichtensendung »Aktuelle Kamera« sollte vor allem als »Propaganda des eigenen Wohlstands« fungieren und ein »Nationalbewusstsein wecken«. Ende der siebziger, Anfang der achtziger Jahre sanken die Einschaltquoten, am stärksten die von »Aktuelle Kamera«. Sie erreichte nicht einmal mehr zehn Prozent. Die »Stimme der Partei« war dröge und steril, nicht nur wegen der vielen Protokollmeldungen, sondern auch wegen des Informationsdefizits. Der Schriftsteller Stefan Heym, der die Sendung 1977 vier Wochen am Stück verfolgte, schrieb dazu eine köstliche satirische Zusammenfassung: »Die Nachrichtensprecher: ob Mann, ob Weib, sitzen sie sehr aufrecht, den Blick ernsthaft konzentriert, und sprechen sorgfältig ihre Silben. Ich kann mich nicht entsinnen, dass einer gelächelt hätte während der insgesamt 33 halbstündigen Sendungen, die ich mir angesehen habe. ... Die Sprache ist Hoch-DDR'sch, gepflegt bürokratisch, voll hochtönender Substantiva, die mit den entsprechenden Adjektiven verbrämt werden; die Sätze erfordern langen Atem von den Sprechern und Konzentration von den Hörern.« Zu den »betäubenden« Statistiken über die Wirtschaft der DDR meint er: »Es geht also voran, und ich freue mich. ... Dafür aber höre ich auch nichts von irgendwelchen Schwierigkeiten, von Ausschuss, von Materialmangel, stets werden die Pläne erfüllt und übererfüllt, werden neue Initiativen und Wettbewerbsziele ins Auge gefasst...« Nachdem er konstatieren musste, dass eine Umbildung der Regierung nicht einmal gemeldet oder gar erklärt wurde, packte ihn »ein fast echtes Wahlfieber«, als die in der »Aktuellen Kamera« aufgelisteten Prozentzahlen der Volkskammerwahl über den Bildschirm flimmerten: »Bischofswerda 98,2 Prozent, Oschatz 98,92 Prozent, Ilmenau 99,1 Prozent und Stralsund gar 99,51 Prozent. Und mit Genugtuung hörte ich, wie der Kommentator bei der Wahlanalyse am nächsten Abend uns noch einmal versicherte, dass bei uns in der Wahlvorbereitung keine Show abgezogen, die Bürger nicht durch Reden und Versprechungen in die Irre geführt und hinterher auch noch verspottet wurden – im Gegensatz zum Westen.« Stefan Heym endet seinen Bericht mit den Worten: »Mein rechter Arm schläft ein, mein linker Arm schläft ein, ich schlafe ein.«

Die Diskrepanz zwischen der aufstrebenden, zufriedenen Fernseh-DDR und der täglich erlebten Wirklichkeit trat mit den Jahren immer deutlicher zutage. Das Volk verlor das Vertrauen in die politische Elite. »Irgendwann habe ich mir Scheinwahrheiten zu eigen gemacht«, gesteht Eberhard Fensch, von 1968 bis 1989 im ZK für Radio und Fernsehen zuständig. »Wer öffentlich Kritik an der DDR übt, liefert Munition für den Gegner. Und: Dem gesellschaftlichen Fortschritt nützt nur die Propagierung des positiven Beispiels – er wird durch negative Veröffentlichung nur gebremst. ... Auf jeden Fall gehört für mich die entmündigende Informationspolitik der SED zu den wesentlichen Ursachen des Niedergangs der DDR.«

Umso wichtiger war es für die Parteiführung, sozialistische Helden präsentieren zu können. Sie waren seit der Gründung der DDR ein bewährtes Mittel, die Idee und Ideologie des Sozialismus zu propagieren. Sie konnten als die lebendigen Zeugen sozialistischen Wollens und Könnens, sozialistischer »Überlegenheit« und Zukunft gelten. Eine Propaganda mit menschlichem Antlitz, das Charismatische, das Menschlich-Überzeugende konnte nicht von den politischen Führern, sondern nur von Helden erbracht werden. Hochzeit der DDR-Helden waren die fünfziger Jahre. Es gab den Kult und Mythos um den Helden des antifaschistischen Widerstandes, Ernst Thälmann; der Bergarbeiter Adolf Hennecke ist das bekannteste Beispiel für den »Helden der Arbeit«; der Radrennfahrer Gustav (»Täve«) Schur war ein Held für alle. Der letzte große Held der DDR war der Kosmonaut Sigmund Jähn, der 1978 als erster Deutscher mit dem sowjetischen Raumschiff »Sojus 31« ins All startete. Nach seiner Rückkehr

»Die janze Republik jähnt.«
Ostberliner Spöttelei von 1978

Manches wurde mir natürlich zu viel. Beim Empfang in meiner Heimat, in Rautenkranz, da habe ich mir zur Begrüßung kein Arbeiterkampflied gewünscht, sondern »Am Wald die Rehe grasen«.
Sigmund Jähn

Sigmund war ein mutiger und gutmütiger Mann, doch zum Helden taugte er nicht.
Hans Modrow, SED-Bezirkssekretär Dresden

»Der erste Deutsche im All ein Bürger der DDR«: Sigmund Jähn (links) nach seinem Weltraumflug auf Jubeltour in Ostberlin, rechts sein sowjetischer Kosmonautenkollege Waleri Bykowski.

begann ein beispielloser Wirbel um den Kosmonauten. Honecker überhäufte ihn mit Orden; Schulen und Straßen wurden nach ihm benannt; er wurde in Stein gehauen, in Metall gegossen, in Öl gemalt, auf Briefmarken abgebildet und auf einer Jubeltour durch alle Bezirke der DDR mit Empfängen, Volksfesten und Hochrufen begrüßt. Weil es so schön war und weil die Helden langsam rar wurden, wiederholte er diese Rundreise anlässlich des fünften Jahrestags des Flugs noch einmal. Doch die echte Begeisterung der DDR-Bürger war eher verhalten. Ende der siebziger, Anfang der achtziger Jahre ließ sich die Stagnation des erhofften Aufschwungs nicht mehr übertünchen. Die Mängel des Sozialismus, die Unproduktivität der Wirtschaft und die ideologiegetränkte Ödnis der Einheitspresse waren augenfällig. Da war eine Spitzensportlerin wie Katarina Witt das glaubwürdigere und vor allem glamourösere Idol. Honecker wusste, dass ein Teil ihrer Jugendlichkeit und ihres Glanzes auf ihn und seinen Staat zurückfiel.

Katarina Witt machte eine sozialistische Traumkarriere. Mit siebzehn wurde sie 1983 in Dortmund zum ersten Mal Europameisterin, dann 1984 Weltmeisterin und gewann im selben Jahr zur Mantovani-Melodie »Mona Lisa« in Sarajewo olympisches Gold.

Die Frau, die aus dem Osten kam, verzauberte die Eiskunstlaufwelt. Wenn sie mit ihren Händen von unten nach oben langsam und lasziv ihren Körper nachmodellierte, verzückte sie die männlichen Zuschauer. Die rote Eisprinzessin war jung, schön, charmant und weiblich. Und sie hatte ein bezauberndes, mitreißendes Lachen. Zuschauer, Journalisten und die Preisrichter huldigten ihr scharenweise. »Sieht sie nicht aus wie Hollywoodstar Brooke Shields?«, schwärmten die Amerikaner. Man nannte sie »Katarina die Große«. Mit ihren Sprüngen auf dem Eis war sie von der DDR aus in der ganzen Welt gelandet.

Der Staat dankte es ihr mit Privilegien, wie sie auch andere Spitzensportler erhielten. Nach den Olympischen Winterspielen in Sarajewo bekam Kati eine Medaillenprämie, einen 25 000 Mark teuren Lada, auf den man in der DDR normalerweise zehn Jahre warten musste, und eine eigene Wohnung in Karl-Marx-Stadt. Ihr Schmuck, ihre Garderobe, ihre Schallplatten und ihre Stereoanlage waren nicht die üblichen sozialistischen Konsumartikel. »Ich sehe das so: Ich bringe besondere Leistungen, und dafür bekomme ich – wenn ich schon nicht besonders bezahlt werde – ein paar Vorteile«, entgegnete Kati Witt Vorwürfen nach der Wende. Dafür erfüllte die Eiskunstläuferin, 1984 zur »Sportlerin des Jahres« gekürt, pflichtgetreu ihre Aufgabe, der sozialistischen Gesellschaft als Leitbild zu dienen. Katarina war eine zuverlässige Genossin. Sie war Mitglied der FDJ, SED-Genossin, dann Abgeordnete in der Volkskammer der DDR und lobte in Reden gelegentlich »die Fürsorge unserer Partei- und Staatsführung für das Wohl der Bürger«. »Ich bin in dem System aufgewachsen und war stolz, mit dazu beizutragen, dass die kleine DDR dem ›Klassenfeind‹, wie es damals hieß, sportlich überlegen sein konnte«, sagte sie nach der Wende in einem Interview. »Jetzt im Nachhinein wird mir allerdings bewusst, dass ich auch ausgenutzt wurde.«

Natürlich hat mich das System auch benutzt, so wie ich vom System profitiert habe. Einmal habe ich auf einem SED-Parteitag eine genau abgestimmte und gegengelesene Rede gehalten. Das war damals für mich okay; wenn ich heute noch einmal nachblättere, was ich da gesagt habe, kann ich nur noch lachen. Es wurde immer behauptet: Der Plan wird erfüllt, ja übererfüllt. Aber nirgendwo ging's wirtschaftlich hin.
Katarina Witt

> Als sie aktive Sportlerin war, hat man sie und ihre Leistungen bewundert – auch für unser Land. Das darf man ja nicht vergessen, man war ja stolz drauf, wenn jedes Mal die Flagge hoch ging bei Sportveranstaltungen. Das kann man ja nicht leugnen.
> Sabine Moritz, damals Güstrow

> Sie hatte ihre Erfolge in einer Zeit, in der DDR-Sportler angehalten waren, den Fragen westlicher Reporter nicht auszuweichen, sondern die Fragen zu beantworten. Sie hatte es relativ leicht, indem sie auf das Fördersystem des DDR-Leistungssports hinwies, dessen Produkt sie war.
> Hans Joachim Teichler

Und sie lief weiter von Erfolg zu Erfolg. Insgesamt wurde sie achtmal DDR-Meisterin, sechsmal in ununterbrochener Folge Europas Beste, viermal Weltmeisterin, zweimal Olympiasiegerin – eine der erfolgreichsten Eiskunstläuferinnen der Sportgeschichte. Die DDR war mit Recht stolz auf ihre Kati. Als sie sich in Cincinnati 1987 den im Jahr zuvor an Debi Thomas verlorenen Weltmeistertitel zurückholte, bereiteten ihr 5000 Fans im einheimischen Sportclub Karl-Marx-Stadt einen grandiosen Empfang. »Es war für uns alle ein unglaublich glückliches Gefühl, eine Mischung von Stolz, Freude, aber auch Erleichterung, als nach deiner großartigen Kür in Cincinnati feststand, dass du wieder Weltmeisterin geworden bist, dass du es geschafft hast, in der Höhle des Löwen deinen Titel zurückzuholen – und das in einer Art, die uns tief beeindruckt, ja fasziniert hat, sodass wir voller Hochachtung den Hut vor dir ziehen«, schwärmte der Begrüßungsredner. Katarina dankte ihrem Staat auf dem Kongress des »Freien Deutschen Gewerkschaftsbundes«: »Im Ausland werden häufig unsere Sporterfolge bestaunt, wird nach irgendwelchen Geheimnissen gefragt. Das Geheimnis wird gerade hier in den Tagen des Gewerkschaftskongresses erneut sichtbar. Es ist die entwickelte sozialistische Gesellschaft der Deutschen Demokratischen Republik, die allen Talenten freie Bahn schafft, die jedem Bürger und im Besonderen der Jugend Entwicklungsmöglichkeiten gibt, sie fordert und fördert.« Die Ausstrahlung seiner Eisprinzessin machte sich auch Honecker zunutze. Er zeigte sich gerne mit seinen Sportlern. Er beglückwünschte alle Olympiasieger, gab Empfänge und Festessen für die Teilnehmer. So war es auch mit Kati Witt – und sie ließ sich einspannen. Ob es Pflicht war oder Kür – jeder Rolle schien sie sich mit Leichtigkeit anzupassen. Anlässlich einer Wahlkundgebung am 5. Juni 1986 in Karl-Marx-Stadt überreichte sie Honecker einen Strauß Rosen. Bei einem Sportlerball trug Honecker ihr Bukett. »Ich bin da eher fremdbestimmt gewesen, bin hineindelegiert worden in die Partei und alle möglichen Gremien, sozusagen als Aushängeschild«, sagte sie nach der Wende.

Aber eigentlich sollten DDR-Sportler nach dem Willen der Funktionäre

»Ich bin immer gerne heimgekommen«: Die sozialistische Hausgemeinschaft im Wohnblock von Witts Eltern begrüßt die Olympiasiegerin in Karl-Marx-Stadt, März 1988.

zwar Vorbilder, aber keine Stars sein. Das passte nicht zur sozialistischen Gesellschaftsordnung – auch aus ökonomischen Gründen nicht: Das gesteigerte Selbstwertgefühl der Athleten hätte ein Anspruchsdenken forcieren können. Längst wusste auch Kati Witt, was sie wert war. An kommerziellen Angeboten fehlte es nicht. Eisrevuen boten ihr hunderttausende Dollar. Eine amerikanische Modelagentur und eine französische Kosmetikfirma wollten sie unter Vertrag nehmen. »Von 1984 bis 1988 wurden für mich aus dem Ausland Werbeverträge in Höhe von insgesamt 5,3 Millionen DM angeboten. Wer bei solchen Summen nicht schwach wird, werfe den ersten Stein«, schrieb Kati Witt nach der Wende im *Stern*. Verständlicherweise hätte sie gerne damals schon ihr Können in der Glitzerwelt des Showbusiness vergoldet. »Die Offerten gingen an den Deutschen Turn- und Sportbund. Meine Anfrage ›Darf ich?‹ wurde mit ›Njet‹ beschieden. Wegen der DDR-Gesetze.« Nach der Wende ärgerte sich Kati über diese »schreckliche Heuchelei«, über Argumente wie: »Wir verkaufen unseren Sport nicht«, »weil ich jetzt erfahre, wie dieser Staat – der von mir diese hehre Moral verlangte – sich selbst Geld verschaffte mit Waffenhandel und allen möglichen Deals. Wir sind auf ganz üble Weise verkauft worden.«

> Als ich auf dem Weg zur Spitzensportlerin war, wollte der Staat sicher sein, dass ich zur DDR und zum Sozialismus stehe. Schließlich war ich ja viel im Ausland, um unserem Staat Ehre zu machen. Später, als ich immer erfolgreicher und bekannter wurde, ist wohl die Angst immer größer geworden, ich könne den Verlockungen des Westens verfallen und abhauen.
> Katarina Witt

> Sie war das schönste Gesicht des Sozialismus, und sie hatte dieses strahlende Lächeln, was man mit DDR und Tristesse und Mauer und Plattenbau eben nicht in Verbindung brachte. Sie war das glitzernde Aushängeschild.
> Hans Joachim Teichler

Doch bereits Mitte der Achtziger wurde sie selbstbewusster. Katarina kannte ihren Stellenwert. Während früher die Trainerin Jutta Müller bei Pressekonferenzen die Antworten vorgab, antwortete Kati jetzt direkt – zum Leidwesen der Staatssicherheit. »Bei Fragen von Journalisten zeigt sie nicht immer die erforderliche Reife«, schrieb ein »Inoffizieller Mitarbeiter« (IM). Die Stasi beobachtete, belauschte und bespitzelte ihren Star – seit dessen achtem Lebensjahr. Jeder Streit mit der Trainerin, jede Liebesbeziehung, jedes Kilo Gewichtszunahme, jeder Leistungsabfall wurden vermerkt. Ab Februar 1985 war sie der »operative Vorgang Flop« und von »IMs« umzingelt. Katarina Witt ahnte von alledem nichts. »Wenn ich zum Beispiel telefonierte, und es rauschte in der Leitung, habe ich auch gescherzt: ›Ah, jetzt ist die Kassette von Horch und Guck voll.‹ Aber dass ich tatsächlich Zielobjekt war, wusste ich nicht.« Erst nach der Wende konnte sie die Akten einsehen. Die Stasi-Unterlagen umfassen 27 Bände, 3103 Seiten. Ziel der Beobachtung war, ihre politische Gesinnung zu prüfen und Westkontakte zu verhindern. Im Mai 1986 traten Männer der Staatssicherheit direkt in ihr Leben, es kam zu »regelmäßigen konspirativen Treffs«. Man wollte Kati alles recht machen, damit sie blieb. Man bot ihr »Ragoût fin« zu essen an, schenkte ihr einen Nussknacker, ließ sie an der Ernst-Busch-Schauspielschule studieren, besorgte ihr ein Ferienhaus. »Ihr wurde versichert, dass sie sich jederzeit auf das MfS verlassen kann. Dies nahm sie mit großer Freude zur Kenntnis«, schrieb ein Stasi-Offizier. Die Staatssicherheit war von dem Wunsch beseelt, ihren Star im Griff zu behalten. Aber als Katarina zur internationalen Attraktion avancierte, waren Erich Mielkes Schnüffler dazu nicht mehr in der Lage. Heute kann sich Katarina Witt an diese Männer kaum noch erinnern.

Je erfolgreicher und bekannter Kati wurde, desto mehr wuchs in der Parteiführung die Angst, sie könne den Verlockungen des Westens erliegen und fliehen. Dabei spielte Kati – wie sie sagt, »nie!« – auch nur mit dem Gedanken daran. Die DDR lag ihr am Herzen, auch, weil dort ihre Familie, ihre Freunde wohnten. Dort war ihr Zuhause. Sie hatte kein anderes. »Ich bin immer gerne heimgekommen. Außerdem war ich den Menschen meiner Heimat dankbar dafür, dass sie es mir ermöglicht hatten, meinen geliebten Eiskunstlauf zu betreiben und so erfolgreich zu werden. Ich wollte die Leute nicht enttäuschen, die Tag für Tag in grauen Fabrikhallen an den Maschinen standen und stolz auf meine Siege waren.« Obwohl ihr die ganze Welt zu Füßen lag, war ihr Horizont durch die Konzentration auf ihren Sport doch beengt. »Auf eine gewisse Weise, dieser Vorwurf stimmt vielleicht, habe ich mich vom DDR-Alltag weggelebt und unter einer Käseglocke gelebt«, sagte sie nach der Wende. »Ich bin in einer Eislaufwelt aufgewachsen, und die war heil und geordnet. Um Politik habe ich mich damals nie bewusst gekümmert. Und ich war stolz, wenn ich ganz oben auf dem Siegertreppchen stand, unsere Hymne gespielt und unsere Fahne gehisst wurde.«

Wer allerdings nicht durch Berühmtheit geschützt war, geriet schnell in Konfrontation zur Staatsmacht, wenn er nicht kooperierte. Brigitte Bielke war schon früh mit unangenehmen politischen Äußerungen angeeckt. Dennoch gelang es ihr nach einem Fernstudium, eine Anstellung als Berufsschullehrerin bei Wittenberg zu bekommen, was an ihrer Unzufriedenheit mit den Verhältnissen aber nichts änderte. Sie wandte sich weiterhin mit einer Reihe kritischer Eingaben an die Behörden, beklagte die Versorgungslage, protestierte gegen die Abholzung von Dorfbäumen – allerdings ohne Erfolg. Als am 8. Juni 1986 die Wahl zur Volkskammer anstand, beschloss sie, ihre Stimme zu verweigern. Bei Wahlen in der DDR traten Einheitslisten der Nationalen Front an, die dann mit etwa 99 Prozent bestätigt wurden. Einfluss auf den Gang der Ereignisse hatten Wahlen nicht. »Nach den Erfahrungen, die ich bis dahin gemacht hatte, dass also Kritiken, Beschwerden oder Eingaben letztendlich nichts bringen, fand ich's eigentlich schon schizophren, da hinzugehen und mit dem Zettelfalten meine Zustimmung zu erklären«, erzählt Brigitte Bielke. »Ich hatte gesehen, wie mit anderen Missliebigen verfahren wurde, die nicht hier bleiben wollten, die dann irgendwo an einer Grenze gefasst wurden; ich habe erfahren, dass Menschen schlagartig hinter Gittern gelandet sind.« Schon um 8.45 Uhr stand der Ortsbürgermeister vor der Tür und erklärte, sie müsse ihre Stimme abgeben, alle anderen aus dem Dorf hätten das schon getan. »Ich habe mich darauf berufen, dass wir keine

---
Aus meinen Stasi-Akten habe ich erfahren, dass man sich in Berlin beim Staatssekretariat für Berufsbildung rückversichert hat, wie in meinem Fall zu verfahren ist – und dort ist festgelegt worden: fristlose Entlassung!
Brigitte Bielke

> *Man hat das Kollegium zusammengerufen, und dort wurde ein Disziplinarverfahren eröffnet, obwohl man auch laut DDR-Recht auf diese Art und Weise nicht hätte verfahren dürfen. Das ganze Verfahren dauerte eine halbe Stunde, nachdem eröffnet wurde, dass ich die Arbeitsordnung für Pädagogen durch die Nichtteilnahme an der Wahl verletzt habe, ich damit der Politik von Partei und Regierung nicht zugestimmt habe und somit nicht mehr tragbar bin. Dieses Disziplinarverfahren gipfelte darin, dass mich auch einige meiner Kollegen mit Dreck bewarfen, was ich als ziemlich erbärmlich empfand.*
> Brigitte Bielke

Wahlpflicht haben.« Ein halbe Stunde später kam der Bürgermeister in Begleitung eines Vertreters vom Rat des Kreises, eine Stunde danach mit dem hauptamtlichen SED-Sekretär der Berufsschule, an der Brigitte Bielke arbeitete. »Und da ist mir schon unverhohlen gedroht worden, dass das Konsequenzen haben würde.« Um sich weiteren Belästigungen zu entziehen, setzte sie sich in ihr Auto und besuchte eine Bekannte, bis die Wahllokale geschlossen hatten.

Ihr nächster Tag in der Schule war der Beginn einer Reihe von Schikanen an ihrem Arbeitsplatz: Sie wurde um Stellungnahme gebeten, man versuchte sie einzuschüchtern, kritisierte und kontrollierte ihren Unterricht; Kollegen gingen auf Distanz; schließlich wurde ein Disziplinarverfahren eröffnet. »Das Ende meines Lehrerdaseins war eigentlich längst besiegelt; das haben wir aber erst im Nachhinein aus den Stasi-Akten erfahren.« Brigitte Bielke wurde fristlos entlassen. Als sie danach keine Arbeit mehr fand, stellte sie einen Ausreiseantrag. Am 31. Juli 1988 hatte die Familie Bielke Besuch aus dem Westen. Es waren Freunde, die bereits bei Politikern in der Bundesrepublik um Unterstützung des Ausreisebegehrens der Bielkes gebeten hatten. In der Anklageschrift wurde daraus der Vorwurf der Kontaktaufnahme mit einer »verbrecherischen Organisation«. Bis zu diesem Zeitpunkt war das Haus der Bielkes schon jahrelang von der Stasi abgehört worden. Am Abend drangen ein Dutzend Personen in das Haus der Familie ein und führten Ehefrau, Ehemann und die beiden Söhne getrennt voneinander ab. Sie wurden in die Untersuchungshaftanstalt der Stasi, den berüchtigten »Roten Ochsen«, in Halle gebracht. Für Brigitte Bielke begann die schlimmste Zeit ihres Lebens. Sie wurde verhört, isoliert, nachts am Schlaf gehindert. »Man ist eigentlich völlig ausgeliefert. Man wurde nicht mehr mit dem Namen angeredet, nur noch mit einer Nummer. Ich hatte etliche Wochen Einzelhaft. Also, so viel an Hilflosigkeit hätte ich mir nicht träumen lassen: dass ich mal so ohnmächtig bin, dass ich über nichts mehr bestimmen kann.« Nach einigen Wochen U-Haft stürzte Frau Bielke bei einem Hofgang und brach sich die Kniescheibe. Drei Tage lang litt sie unerträgliche Schmerzen, bis sie endlich in ein Krankenhaus gebracht und operiert wurde. Es folgten Monate in einem Haftkrankenhaus. Anschließend wurde sie zu drei Jahren Haft verurteilt und in das Frauengefängnis Hoheneck verlegt. Dort erlebte Brigitte Bielke »katastrophale Zustände«. Sie berichtet von harter Zwangsarbeit, unhygienischen Bedingungen, schlechtem Essen und Schikanen durch das Personal. Nach drei Monaten war die Tortur zu Ende. Anfang Mai 1989 wurde Brigitte Bielke in die Bundesrepublik abgeschoben.

> Wir waren auch dort im Produktionsprozess den Kriminellen völlig ausgeliefert. Der so genannte Brigadier oder die Brigadeuse war eine Kriminelle, die darauf zu achten hatte, dass alle die Norm erfüllten oder so gut wie möglich, weil sie an dem Arbeitsergebnis beteiligt war. Brauchte selber nicht körperlich zu arbeiten, sondern hatte nur dafür zu sorgen, dass dort gearbeitet wird und so viel wie möglich.
> Brigitte Bielke

Zu dieser Zeit hatte Michail Gorbatschow in der Sowjetunion mit der Perestroika einen gewaltigen Umgestaltungsprozess in Gang gesetzt. Doch die DDR-Führung lehnte derartige Reformen rigoros ab und hielt unverändert an ihrer innen- und außenpolitischen Strategie fest. Für viele Menschen in der DDR war Gorbatschow ein politischer Hoffnungsträger. Mit seiner Person verbanden sie die Erwartung, dass auch im eigenen Land einiges besser werden könnte. Denn die Bevölkerung erlebte täglich die politischen Widersprüche und wirtschaftlichen Schwierigkeiten, die allgemeine Sprachlosigkeit und gesellschaftliche Stagnation im Land. Der politische Widerstand hatte sich zwar in Form von Friedens-, Umwelt- und Menschenrechtsinitiativen bereits zu Beginn der achtziger Jahre zu regen begonnen, aber eine reale Bedrohung für die Herrschaft der SED bestand nicht. Die Menschen zogen sich stattdessen immer weiter in ihr privates Leben zurück. Dennoch wandelte sich das politische Bewusstsein vieler DDR-Bürger. Sie wollten Offenheit und Informationen hinsichtlich der bestehenden Schwierigkeiten und forderten einen konstruktiven Dialog und Veränderungen. Besonders die Jugend wandte sich zunehmend vom SED-Staat ab. Sie war die permanente Erfolgspropaganda, mediale Schönfärberei und Harmoniebeschreibungen satt.

Wenn Honecker Zweifel überkamen, ob das Volk noch hinter ihm stand, dann halfen ihm Jubelveranstaltungen darüber hinweg. Der in dem von ihm selbst erzeugten Personenkult gefangene Staatsratsvorsitzende liebte nichts so sehr wie »machtvolle Manifestationen«, die Vorführung »sozialistischer Bataillone«. Sein Faible für Aufmärsche, Sportfeste und Fackelzüge rührte wohl von den eigenen Jugenderlebnissen im Kommunistischen Jugendverband her, erinnerten aber fatal an die Ästhetik nationalsozialistischer Propaganda. Regelmäßig wurde der Gleichschritt der Bevölkerung als formales Ritual und Beweis der immer wieder geforderten und beschworenen »Übereinstimmung von Partei und Volk«, der nationalen, kollektiven Identität inszeniert. Sie dienten dazu, die politische Macht nach innen und nach außen zu legitimieren. Alle Jahre wieder zogen die mit »Winkelementen« und Transparenten ausgerüsteten Kolonnen an den Tribünen vorbei. Marschiert wurde regelmäßig am 1. Mai, dem »internationalen Kampf- und Feiertag der Werktätigen«, dem Gedenktag der Ermordung von Karl Liebknecht und Rosa Luxemburg im Januar und am 7. Oktober, dem »Tag der Republik«, zur Erinnerung an die Gründung der DDR im Jahre 1949. Vor allem der Staatsfeiertag am 7. Oktober geriet an Jubiläumsgeburtstagen alle fünf und zehn Jahre zu einem propagandistischen Gesamtkunstwerk unter der Regie der SED.

Dass solche Shows verordnet und bis ins Kleinste organisiert waren, störte Honecker wenig. Er ließ sich gerne täuschen. »Beim Defilee der Werktätigen am 1. Mai 1989 auf der Ostberliner Karl-Marx-Allee warteten im Kino ›International‹ Genossen mit Luftballons und hudlerischen Spruchbändern und reihten sich immer dann in die Parade ein, wenn es an Beifall und Farben mangelte«, schreibt Norbert Pötzl. »Hinter der Tribüne klinkten sich die Plakatträger rasch wieder aus und eilten im Laufschritt zum Kino zurück, allzeit bereit, in die nächste Begeisterungslücke zu springen. Wenn junge Mädchen in ihren blauen FDJ-Hemden vorbeimarschierten und zu ihm kamen, um ihm Blumen zu überreichen, dann sah er in glückliche Gesichter und glaubte daran, dass der Sozialismus die Menschen begeistern könne.« Damit auch die Jugend ihr Einverständnis mit der Politik der Parteiführung demonstrieren konnte, setzte sich der Reigen der Großveranstaltungen fort mit Spartakiaden, gigantischen Turn- und Sportfesten, Pionier- und Pfingsttreffen. Je weiter sich die Jugend von der Führung entfernte, desto öfter ließ Honecker sie aufmarschieren. Den

---

Es hat sich bei ihm vollzogen, was sich in allen Diktaturen oder autoritär regierten Gesellschaften vollzieht: Er verlor nach und nach die Tuchfühlung mit der Wirklichkeit.

Klaus Bölling

»Machtvolle Manifestationen der Verbundenheit von Volk und Partei«: Nichts liebte Honecker so sehr wie die »Turn- und Sportfeste« in Leipzig und die mithilfe von farbigen Tüchern gestalteten Losungen (oben 1977, unten 1987).

krönenden Abschluss bildete der gigantische Fackelzug von 70 000 FDJ-Mitgliedern zum 40. Geburtstag der DDR im Oktober 1989. Irritierend fand Honecker allerdings, dass die Menge nicht »Erich, Erich« jubelte, sondern »Gorbi, hilf uns« skandierte. Die Jugend war ihrem »Erich« schon längst davongelaufen. Keine 48 Stunden nach der Jubelfeier gingen zehntausende Demonstranten in Leipzig und Dresden gegen ihre Regierung auf die Straße.

Die Welt des schönen Scheins begann zu bröckeln – auch für Aushängeschilder wie Dean Reed. Als in der DDR eine Welle von Indianer- und Westernfilmen anbrach, avancierte Dean Reed auch auf der Leinwand zum Cowboy der DDR. 1974 drehte er den Western »Kit & Co«, der zwar mit Armin Mueller-Stahl, Manfred Krug, Rolf Hoppe und Renate Blume eine Starbesetzung aufwies, sonst aber nicht weiter bemerkenswert war. Einer der erfolgreichsten Filme des DDR-Kinos wurde jedoch »Blutsbrüder« mit Gojko Mitic und Dean Reed in den Hauptrollen. Reed hatte selbst das Drehbuch verfasst. Der Film wurde maßgeblich mit dem Argument produziert, dass der Mann aus Colorado als DEFA-Star einen Imagegewinn für die DDR bedeutete. Die Geschichte bestand zwar aus Elementen bekannter US-Filme, wurde aber vielleicht gerade deshalb ein Kassenschlager. Auch mit seinem Film »El Cantor«, einem Porträt des ermordeten chilenischen Sängers Victor Jara, feierte er 1978 einen Erfolg. Drei Jahre später folgte die Cowboykomödie »Sing, Cowboy, sing«.

Mehr gefragt war Reed allerdings als Sänger – vor allem bei der Partei. In der DDR trat er in den siebziger Jahren bei allen möglichen Veranstaltungen auf, sei es zum 25. Jahrestag der Pionierorganisation »Ernst Thälmann« im Berliner Friedrichsstadtpalast, dem Treffen der Jugend, dem Pressefest der SED-Zeitung *Neues Deutschland* oder zum »Tag der Solidarität« im Palast der Republik. 1984 war er sogar der Star der Personalityshow »Sing, Dean, sing« im Großen Saal des Palastes der Republik. Er unternahm Konzerttourneen durch die DDR, die Sowjetunion und die Tschechoslowakei, sang in Kuba und traf Arafat im Libanon, trat aber auch im westlichen Ausland auf. Reisebeschränkungen galten für den amerikanischen DDR-Bürger nicht: Er wurde wie ein Ausländer behandelt, war sich seiner privilegierten Stellung aber offenbar nicht einmal

---

»Der Johnny Cash des Kommunismus.«

New York Times

Mein Leben ist der Aufgabe geweiht, meinen Ruhm und mein Talent zu nutzen, um gegen die Ungerechtigkeit in der Welt zu kämpfen, wo immer und wann immer ich sie antreffe.

Dean Reed

»Vorzeigecowboy der Partei«: Der US-amerikanische Sänger und Schauspieler Dean Reed auf einer Friedensmanifestation in Prag, 1983.

bewusst. Reed scheint sich mit einer gewissen Naivität im DDR-Apparat bewegt zu haben. Die Stasi versuchte zwar, ihn als Informanten zu gewinnen, da er ungehindert Zugang zur US-Botschaft hatte. Seine Berichte waren aber von geringem Wert, und als sich Reed schließlich genervt bei Honecker über die Stasi beschwerte, unterband dieser jede weitere Kontaktaufnahme von Seiten des MfS.

Reed hatte sich dem »internationalen Freiheitskampf«, wie er es nannte, verschrieben und tourte immer wieder durch die Ostblockstaaten und Lateinamerika – der Wirklichkeit in der DDR verschloss er sich jedoch. Er sah nicht ein, weshalb er den Protest gegen die Ausbürgerung Wolf Biermanns unterschreiben sollte. Auch von seiner Frau Wiebke, die sich mehr in Intellektuellenkreisen bewegte, entfernte er sich zusehends. Die populäre Schauspielerin Renate Blume wurde seine zweite Frau. »Künstler und Intellektuelle wandten sich ab von ihm, der von vielen als unkritischer Repräsentant der offiziellen Staatskultur betrachtet wurde. ...Man empfand Dean Reed vor allem als Anpasser und Salon-Bolschewiken«, heißt es in der 2004 erschienenen Biographie »*Der rote Elvis*«. Reed brachte noch mehrere Platten heraus, zeigte sich aber musikalisch wenig innovativ. Mitte der achtziger Jahre hatte er die vierzig schon überschritten, spielte aber immer noch den Cowboy. Da er im Osten am Ende seiner Karriere angelangt war, bemühte er sich nun, wieder in den USA Fuß zu fassen, allerdings ohne Erfolg. »Er war auch eine tragische Figur«, sagte einmal der Berliner Sänger und Komponist Reinhard Lakomy. »Mit geballter Faust auf der Bühne Protestsongs singen in einem Land, das seine eigene Bevölkerung unter Verschluss hält, war anachronistisch, in den Augen der Zuschauer lächerlich. Das war ihm in seinen letzten Lebensjahren wohl bewusst.«

Reed litt schon seit Ende der siebziger Jahre an Depressionen und drohte mehrfach mit Selbstmord. Am 12. Juni 1986 ertränkte er sich in einem See unweit seines Hauses in Schmöckwitz. In seinem Lada fand man einen fünfzehnseitigen Abschiedsbrief. Dennoch entschied Honecker persönlich, dass die Zeitungen zu melden hatten, Reed sei bei einem Unfall ums Leben gekommen. Der Abschiedsbrief verschwand, erst nach der Wende tauchte eine Kopie auf. Die Folge war, dass bis heute diverse Verschwörungstheorien über seinen Tod kursieren. Reed sei einem Mordkomplott zum Opfer gefallen, er habe als Spion gearbeitet, habe eine verhängnisvolle Krankheit gehabt oder sei gar noch am Leben. Es ist aber sicher, dass Reed tatsächlich Selbstmord beging. Der Vorzeigecowboy der Partei war wohl daran zerbrochen, dass er diese Rolle nie hatte abstreifen können. Vertuscht wurde sein tragisches Ende unter anderem, weil die SED-Führung nicht vermitteln wollte, dass ihr singender Cowboy und prominenter Überläufer im Sozialismus doch nicht sein Glück gefunden hatte.

Die zweiundzwanzigjährige Katarina Witt beendete mit ihrem triumphalen Sieg in Calgary ihre Sportkarriere und überwand stattdessen eine der

---

Eigentlich hätte er glücklich sein müssen. Er war aber unglücklich. Nur nach außen hin war er ein Sunnyboy.
Wiebke Reed

Er [Honecker] entschied, dass der Tod ein tragischer Unfall war und dass der Abschiedsbrief für immer geheim gehalten werden sollte. Niemand dürfe von seinem Inhalt erfahren, auch seine Frau Renate nicht.
Eberhard Fensch

größten Hürden, die der DDR-Sport seinen Athleten in den Weg stellte: Sie war die erste Spitzensportlerin der DDR, die als Profi in den Westen wechselte und einen Vertrag bei der Eisrevue »Holiday on Ice« unterschrieb. Und die Parteiführung erteilte ihren Segen hierzu. Bis dahin hatte sich die DDR stets erfolgreich gegen die Versuchungen des Kapitalismus zur Wehr gesetzt. »Dadurch würden unsere Stars einen Teil ihrer Vorbildfunktion verlieren, die Spitzenposition im Weltsport würde folglich untergraben«, warnte Manfred Ewald, Präsident des Deutschen Turn- und Sportbundes der DDR, immer wieder. Die triviale Glitzerrevue mit Clowns, Pudeln und Schnee, der von der Decke fiel, galt als die Inkarnation des Kapitalismus. Aber Katarina wollte auch nach dem Ende ihrer sportlichen Karriere auf jeden Fall weiter ihre Pirouetten auf das Eis zaubern. Wenn man sie nicht gelassen hätte, wäre sie gegangen. Das Eiskunstlaufen war ihr Leben. Nach massiven Widerständen der Funktionäre durfte sie schließlich ihren Ruhm vergolden, auch zum Nutzen ihres Vaterlandes. Es hieß, die DDR-Sportführung habe sieben Millionen Mark Gage kassiert, 1,4 Millionen davon seien auf Katis Konto geflossen. Laut Kati Witt waren es lediglich rund 400 000 Mark, wovon sie 20 Prozent erhalten habe. Dazu gab es einen roten Golf. Katarina Witt, lange Jahre sportpolitische Mehrzweckwaffe der Partei, war nun Weltbürgerin auf dem Eis. Sie war über die kleine DDR hinausgewachsen und entfernte sich zusehends von der Heimat. Das spürten auch die DDR-Bürger. Als sie am 19. Juni 1988 ein Rockfestival mit Weststars wie Bryan Adams in Ostberlin moderierte, wurde sie ausgepfiffen und brach in Tränen aus. Sicher lag auch Neid auf ihr privilegiertes Leben darin, aber es war überdies »einer der ersten, lautstarken Proteste gegen alles, was für die DDR stand«, sagt Kati Witt.

In den letzten Monaten vor dem Fall der Mauer war Katarina ständig

Die Vorbands spielten und kamen ziemlich schlecht weg; die wurden mit Milchbeuteln und Klopsen bombardiert. Das passierte dann auch Katarina Witt: Sie wurde ausgepfiffen. Sie sagte: »Ich war ja gerade erst wieder in Kanada, und da traf ich bei einem Empfang Bryan Adams. Ich bin so ein großer Bryan-Adams-Fan; ich sagte: Hi, Bryan, möchtest du nicht auch mal in die DDR kommen?« Aha, so einfach ist das, man fliegt nach Kanada als DDR-Sportler und lädt Bryan Adams ein. Das hat sich das Publikum dann nicht bieten lassen.
Christoph Dieckmann

»Es passte einfach nicht mehr zusammen«: Katarina Witt posiert im Oktober 1988 im Designerchic für ihre Show bei »Holiday on Ice« (oben) und repräsentiert im FDJ-Hemd die DDR bei den Weltfestspielen in Nordkorea im Juli 1989 (unten).

unterwegs. Im Mai 1989 war sie noch beim Pfingsttreffen der FDJ in Berlin, im Juni auf Tournee in den USA, im Juli bei den Weltfestspielen der Jugend und der Studenten in Nordkorea. Im Sommer, auf Tournee in Japan, sah sie auf den Titelseiten der Presse die Bilder ihrer Landsleute, die sich in die bundesdeutsche Botschaft in Prag geflüchtet hatten. »Da hab ich mich so richtig für die DDR-Regierung geschämt.« Im Oktober 1989, beim Besuch des sowjetischen Staatspräsidenten Michail Gorbatschow in Ostberlin anlässlich des 40. Jahrestages der DDR-Gründung, schmückte sie die Ehrentribüne mit ihrer Anwesenheit. Als Honecker tönte, dass die Mauer auch noch im nächsten Jahrhundert bestehen werde, tippte sie ihre Trainerin Jutta Müller an und flüsterte ihr – wie sie nach der Wende im *Stern* schrieb – zu: »›Am besten, die mauern auch noch unsere 15 Bezirke ein und geben für jeden Sonderpässe aus.‹ Aber ich habe eben nur geflüstert.« Sie sei damals nicht mutig und souverän gewesen, »sonst wäre ich aufgestanden und rausgegangen. Aber ich hatte noch so viele Ziele, und damit wäre es dann Essig gewesen. Ich verstehe, wenn mir das die Leute vorwerfen.« Von den Umwälzungen zu Hause bekam Katarina Witt kaum noch etwas mit. Als die Mauer fiel, drehte sie in Sevilla gerade »Carmen on Ice«. Nach der Wende musste sie sich mit ihrer Rolle als Vorzeigesportlerin der DDR auseinander setzen. Doch als sie 1994 im norwegischen Lillehammer ein letztes Mal zu den Olympischen Spielen antrat, war sie bereits gesamtdeutsch »unsere Kati« geworden. Inzwischen ist sie »Sportlerin des 20. Jahrhunderts«. Und wenn sich Menschen heute an die DDR erinnern, dann ist Katarina Witt die freundlichste Reminiszenz von allen. Für viele ist sie nach wie vor, was sie auch damals war: ein Idol.

> Da ist eine richtige Kampagne gegen mich gelaufen, nachdem die Mauer gefallen war. So in die Richtung »rote Socke« und »DDR-Ziege«. Bloß weil ich gesagt habe: Lasst euch Zeit, macht nicht alles von heute auf morgen. Da hieß es gleich: Die gönnt ihren Landsleuten nichts.
>
> Katarina Witt

> Sie ist ein Aushängeschild geworden und hat die Dinge, die sie positiv über das DDR-System gesagt hat, sicherlich nicht berechnend gesagt, sondern guten Glaubens. Denn sie lebte unter dieser abgeschirmten Käseglocke des DDR-Leistungssportsystems.
>
> Hans Joachim Teichler

Erich und die Mauer

Noch einmal sollte alles so sein wie immer. Ostberlin, 6. Oktober 1989: Am Vorabend des 40. Jahrestages der DDR wälzte sich ein Fackelzug durch die Straßen der Innenstadt. Nach altbekannter kommunistischer Tradition sollten Jugendliche auf diese Weise die Verbundenheit von Führung und Volk demonstrieren – wie all die Jahre zuvor zum

> Er war stolz auf die DDR. Er betrachtete seinen Staat als die Erfüllung des Auftrages der deutschen Geschichte. Er war sein Lieblingskind.
> Igor Maximytschew, sowjetischer Diplomat in der DDR

»Republikgeburtstag«. Doch etwas war diesmal anders. Seltsam lustlos trotteten die jungen Leute in den Blauhemden der »Freien Deutschen Jugend« (FDJ) über den Asphalt. Die sonst üblichen Hochrufe auf die DDR und ihre »führende Partei«, die SED, waren kaum zu hören. Aber dann brausten tatsächlich Jubelrufe auf. Allerdings waren sie nicht der eigenen Führung zugedacht, sondern dem Gast aus Moskau, der neben den DDR-Herrschern auf dem Podium stand. Immer wieder war zu hören, wem die Sympathien der FDJler galten: »Gorbi, Gorbi« – so schallte es den SED-Bonzen entgegen.

Erich Honecker, der erste Mann der DDR, ertrug die Demütigung ohne sichtbare Regung. Unverdrossen winkte er vom Podium und demonstrierte gute Laune. »Als er die an der Tribüne vorbeiziehende Jugend begrüßte, tänzelte er, sang mit und gab sich überhaupt sehr beschwingt«, erinnert sich Michail Gorbatschow. »Man sah jedoch, dass er sich nicht wohl in seiner Haut fühlte, er schien wie benommen.« Nur einmal hellten sich Honeckers Gesichtszüge tatsächlich auf. Er wirkte fast heiter, als er ein Spruchband erblickte: »Es lebe die Deutsche Demokratische Republik« – eine originalgetreue Nachbildung jenes Transparents, das genau vierzig Jahre zuvor an gleicher Stelle getragen wurde. Damals, kurz nach der Gründung der DDR im Oktober 1949, hatte der erste »Fackelzug der Jugend« stattgefunden. Erich Honecker war seinerzeit Chef der FDJ und Organisator der Veranstaltung gewesen. Zu jener Zeit, so hatte es sicherlich nicht nur Honecker empfunden,

> Ich kann mich an keinen Augenblick in meinem Leben erinnern, da ich an unserer Sache gezweifelt hätte.
>
> Honecker
>
> Am Ende stand er als einer, dessen Format sich als zu klein erwies im Vergleich mit der Aufgabe, die er übernommen hatte. Doch dabei entsteht auch die Frage: War diese Aufgabe überhaupt lösbar?
>
> Igor Maximytschew, sowjetischer Diplomat in der DDR

war die neu gegründete DDR ein hoffnungsfrohes Versprechen einer »strahlenden, freudigen Zukunft«. Jetzt stand Honecker als siecher Greis auf der Tribüne und wehrte sich gegen die drängende Erkenntnis, dass sein Lebenswerk zusammenbrach.

Wohl kein anderes Leben war so eng mit der wechselhaften Geschichte der DDR verwoben wie das von Erich Honecker. Lang ist die Liste seiner Titel und Funktionen im »Arbeiter-und-Bauern-Staat«: FDJ-Vorsitzender, Mitglied des Zentralkomitees der SED und des Politbüros, Organisator des Mauerbaus, Generalsekretär der SED und Chef des so genannten Nationalen Verteidigungsrats, Vorsitzender des Staatsrats – niemand anderer in der DDR vereinte so lange so viel Macht in seinen Händen wie Honecker. Doch er war im Amt alt geworden, und mit ihm hatte sich die DDR verändert. Jetzt, im Herbst 1989, schien es gerade so, als sei das Wohlergehen des Landes direkt mit dem Gesundheitszustand seines führenden Repräsentanten verknüpft. Honecker war durch Krankheit seit dem Sommer weitgehend außer Gefecht gesetzt; der Staat DDR war von einer Krise zur nächsten getaumelt: Im Mai hatte es Bürgerproteste gehagelt, weil bei der Kommunalwahl die Ergebnisse massiv verfälscht worden waren. Im Spätsommer und Herbst waren Zehntausende über Ungarn in den Westen geflüchtet. Nachdem der Weg nach Ungarn verriegelt worden war, hatten DDR-Bürger die Botschaften der Bundesrepublik in Prag und Warschau überrannt, um auf diese Weise ebenfalls die Ausreise zu erzwingen. Zudem rumorte es nun im Lande selbst vernehmlich. Zahlreiche neue Oppositionsgruppen fanden sich zusammen. In vielen Städten demonstrierten die Menschen gegen die Politik der Regierung – die Krisensymptome der gesamten DDR-Gesellschaft waren beim besten Willen nicht mehr zu übersehen. Doch Erich Honecker wollte all das nicht wahrhaben. In »seiner« DDR war noch immer alles in Ordnung. »Ihren 40. Jahrestag begeht die DDR als Staat mit einem funktionierenden, effektiven sozialistischen Gesellschaftssystem, das sich mit den in ihm verwirklichten Menschenrechten auch an den Herausforderungen der neunziger Jahre bewähren wird«, verkündete der Parteichef zum Jubiläum des SED-Staates. »Bei uns ist der Sozialismus für alle da, er braucht jeden, und er eröffnet jedem ein weites Feld schöpferischer Beteiligung an der Lösung der gesellschaftlichen Aufgaben zum Nutzen aller wie des Einzelnen.«

»Das ist das Ende«: Gorbatschow und Honecker auf der Tribüne während des Fackelzugs der FDJ am 6. Oktober 1989.

An diesem 6. Oktober 1989 in Berlin muss es jedoch auch ihm gedämmert haben, dass sein Bild der DDR eine Illusion war. Denn die Hochrufe auf Gorbatschow wollten an diesem Abend nicht verstummen. Auf dem Podium war der sowjetische Staatschef überrascht von der Begeisterung der vorbeiziehenden jungen Leute. Er verstand jedoch nicht, was sie riefen. Da trat der polnische Ministerpräsident Mieczysław Rakowski neben ihn und übersetzte. »Sie fordern: ›Gorbatschow, rette uns!‹ Verstehen Sie, was vor sich geht? Das ist das Ende, Michail Sergejewitsch!« Es war das Ende.

Begonnen hatte der Weg Erich Honeckers an die Spitze des ersten »Arbeiter-und-Bauern-Staates« auf deutschem Boden ganz unscheinbar – mehr als

> Honecker war überzeugt, dass in geschichtlicher Perspektive der Sozialismus die richtige Entwicklung ist. Er wäre durchaus gerne in die Geschichtsbücher eingegangen als der, der den Sozialismus mit der Waffe in der Hand verteidigt hatte. Wissend, dass er dazu nicht mehr die Unterstützung der Sowjetunion bekommt, und damit wissend, dass er scheitern würde. Aber er war ein alter Mann, und er war krank, und es wäre für ihn verlockend gewesen, so zu handeln.
> Franz Bertele, 1989/90 Ständiger Vertreter der Bundesrepublik in der DDR

44 Jahre zuvor. Im Mai 1945, der Zweite Weltkrieg war erst wenige Stunden zu Ende, machte sich der zweiunddreißigjährige Honecker auf den Weg durch das zerstörte Berlin. Neuneinhalb Jahre Zuchthaus lagen hinter ihm; jetzt wollte sich das ehemalige KPD-Mitglied der sowjetischen Besatzungsmacht als Mitarbeiter anbieten. Auf der sowjetischen Kommandantur fing ihn ein Bekannter ab und nahm ihn mit zur provisorischen KPD-Parteizentrale. Dort führte Walter Ulbricht das Zepter. Der Sachse war wenige Tage zuvor mit einer Gruppe weiterer Exilkommunisten aus Moskau eingeflogen worden, um den Aufbau einer deutschen Verwaltung für Berlin in Angriff zu nehmen und alle Schlüsselpositionen mit Kommunisten zu besetzen. Honecker wurde Ulbricht vorgestellt, der ihn nach seinen Absichten für die Zukunft fragte. Er wolle zurück in seine saarländische Heimat, antwortete Honecker, und sich dort in die Arbeit der Partei einreihen. Doch Ulbricht bedeutete ihm: »Bleib du mal lieber hier. Das Saargebiet bekommen sowieso die Franzosen. Hier kannst du jetzt nützlicher sein, du kannst beim Zentralkomitee der Partei eine gute Arbeit machen. Bist du einverstanden?« Honecker war verblüfft, doch seine Antwort fiel so aus, wie sie von einem treuen Parteiarbeiter zu erwarten war. Nach einigem Hin und Her teilte Ulbricht seinen neuen Gefolgsmann für die Jugendarbeit der Partei ein.

In diesem Metier kannte Honecker sich bestens aus. Schon vor der NS-Zeit war er in seinem Heimatort Wiebelskirchen kommunistischer Jugendfunktionär gewesen und hatte sich zielstrebig nach oben gearbeitet. Sogar die Führung des kommunistischen Jugendverbands KJVD war auf den umtriebigen Honecker aufmerksam geworden und hatte ihn 1930 zu einem Studium an der Lenin-Schule der Kommunistischen Jugendinternationale in Moskau delegiert. Nach seiner Rückkehr wurde er Chef des saarländischen KJVD. 1933, nach Hitlers »Machtergreifung« im Deutschen Reich, konnten die Kommunisten im autonomen Saarland zunächst noch legal weiterarbeiten. Erst nachdem sich in einer Volksabstimmung Anfang 1935 eine Mehrheit der Saarländer für den Anschluss an das Deutsche Reich ausgesprochen hatte, ging Honecker in die Illegalität. Im Sommer 1935 schickte man ihn unter falschem Namen nach Berlin, wo er die Leitung des illegalen KJVD für die Reichshauptstadt übernehmen sollte. Doch dieser Job war ein Himmelfahrtskommando. Beim Treffen mit einer Kurierin der Parteileitung im Dezember 1935 stellte Honecker sich so ungeschickt an, dass

---

Er wirkte ein bisschen wie ein Leisetreter. Hinterher merkte man, dass diese Bescheidenheit Absicht war, so war eben sein Charakter.

Heinz Junge, damals im KJVD

»Er wirkte ein bisschen wie ein Leisetreter«: Honecker (vorn rechts) mit seinen Kameraden vom Schalmeienzug des kommunistischen Rotfront-Kämpferbunds in Wiebelskirchen, Ende der zwanziger Jahre.

die Gestapo ihn kurze Zeit später verhaftete. Bis zum Ende des »Dritten Reiches« saß er hinter Gittern.

Jetzt, im Sommer 1945, stürzte sich Honecker mit Feuereifer in die Arbeit. Er übernahm nicht nur die Jugendarbeit der soeben wieder ins Leben gerufenen KPD, sondern bereitete auch die Gründung überparteilicher »Jugendausschüsse« vor. Aus diesen Ausschüssen entstand im Februar 1946 die »Freie Deutsche Jugend«, und Honecker war ihr erster Vorsitzender. Obwohl die FDJ mit ihrer uniformen Kleidung, ihren Aufmärschen und Fackelzügen in der Rückschau fatal an die gerade verblichene Hitlerjugend erinnerte, fanden es viele Jugendliche doch ganz selbstverständlich, sich zum Wiederaufbau des zerstörten Landes zusammenzuschließen. Mit am Tisch saßen Kommunisten, Liberale, Christen und Sozialisten. Zeit-

»Die Angeklagten Baum und Honecker sind, wie Umfang und Intensität ihrer illegalen Arbeit für den KJVD und auch ihre Erklärungen in der Hauptverhandlung erweisen, überzeugte und unbelehrbare Anhänger des Kommunismus.«

Urteil des »Volksgerichtshofs« gegen Honecker, Juni 1937

So bin ich einfach hineingeschlittert in meine Tätigkeit als Jugendsekretär des ZK der KPD und später als Vorsitzender des Jugendausschusses der sowjetischen Besatzungszone.

Honecker, 1990

zeugen bescheinigen Honecker, dass er den überparteilichen Anspruch der FDJ zu dieser Zeit noch durchaus ernst genommen habe. »Er hat wirklich ehrlich daran geglaubt, dass es für unser Land wichtig sei, die Rivalitäten zwischen den vielen Jugendorganisationen aufzulösen im Interesse der neuen demokratischen Ordnung«, erinnert sich Klaus Bölling, der damals in der FDJ mit Honecker zusammenarbeitete. »Er hatte einen idealistischen Elan und eine aufrichtige Bereitschaft, mit jungen Menschen aus anderen politischen Lagern zusammenzuarbeiten.« Doch bald trat das ein, was Ulbricht in Bezug auf die staatlichen Führungspositionen so formuliert hatte: »Es muss demokratisch aussehen, aber wir müssen alles in der Hand haben« – Honecker führte den Verband immer mehr ins kommunistische Fahrwasser. Fred Stempel, damals ebenfalls in der FDJ aktiv, bestätigt das: »Wir hatten 1949 das III. FDJ-Parlament in Leipzig, und dort tönte Honecker noch: ›Wir müssen den überparteilichen Charakter der FDJ wie unseren eigenen Augapfel hüten.‹ Drei Jahre später zu Pfingsten 1952, beim IV. Parlament, sagte Honecker: ›Die FDJ ist der treue Helfer und die zuverlässige Kampfreserve der Partei der Arbeiterklasse.‹ Das stand natürlich nicht mehr in Übereinstimmung mit dem, was wir selbst an Vorstellungen hatten.« Aus der überparteilichen FDJ wurde so eine lupenreine kommunistische Nachwuchstruppe. Für Honecker selbst zahlte sich diese Entwicklung aus: Er gehörte bald zu den hoffnungsvollsten »jungen Kadern« der Partei und saß auch im Vorstand der im April 1946 aus der Zwangsvereinigung von KPD und SPD entstandenen SED. 1950 wurde er Kandidat des SED-Politbüros und war damit ganz oben in der Parteihierarchie angekommen.

Es entsprach der Logik der kommunistischen Kaderpolitik, dass Honecker diese Position nicht dank eigenständiger politischer, intellektueller oder auch nur rhetorischer Qualitäten erreichte. Außer seiner organisato-

---

Als ich aus dem Krieg nach Hause kam, lag alles in Scherben, es herrschten Not und Elend. Trotzdem hatte ich ein Unmaß an Hoffnung und den Willen mitzuhelfen, dass es nie wieder zu Faschismus und Krieg kommt. So habe ich schnell Kontakt gefunden zur antifaschistischen Jugend. Wir waren völlig selbstständig, es redete uns niemand herein. Deshalb waren wir auch einverstanden, dass diese antifaschistische Jugend umgewandelt wurde in die Freie Deutsche Jugend. Besonders gefiel uns das Wort »frei«, das ja eine gewisse Selbstständigkeit ausdrückte.
Fred Stempel, damals in der FDJ

rischen Begabung hatte Honecker als FDJ-Vorsitzender nichts vorzuweisen. Seine Leistung bestand allein darin, die Vorgaben der sowjetischen Besatzungsmacht und der SED-Führung in praktische Jugendpolitik umzusetzen. Dazu gehörte auch die immer stärkere Stalinisierung der FDJ. Der sowjetische Diktator war – nicht nur zu dieser Zeit – Honeckers absolutes Ideal. Klaus Bölling erinnert sich, wie Honecker ihm 1946 von seinem Aufenthalt in Moskau 1930 vorschwärmte: »Auf dem Roten Platz hatte er aus der Entfernung von einigen hundert Metern Stalin gesehen. Und das war für ihn tatsächlich so etwas wie eine göttliche Erscheinung. Stalin war für ihn ein Idol, eine Person, über die man nicht das leiseste kritische Wort sagen durfte.« Vor dem Stalin'schen Terror verschloss er die Augen. Diese »anderen Dinge« verblassten angesichts der revolutionären Rolle Stalins im Weltprozess, so Honecker. Nicht zuletzt deshalb begann drei Jahrzehnte später Honeckers Entfremdung von der sowjetischen Führung, als unter Gorbatschow Stalins Verbrechen nicht länger verschwiegen wurden.

> Erich Honecker war eine Organisationsbegabung. Aber als Redner war er ein absoluter Versager.
>
> Klaus Bölling, damals Mitarbeiter Honeckers in der FDJ

> »Erich Honecker ist ein mit vielseitigen Fähigkeiten begabter Mensch. Er weist insbesondere die Fähigkeit auf, in schwierigen Situationen seine Verhandlungsgeschicklichkeit anzuwenden und in fast allen Fällen die Lage zu beherrschen. Sein Auftreten ist frisch und ungekünstelt und wird immer bei der Jugend uneingeschränkte Zustimmung finden. Seine rhetorischen Leistungen sind mehr als ausreichend, um seine besonderen Aufgaben als Vorsitzender der FDJ zu erfüllen.«
>
> SED-interne Beurteilung Honeckers, August 1946

Anfang der fünfziger Jahre häuften sich die kritischen Stimmen über Honeckers Führungsstil an der Spitze der FDJ. »Er duldete keinen Widerspruch mehr«, erklärt Fred Stempel. »Das war bei ihm wohl eine Eigenschaft, die sich bis zuletzt erhalten hat. Das wird deutlich an seinem öffentlichen Auftreten, als er der mächtigste Mann der DDR war.« Doch Honecker musste sich um seine Position keine Sorgen machen – die schützende Hand des Parteichefs Ulbricht bewahrte ihn vor negativen Konsequenzen.

Warum förderte Ulbricht ausgerechnet Honecker? Die Antwort ist ernüchternd: Dieser Mann war sicherlich das unoriginellste und damit am leichtesten »formbare« Mitglied des Politbüros. Im Vergleich mit dem recht einfach gestrickten Honecker, aber auch mit den Parteibonzen und Politbürokraten der späteren Jahre saßen zu dieser Zeit noch regelrechte Charakterköpfe im Politbüro: Männer wie der brillante Journalist und Chefredakteur des *Neuen Deutschland*, Rudolf Herrnstadt, oder Anton Ackermann, der einen »besonderen deutschen Weg zum Sozialismus« propagiert hatte – in

199

Oben: »Wir grüßen aus tiefstem Herzen das Neue«: Der erste Fackelzug der FDJ im Oktober 1949.
Unten: »Mit vielseitigen Fähigkeiten begabt«: Rastlos war Honecker im Auftrag der FDJ unterwegs.

Abgrenzung vom sowjetischen Modell. Honecker dagegen, so erinnern sich Augenzeugen, fiel im Politbüro eher durch Albernheiten auf, mit denen er seine intellektuelle Unsicherheit zu kaschieren versuchte.

Es wäre jedoch ein fataler Irrtum, von einer Freundschaft zwischen Ulbricht und Honecker zu sprechen – die beiden verband lediglich eine reine Zweckbeziehung, und zwar nicht nur zu Honeckers Nutzen. Das sollte sich nicht zuletzt am 17. Juni 1953 zeigen. Schon im Vorfeld des Volksaufstands hatte es im Politbüro vermehrt Angriffe auf Ulbricht und seinen wirtschaftspolitischen Kurs gegeben, der in der DDR zu anhaltenden Protesten unter der Bevölkerung führte. Auch in der Führung in Moskau gab es bereits Überlegungen, den unbeliebten Ulbricht als »Ersten Sekretär« der SED abzulösen. Als eines der wenigen Mitglieder des höchsten SED-Gremiums stand Honecker in dieser Phase bedingungslos loyal zu Ulbricht.

Auch nach der Niederschlagung des Aufstands durch sowjetische Truppen ging das parteiinterne Scherbengericht gegen Ulbricht weiter; und mit ihm geriet Honecker ins Fadenkreuz der Kritiker. Eine von Ministerpräsident Grotewohl beauftragte Sonderkommission entdeckte bei der FDJ »Schönfärberei« und politische »Sorglosigkeit«. Allzu viele FDJler hatten sich an den Arbeitsniederlegungen am 17. Juni beteiligt, während die meisten Funktionäre den »konterrevolutionären« Umtrieben nicht entgegengetreten, sondern lieber abgetaucht waren. Fred Stempel, damals Mitglied in dieser Kommission, schlug Grotewohl vor, »den Genossen Honecker durch einen anderen, fähigeren, erfahreneren Genossen zu ersetzen«. Elli Schmidt, die Vorsitzende des DDR-Frauenbunds, erklärte während einer Politbürositzung verbittert: »Der ganze Geist, der in unserer Partei eingerissen ist, das Schnellfertige, das Unehrliche, das Wegspringen über die Menschen und ihre Sorgen, das Drohen und Prahlen – das erst hat uns so weit gebracht. Und daran, lieber Walter, hast du die meiste Schuld. ... Wer dir zum Munde redet und

> Ich glaube, dass Ulbricht für seine Politik, wie er sie in den fünfziger Jahren gemacht hat, einen Mann wie Honecker brauchte. Ich habe mich oft mit Grotewohl unterhalten. Grotewohl hatte keine gute Meinung von Erich Honecker: blass, kein Format, keine Persönlichkeit, kein eigener Standpunkt und im Grunde genommen ein kritikloser Nachbilder von Ulbricht.
>
> Fred Stempel, Mitarbeiter Grotewohls

> Alle fallen über Walter her. Er wird wohl unterliegen. Aber das Schlimmste ist – ich weiß nicht, wie ich mich verhalten soll.
>
> Honecker nach dem 17. Juni 1953

> Er hat sicherlich am 17. Juni 1953 genau gewusst, dass es sich nicht um eine konterrevolutionäre, vom Westen gesteuerte Verschwörung handelt. Das hat er gewusst.
>
> Klaus Bölling, ab 1947 im Westen

immer hübsch artig ist, der kann sich viel erlauben. Honecker zum Beispiel, das liebe Kind.« Ulbricht, der durch den wiedererlangten Rückhalt der sowjetischen Führung wieder fester denn je im Sattel saß, stellte sich jedoch einmal mehr vor Honecker. Er bügelte alle Angriffe auf seinen willigen Helfer ab und erklärte: »Die Frage ist schon erledigt, der geht auf Schule.« Mit der Ankündigung, Honecker auf die Parteischule der KPdSU nach Moskau zu delegieren, konnte der solchermaßen Kritisierte zunächst aus der direkten Schusslinie genommen werden. Und gleichzeitig war damit die Garantie gegeben, dass er nach Abschluss des Studiums für höhere Aufgaben im Partei- und Staatsapparat taugte.

Im Mai 1955 war es soweit: Der alternde Berufsjugendliche – immerhin schon weit über vierzig – durfte endlich das Blauhemd der FDJ ausziehen und begann sein Studium in Moskau. Damit verschwand er zunächst aus der ersten Riege der Parteiführung, blieb aber Kandidat des Politbüros und damit im Führungszirkel. Honecker plante auch nach seiner Rückkehr keineswegs, nur die zweite Geige zu spielen. Der spätere DDR-Kulturminister Hans Bentzien, der mit ihm in Moskau studierte, bestätigt dies: Er sollte Honecker Russisch beibringen. Doch dieser, der laut Bentzien »nicht über die Grundkenntnisse der deutschen Sprache« verfügte, kam mit der Fremdsprache überhaupt nicht zu Rande. »Nach der fünften Stunde trennten wir uns mit seiner Bemerkung: ›Ach weißt du, Hans – in den Funktionen, in denen ich arbeiten werde, werde ich sicherlich immer einen Dolmetscher haben.‹« Womit er Recht behalten sollte.

Nach seiner Rückkehr aus Moskau im Sommer 1956 trat Honecker in der Öffentlichkeit zwar weniger in Erscheinung, konnte aber dennoch einen enormen Machtzuwachs verzeichnen. Ulbricht machte seinen politischen Ziehsohn zum Sekretär für Sicherheitsfragen, was Honecker die Kontrolle von Polizei und Staatssicherheit garantierte. Honecker gefiel sich in seiner neuen Rolle als Kettenhund Ulbrichts, der alle Widersacher aus dem Politbüro zu entfernen versuchte. Honecker gab die Parole aus: »Wer Walter Ulbricht angreift, greift die Partei an« und drohte: »Wir werden... jedem auf die Finger klopfen, der es wagt, unseren im revolutionären Kampf bewährten Führer mit Schmutz zu bewerfen.« Ulbricht belohnte seinen Mann fürs Grobe, indem er ihn endgültig zum Vollmitglied des Politbüros ernannte. Fortan war

---

Die ehemaligen FDJ-Führungskräfte kamen nach und nach alle ins Politbüro. Darüber machte man schon Späße. Der SED-Bezirkssekretär von Gera, Ziegenhahn, spekulierte immer, dass er auch ins Politbüro kommt. Doch da hieß es schon immer scherzhaft: Na, der kommt doch nicht ins Politbüro, der war doch nicht in der FDJ!

Fred Stempel

Honecker der unumstrittene »Kronprinz« Ulbrichts im SED-Politbüro. »Offiziell gab es zwar nie einen Stellvertreter«, erklärt Gerhard Schürer, der später Vorsitzender der »Staatlichen Plankommission« wurde. »Inoffiziell war es ein ungeschriebenes Gesetz, dass derjenige, der innerhalb des Politbüros für Verteidigung und Sicherheit zuständig war, als zweiter Mann galt.«

Als Vorsitzender der Freien Deutschen Jugend ist er bemüht gewesen, sich eine »Hausmacht« zu schaffen für den Fall eines Wechsels an der Spitze der SED und damit an der Spitze des Staates DDR – und der musste ja einmal kommen, früher oder später.
Herbert Häber, 1984/85 Politbüromitglied

Bald sollte für Honecker die Gelegenheit kommen zu beweisen, dass Ulbricht zu Recht auf ihn vertraute. Seit Ende der fünfziger Jahre hatte der Parteichef verstärkt die »sozialistische Umgestaltung« der DDR-Gesellschaft und -Wirtschaft vorangetrieben, doch die Bürger der DDR waren alles andere als begeistert von der Politik des »Spitzbarts«, wie Ulbricht oft abfällig genannt

Mein Verantwortungsbereich war ziemlich umfassend, sodass mich Genosse Walter Ulbricht immer mehr mit der Leitung der Arbeit des Politbüros unserer Partei beauftragte.
Erich Honecker, 1990

wurde. Hunderttausende kehrten der DDR alljährlich den Rücken und »machten rüber« in den Westen – die allermeisten über die offene Grenze in der Viersektorenstadt Berlin. Fast 200 000 Ostdeutsche hatten allein im

»Lehrling und Meister«: Walter Ulbricht hielt stets seine schützende Hand über seinen Zögling Honecker (1958).

> Zu einer bestimmten krisenhaften Situation kam es, wie Sie wissen, 1961, die zum Bau der Mauer führte. Der Kalte Krieg erreichte seine Spitze. Man organisierte eine Massenflucht aus der DDR. Dann kam es bekanntlich zu der Tagung des Politischen Beratenden Ausschusses des Warschauer Vertrages im Juli 1961 in Moskau. Dort wurde durch einstimmigen Beschluss die DDR beauftragt, die Grenze zur Bundesrepublik als auch zu Westberlin unter Kontrolle zu nehmen.
> Erich Honecker, 1990

Jahr 1960 die DDR verlassen, und auch im ersten Halbjahr 1961 zählte die Statistik bereits wieder 100 000 »Republikflüchtige«. Schon seit längerem plante die SED-Führung deshalb, die Grenze in Berlin dauerhaft zu schließen. Im Frühjahr 1961 kamen die ersten konkreten Pläne für einen Mauerbau auf den Tisch. Die Leitung der Aktion übertrug Ulbricht seinem Musterschüler Honecker. Dieser war ganz in seinem Element, konnte er doch wieder einmal eine Probe seines Organisationstalents abliefern.

Unter diesem Aspekt vollbrachte Honecker am 13. August 1961 tatsächlich eine Meisterleistung. Er mobilisierte zehntausende Volkspolizisten sowie Angehörige der Betriebskampfgruppen und sorgte persönlich dafür, dass die letzten fehlenden 300 Tonnen Stacheldraht aus Rumänien importiert wurden. Als um Mitternacht längs der Sektorengrenze in Berlin bewaffnete Kräfte aufmarschierten und das Pflaster aufrissen, konnte sich Honecker beruhigt zurücklehnen: Er hatte an alles gedacht. Später in der Nacht fuhr Honecker an verschiedene Grenzabschnitte und überzeugte sich persönlich vom reibungslosen Ablauf der Grenzschließung. Gegen sechs Uhr morgens ließ er sich nach Hause bringen – Westberlin war abgeriegelt.

Kaum bekannt ist, dass Honecker sich gleichsam selbst mit einmauerte. Noch immer lebten seine Eltern und zwei seiner Geschwister im Saarland. Als 1963 seine Mutter und 1969 sein Vater starben, hätte Honecker zur Beerdigung fahren können. Ulbricht stellte es ihm frei, und die Bundesregierung bot eine »befristete Freistellung von der deutschen Gerichtsbarkeit« an, sodass Honecker bei der Einreise nicht verhaftet worden wäre. Doch er fuhr nicht. Was konsequent schien, war in Wirklichkeit Sorge um die eigene Karriere – die sowjetischen Genossen hätten eine private Westreise zu dieser Zeit wohl kaum gutgeheißen.

Stattdessen profilierte sich Honecker als Scharfmacher in Sachen Mauer. Im Herbst 1961, als bereits vier Menschen an der Grenze ihr Leben gelassen

»Es ging darum, den Frieden zu retten«: Volkspolizei riegelt in den frühen Morgenstunden des 13. August 1961 das Brandenburger Tor ab (oben). Honecker dankt Angehörigen der Grenztruppen (unten).

> Es kam selbstverständlich zu menschlichen Tragödien, aber in der Hauptsache ging es darum, den Frieden zu retten, denn Instabilität in Mitteleuropa bedeutete damals wie heute Gefahr für den Frieden.
>
> Honecker, 1990

> Was ist das für ein Sozialismus, der sich einmauern muss, damit ihm sein Volk nicht davonläuft?
>
> Stefan Heym, Schriftsteller

> Ulbricht hatte zwar das Konzept der Mauer entwickelt und mit der Sowjetführung abgestimmt, aber die gesamten organisatorischen und militärischen Vorbereitungen sowie die Entsprechungen für die Errichtung der Mauer lagen in den Händen Erich Honeckers.
>
> Wolfgang Leonhard

hatten, ordnete er an: »Alle Durchbruchsversuche müssen unmöglich gemacht werden. ... Gegen Verräter und Grenzverletzer ist die Schusswaffe anzuwenden.« Verteidigungsminister Hoffmann machte aus dieser Anweisung einen Dienstbefehl für die Grenztruppen, die demnach verpflichtet waren, nach Anruf und Warnschuss die Waffe gezielt einzusetzen, wenn »keine andere Möglichkeit zur Festnahme« bestehe – also fast immer. Noch 1974 hielt Honecker es für notwendig, darauf hinzuweisen, dass nach wie vor »bei Grenzdurchbruchsversuchen von der Schusswaffe rücksichtslos Gebrauch gemacht werden« müsse. »Genossen, die die Schusswaffe erfolgreich angewandt haben«, seien zu belobigen.

Offenbar kamen Honecker nie Zweifel an seinem Tun. Für hunderttausende Deutsche brachte die Mauer unermessliches Leid, doch das kümmerte ihn nicht. Bis zuletzt verteidigte er den Ausbau der Grenze als richtig und notwendig. »Wir unternahmen keine andere Aktion als jeder andere unabhängige, souveräne Staat. Lediglich nahmen wir unsere Grenze gemäß dem damals wie heute von der Organisation der Vereinten Nationen verbrieften Völkerrecht unter Kontrolle. Damit wurde der Friede gerettet und der Grundstein für das weitere Aufblühen der Deutschen Demokratischen Republik gelegt«, rühmte er sich in seiner zu DDR-Zeiten erschienenen Autobiographie. Und noch 1990 erklärte er in einem Interview: »Der Kalte Krieg erreichte seine Spitze. Man organisierte eine Massenflucht aus der DDR. ... Es kam selbstverständlich zu menschlichen Tragödien, aber in der Hauptsache ging es darum, den Frieden zu retten.« Das schiefe Bild vom »antifaschistischen Schutzwall« (wie die Mauer im offiziellen DDR-Deutsch genannt wurde), dessen Errichtung angesichts eines unmittelbar bevorstehenden Angriffs der NATO den Frieden in der Welt gerettet habe, sollte kaschieren, warum die Mauer wirklich gebaut wurde: Der SED wäre langsam, aber sicher das Volk abhanden gekommen. In Wahrheit markierte die Mauer eine moralische und politische Katastrophe – das Eingeständnis der Niederlage des sozialistischen Lagers im Kampf der Systeme.

Der Mauerbau bedeutete eine tiefe Zäsur in der DDR-Geschichte. Anders als bisher konnten sich die Menschen dem allgegenwärtigen Druck des Regimes nicht mehr durch Flucht in den Westen entziehen. Die Mauer wurde zur eisernen Klammer, die das Staatswesen – mehr als 28 Jahre – zusammenhielt. Die Erkenntnis, in einem Gefängnis zu leben, aus dem es auf absehbare Zeit keine Entlassung geben würde, prägte das Bewusstsein der Menschen. In den Monaten nach dem 13. August kam es zwar noch einmal zu einem Aufwallen des Volkszorns – so wurden im zweiten Halbjahr 1961 viermal so viele politische Strafurteile ausgesprochen wie im ersten –, doch dann verlief die Entwicklung der DDR tatsächlich in einem ruhigeren Fahrwasser. Die Menschen richteten sich notgedrungen ein im Mauerstaat und verliehen ihm so den Anschein von Stabilität. Nichtsdestotrotz blieb der »Westen« stets der Bezugsrahmen sowohl für die Bevölkerung als auch für die Parteioberen. Während Letztere in ihm stets den »Gegner« und den Hort der Reaktion sahen, wurde er für die Masse der Bevölkerung zum Ziel aller Sehnsüchte und zu einer Art von idealisiertem irdischem Paradies.

> Die Mehrheit der Bevölkerung der DDR war sich nach dem 13. August 1961 im Klaren: Bis zu deinem Rentenalter bist du hier. ... Wenn man gezwungen ist, bis zum 65. Lebensjahr dazusitzen und irgendwas Vernünftiges zu machen, dann muss man sich auch auf dieses System einstellen. Insofern hatte die Mauer die ersten Jahre eine stabilisierende Wirkung.
>
> Wolfgang Seiffert, Honecker-Vertrauter

Mit dem Amtsantritt Leonid Breschnews im Jahr 1963 sah Honecker seine Chancen wachsen, vom »Zweiten« zum »Ersten« aufzusteigen. Es begann im Bündnis Ulbricht/Honecker zu kriseln. Ulbricht und Breschnew mochten sich nicht besonders, während das Verhältnis des neuen Kremlchefs zu Honecker von Anfang an gut war. Ulbricht seinerseits hatte sich Breschnews Vorgänger Chruschtschow verbunden gefühlt und dessen vorsichtige Liberalisierung der sowjetischen Gesellschaft für die DDR übernommen. Das Anfang 1963 verkündete »Neue Ökonomische System der Planung und Leitung« (kurz: NÖSPL oder NÖS) setzte in der Wirtschaft anstelle der starren Planvorgaben das Prinzip weitgehender Eigenverantwortung der Betriebe. Die Reformen führten im Mauerstaat schnell zu einer deutlichen Verbesserung der wirtschaftlichen Lage. Auch im kulturpolitischen Bereich wurden die Zügel nun etwas lockerer gelassen. Sogar die vordem verteufelte »Beatmusik« war jetzt erlaubt. All dies erhöhte die Identifikation der DDR-Bürger mit ihrem Staat, war jedoch den neuen Kremlherren ein Dorn im Auge. Honecker suchte den Schulterschluss mit Moskau und strebte

»Es darf zu keinem Prozess der Annäherung kommen«: Honecker, Breschnew und Ulbricht im Jahr 1967.

fortan in diesen beiden Bereichen – Kultur und Wirtschaft – beständig danach, seinem vormaligen Lehrmeister an den Karren zu fahren.

Ende der sechziger Jahre verstärkte sich in Moskau der Unmut über den Kurs Ulbrichts. Dabei störte sich der Kreml weniger daran, dass die NÖS-Wirtschaftsreformen im Grunde schon Mitte der sechziger Jahre gescheitert waren. Viel mehr erzürnten Breschnew Ulbrichts Annäherungsversuche an den »Klassenfeind« im Westen. »Ulbricht wollte ein offeneres Verhältnis zur Bundesrepublik«, bestätigt Herbert Häber, der seinerzeit als stellvertretender Leiter des »Staatssekretariats für gesamtdeutsche Fragen« dem Parteichef direkt unterstellt war. »Vor allem nach der Wahl von Willy Brandt zum Bundeskanzler hatte er die Absicht, eine neue Westpolitik zu beginnen. Wenn die Bundesregierung eine neue Ostpolitik macht, so Ulbricht, dann müssen wir auch eine neue Westpolitik machen.« Doch damit biss er beim sowjetischen KP-Generalsekretär auf Granit. Der erklärte klipp und klar: »Es darf zu keinem Pro-

> Ulbricht wollte heraus aus der starren Planwirtschaft nach sowjetischem Muster.
> Herbert Häber

> Der Sozialismus ist eine relativ selbstständige sozialökonomische Formation in der historischen Epoche des Übergangs vom Kapitalismus zum Kommunismus im Weltmaßstab.
> Ulbricht

»Aufs Tempo gedrängt, um Ulbricht zu entmachten«: Honecker und Breschnew 1971 während eines Jagdausflugs.

zess der Annäherung zwischen der BRD und der DDR kommen.« Offenbar glaubte Breschnew, hinter Ulbrichts Formel einer »Partnerschaft« zwischen beiden deutschen Staaten das Gespenst der deutschen Wiedervereinigung zu erkennen. »Honecker hat sich ganz klar auf die Seite des Mächtigeren gestellt, nämlich auf die Seite des sowjetischen Generalsekretärs, und hat Vorbereitungen getroffen und aufs Tempo gedrängt, um Walter Ulbricht abzulösen«, so Häber in einem ZDF-Interview. Honecker kam nun immer öfter direkt mit Breschnew zusammen, und ihm wurde während solcher Treffen mehrfach bedeutet, dass er von Moskau als Nachfolger Ulbrichts ausersehen sei.

Ulbricht, der von Honeckers Ambitionen Wind bekommen hatte, wollte natürlich nicht so einfach klein beigeben. Ende Juni 1970 kam es zu einem spektakulären Showdown. »Als Ulbricht erkannte, wie scharf der Vorstoß ist, den Honecker hier in Gang gesetzt hatte, hat er verfügt, dass Honecker entlassen wird«, erinnert sich Herbert Häber. »Er hat ihm wohl gesagt: ›Du musst noch einiges lernen, musst noch

> Wir haben als Plankommission vor dem Neuen Ökonomischen System etwa 3000 Positionen zentral geplant und darauf die Planauflagen verteilt. Mit dem NÖS haben wir nur noch 100 planen müssen.
>
> Gerhard Schürer

> *Sie suchten herauszubekommen, wen Moskau auf diesem Posten sehen wolle. Um dem ein Ende zu setzen, sprach ich bei einem Empfang Stoph direkt an: Wen wollt ihr vorschlagen? Er hätte doch nicht sagen können: Mich. Er sagte zähneknirschend: Honecker. Ich wandte mich an einen anderen, von dem ich wusste, dass er Stoph unterstützte, und auch der bestätigte süßsauer: Honecker. Später bildeten diese Leute eine Opposition zu Honecker, besonders Stoph. Er war es, der 1989, als das Regime ins Schwanken geriet, die Frage nach Honeckers Absetzung stellte, und alle unterstützten ihn.*
>
> Pjotr Abrassimow, damals sowjetischer Botschafter in der DDR

mal auf die Schule gehen!‹« Honecker sei daraufhin zur sowjetischen Botschaft gelaufen und habe um Hilfe gebeten. Schon am nächsten Tag sei Pjotr Abrassimow, der Botschafter der Sowjetunion in der DDR, mit einem Befehl Leonid Breschnews, die Entlassung Honeckers unverzüglich wieder rückgängig zu machen, bei Ulbricht aufgekreuzt. »Das ist ein Beweis dafür, wie scharf die Konfrontation gewesen ist; das war nicht nur ein Geplänkel.« Zur nächsten Politbürositzung wurde Honecker wieder in seine Ämter eingesetzt; bei einem persönlichen Gespräch versuchten Breschnew und Ulbricht, ihre Differenzen auszuräumen. Dennoch pochte der SED-Chef weiter auf die Eigenständigkeit seiner Regierung. Er hob die Leistungen der DDR-Forschung hervor und betonte: »Wir wollen uns ... als echter deutscher Staat entwickeln. Wir sind nicht Belorussland, wir sind kein Sowjetstaat.«

Erich Honecker war nun klar, dass er sich diesen erneuten Fauxpas Ulbrichts zunutze machen musste. Im Politbüro sammelte er jetzt ganz offen Mitstreiter um sich. Bis zum Beginn des Jahres 1971 hatte er 13 der 20 Mitglieder und Kandidaten des Politbüros auf seine Seite gezogen. Gemeinsam verfassten die Verschwörer einen Brief, in dem mit Ulbricht schonungslos abgerechnet wurde. Nichts wurde ausgelassen, um ihn bei Breschnew anzuschwärzen. »Bestimmte negative Seiten seines ohnehin schwierigen Charakters«, so heißt es, seien in der vorangegangenen Zeit verstärkt her-

---

»Aus vielen Bemerkungen und manchem Auftreten geht hervor, dass sich Genosse Walter Ulbricht gern auf einer Stufe mit Marx, Engels und Lenin sieht.«
Aus dem Brief des Politbüros an Breschnew,
21. Januar 1971

Ich habe erlebt, dass Honecker nicht das volle Vertrauen der Moskauer Führung besaß. Eigentlich hatte man in Moskau die Absicht, den damaligen DDR-Ministerpräsidenten Willi Stoph an die Spitze zu bringen, weil Willi Stoph schon seit Kriegszeiten ein Mitarbeiter ihrer Dienste war.
Herbert Häber

vorgetreten. Ulbricht halte sich selbst für »unwiederholbar« und sehe sich gerne auf einer Stufe mit Marx, Engels und Lenin. Die DDR wolle er in eine »Lehrmeisterrolle« innerhalb der sozialistischen Staatengemeinschaft hineinmanövrieren. Vor allem in der Politik gegenüber der Bundesrepublik verfolge Ulbricht eine persönliche Linie, an der er starr festhalte. Damit werde »der zuverlässige Ablauf des zwischen der KPdSU und der SED koordinierten Vorgehens und der getroffenen Vereinbarungen gegenüber der BRD gestört«. Schließlich wird vorgeschlagen, den 77 Jahre alten Ulbricht als Ersten Sekretär abzulösen, ihn auf das Amt des Staatsratsvorsitzenden zu beschränken und gleichzeitig den Staatsrat in seiner Bedeutung zu beschneiden. Breschnew solle deshalb ein Gespräch mit Ulbricht führen, in dessen Ergebnis dieser das ZK ersuche, »ihn aufgrund seines Alters und seines Gesundheitszustandes von der Funktion des Ersten Sekretärs... zu entbinden«.

> Nach eineinhalbstündiger harter Auseinandersetzung resignierte Ulbricht, verlassen von Moskau und der Mehrheit des Politbüros. Er unterschrieb das geforderte Rücktrittsgesuch.
>
> Markus Wolf, »*Spionagechef im geheimen Krieg*«

Ein Vertrauensmann überbrachte den Brief persönlich an Breschnew, und die Rivalen wurden nach Moskau zitiert, wo sie der Kremlherr getrennt voneinander ins Gebet nahm. Die Gespräche brachten schließlich das von Honecker gewünschte Ergebnis: Ulbricht stimmte seiner Abdankung zu. Wie Markus Wolf berichtet, kam es danach noch einmal zu einer direkten Konfrontation in Ulbrichts Sommerhaus in Döllnsee. Honecker habe alle Telefonleitungen kappen lassen und sei dann, von bewaffneten Begleitern eskortiert, bei Ulbricht vorgefahren. Dort habe er seinem langjährigen Förderer ein vorformuliertes Rücktrittsgesuch unter die Nase gehalten. Offensichtlich blieb Ulbricht keine Wahl: Er musste unterschreiben. Wie auch immer diese Konfrontation sich abgespielt haben mag – für Honecker lief danach alles nach Plan. Am 3. Mai bat Ulbricht auf einer Tagung des SED-Zentralkomitees, ihn »aus Altersgründen« von der Position des Ersten Sekretärs abzulösen. Honecker wurde – natürlich einstimmig – zu seinem Nachfolger gewählt. Endlich war er ganz oben angekommen.

> Die Hauptaufgabe des Fünfjahrplans besteht in der weiteren Erhöhung des materiellen und kulturellen Lebensniveaus des Volkes auf der Grundlage eines hohen Entwicklungstempos der sozialistischen Produktion, der Erhöhung der Effektivität, des wissenschaftlich-technischen Fortschritts und des Wachstums der Arbeitsproduktivität.
>
> Honecker auf dem VIII. Parteitag der SED, Juni 1971

Die meisten Menschen in der DDR verbanden mit dem Wechsel an der Spitze keine großen Hoffnungen, sie warteten zuerst einmal ab. Zu häufig hatte sich Honecker in den vorangegangenen Jah-

> Honecker kam aus einer Familie, in der das Leben schon dann ein Erfolg war, wenn der Mensch zu essen hatte, sich kleiden konnte, warm und trocken wohnte und wenn er Arbeit hatte. Das war Honeckers Sozialismus, und der war für ihn in der DDR erreicht. Jeder, der dafür nicht Dankbarkeit zeigte, war im Grunde genommen ein Feind.
>
> Hans Modrow, »Ich wollte ein neues Deutschland«

ren als Hardliner profiliert. Umso größer war das Erstaunen, als sich Ulbrichts Nachfolger bei seinen ersten öffentlichen Auftritten im neuen Amt ganz anders präsentierte. Auf dem VIII. Parteitag der SED im Juni 1971 propagierte er die »Erhöhung des materiellen und kulturellen Lebensniveaus des Volkes« als neue gesellschaftliche »Hauptaufgabe«. Dies hieß im Klartext für die Bürger: mehr Geld in der Tasche zu haben und sich dafür auch noch etwas leisten zu können. Hatte es zuvor in der DDR immer geheißen: »So wie wir heute arbeiten, werden wir morgen leben«, so stellte Honecker jetzt die Verhältnisse auf den Kopf: Er wollte die murrenden Massen zunächst mit Jeans und Bananen, mit Wohnungen und Kühlschränken ruhig stellen. Sein Kalkül lief darauf hinaus, durch sozialpolitische Geschenke die Arbeitsmotivation der DDR-Werktätigen dermaßen zu erhöhen, dass die Mehrausgaben im Staatshaushalt mehr als kompensiert würden. Wirtschaftspolitisch war dies blankes Wunschdenken. Honecker ging mit dem

»Weitere Erhöhung des materiellen und kulturellen Lebensniveaus«: Der neu gewählte Erste Sekretär der SED auf dem VIII. Parteitag der SED.

Füllhorn durchs Land: Die Mindestlöhne und -renten wurden erhöht, die finanzielle Förderung von berufstätigen Müttern und jungen Familien wurde verbessert. Die Preise für Mieten, Grundnahrungsmittel, Energie und öffentliche Verkehrsmittel wurden eingefroren, obwohl eine Erhöhung aus Gründen der Kostendeckung schon beschlossene Sache gewesen war.

Außerdem brachte Honecker ein Wohnungsbauprogramm auf den Weg, um »die Wohnungsfrage als soziales Problem« zu lösen, wie es in der parteioffiziellen Propaganda hieß. Dies war auch bitter nötig: Ein Großteil der DDR-Bevölkerung lebte noch wie zu Kaisers Zeiten in beengten Verhältnissen, vielfach ohne Bad und mit Gemeinschaftsklo auf halber Treppe. Lediglich 39 Prozent aller Wohnungen hatten ein Bad oder eine Dusche, 36 Prozent eine Innentoilette, mit einem Warmwasseranschluss war sogar nur gut ein Viertel ausgestattet. Nach und nach entstanden an den Rändern der Städte gigantische Betonburgen im Plattenbaustil. Dennoch waren viele Familien froh, in einem dieser Neubaugebiete eine »Vollkomfort-Wohnung« zugewiesen zu bekommen. »Ich habe mich über meine erste Neubauwohnung riesig gefreut«, erinnert sich die Schauspielerin Katrin Saß, die im Film »Goodbye Lenin« die Rolle der Mutter übernommen hatte, »man musste keine Kohlen mehr schleppen. Die Fernheizung, das war schon enorm.«

Warnende Stimmen zur Honecker'schen »Einheit von Wirtschafts- und Sozialpolitik« gab es von Anfang an. Gerhard Schürer hat als Chef der »Staatlichen Plankommission« von Mitte der sechziger Jahre bis zum Ende der DDR sämtliche Irrungen und Wirrungen der DDR-Wirtschaftspolitik unter Ulbricht und Honecker mitgemacht. »All diese Maßnahmen waren wichtig und wunderschön und wurden im Politbüro bejubelt«, erklärt er im ZDF-Interview. »Ich war damals noch nicht im Politbüro, war aber eingeladen zu der entscheidenden Politbürositzung. Ich sagte: ›Das Programm hat einen Fehler: Wir können dieses Programm nicht bezahlen. Wir müssen uns verschulden, und da wir keine Gläubiger finden in den sozialistischen Partnerländern, auch in der Sowjetunion nicht, verschulden wir uns in den westlichen Ländern. Wenn wir aber keine Kredite aufnehmen, dann müssen wir die Investitionen kürzen, und damit sägen wir uns den Ast ab, auf dem wir sitzen. Beides geht nicht, und deswegen bitte ich, die Größenord-

> **Die zentrale Rolle spielte natürlich der Wohnungsbau, es gab ja riesige Warteschlangen auf den Wohnungsämtern. Durch den Neubau auf der grünen Wiese sollte mehr Wohnraum geschaffen werden. Wenn die Menschen dann in diese Wohnungen einziehen würden, dann wäre das für sie ein ganz besonderes Moment der Bindung an die Gesellschaft.**
>
> Günter Schabowski, Mitglied des Politbüros

»Vorwärts immer, rückwärts nimmer!«: Honecker gab sich Zeit seines Lebens kämpferisch, auch wenn ihm das Wasser bis zum Hals stand.

nungen des Programms noch mal zu überprüfen.‹ Darauf hat Erich Honecker ganz empört reagiert und verkündet: ›Du sabotierst die Einheit von Wirtschafts- und Sozialpolitik.‹ Damit war meine Warnung abgeschmettert.«

Munter wurden fortan im Westen Kredite aufgenommen. Mit den Devisen, so der kühne Plan, sollten in der ersten Hälfte der siebziger Jahre moderne westliche Technologien und Anlagen gekauft werden. Die entstandenen Schulden wollte man danach mithilfe der damit erzeugten weltmarktfähigen Produkte begleichen. In Wirklichkeit wurde jedoch ein großer Teil der Kredite für die Einfuhr von Rohstoffen und Konsumgütern verwendet, die direkt oder indirekt in den Verbrauch flossen. Geradezu sinnbildlich dafür war der Import der einst als Symbol westlicher Dekadenz verpönten Bluejeans. Der Abverkauf »echter Jeans« in den Warenhäusern der Republik führte zu wahren Massenansammlungen. Schon in den ersten vier Verkaufstagen wurden allein in Ostberlin 120 000 Hosen unters Volk gebracht. Maßnahmen wie

> 1973 hat er mich in sein Zimmer geholt und hat gesagt: »Gerhard, ich verstehe nicht viel von der Wirtschaft, du bist der Experte auf dem Gebiet der Wirtschaft. Du musst auch den Mut haben zu sagen, wenn mal was nicht geht.«
> Gerhard Schürer

> *Ich habe mal dem Genossen Honecker gesagt: »Sag mal, Erich, entschuldige, dass ich so lästere – vielleicht ist das ja nicht richtig, aber sag mir doch mal: Wie machen das denn die Österreicher, die sind doch noch viel kleiner als wir, und deren Wirtschaft funktioniert trotzdem gut. Warum sind wir nicht in der Lage, das auch so zu machen?«*
> Erich Mielke, 1992

diese verbesserten zwar zunächst die Stimmung im Lande, ökonomisch waren sie jedoch gefährlich: Denn einmal für derartige Zwecke ausgegeben, war das Westgeld futsch, und nur die Schulden blieben.

Doch davon war in der parteioffiziellen Propaganda keine Rede. Den offiziellen Statistiken zufolge ging es in der DDR fortan rasant aufwärts, und alle Wirtschaftsparameter wiesen nach oben. Verschwiegen wurde jedoch, dass der neue Wohlstand ein Wohlstand auf Pump war. Die Entwicklung der Arbeitsproduktivität hielt in keiner Weise mit den Ausgaben Schritt. So geriet die DDR immer tiefer in die Schuldenspirale. Schon 1980 stand sie mit 25,3 Milliarden D-Mark bei westlichen Banken in der Kreide. Bis zu vierzig Prozent der Deviseneinnahmen gingen für Zinsen drauf. Seit Ende der siebziger Jahre warnten deshalb DDR-Wirtschaftsexperten verstärkt vor dem finanziellen Kollaps. »Ich bin immer wieder aufgetreten, dass es nicht gut gehen kann, wenn die Schulden Jahr für Jahr wachsen«, erinnert sich Gerhard Schürer. »Honeckers Antwort war immer: ›Du bist verantwortlich, leg' doch einen Plan vor: Was muss man machen, um die Schulden zu halbieren?‹ Da war der schwarze Peter wieder bei mir. Wenn ich aber Vorschläge gemacht und gesagt habe: Wir müssen den Lebensstandard ungefähr um 25 Prozent einschränken, die frei werdenden Mittel für den Export und die Senkung des Imports benutzen, damit wir wieder zum Atmen kommen, dann wurde das als Provokation zurückgewiesen.« Denn an den niedrigen Verbraucherpreisen zu drehen war in Honeckers DDR tabu – was verheerende Folgen hatte: Weil die Billigmieten nur ein Drittel der Kosten deckten, waren viele Altbauten dem unaufhaltsamem Verfall preisgegeben. Und weil das subventio-

> Diese soziale Sicherheit – für mich war das eine Sicherheit, die so verlogen war und so falsch war –, ich habe mich in dieser Sicherheit nicht wohl gefühlt. Aber es war natürlich für die meisten sehr bequem. Die Leute waren unkündbar. Es saß keiner auf der Straße, es gab keine Arbeitslosigkeit, die Kinder konnten in die Krippen gebracht werden und in den Kindergarten. Sicherlich war das alles toll und praktisch.
> Katrin Saß, Schauspielerin (»Goodbye Lenin«)

> Es gab einfach Grenzen, über die er nicht hinweg konnte, zum Beispiel bei den Subventionen.
> Gerhard Schürer

niertes Brot billiger war als Weizen, wurden Hühner in der DDR mitunter mit Brot statt mit Getreide gefüttert.

Aus Angst vor politischen Unruhen wagte Honecker nicht, die subventionierten Preise für Mieten und Grundnahrungsmittel, Dienstleistungen und Verkehrsmittel anzuheben. »Es war ein unerträgliches Verhältnis im Preissystem«, erläutert Gerhard Schürer. »Preisminister Halbritter hat ständig Vorschläge gemacht, was man ändern muss, um wieder Ordnung reinzubringen. Ich habe, wenn ich Vorschläge gemacht habe, diese immer wiederbekommen, unterschrieben von Erich Honecker mit ›E. H. Einverstanden‹ oder ›E. H. Nicht einverstanden‹. Halbritter hat noch nicht einmal seine Dokumente zurückgekriegt.« Alle Krisen im Ostblock, so glaubte der Parteichef, seien darauf zurückzuführen gewesen, dass die jeweilige Parteiführung Fehler in der Wirtschaftspolitik eingeräumt habe. Besonders der östliche Nachbar Polen stand Honecker dabei immer als warnendes Beispiel vor Augen. Schon 1970 waren dort nach massivem Anstieg der Lebenshaltungskosten blutige Unruhen ausgebrochen. Die Erhöhung der Fleischpreise im August 1980 löste zunächst einzelne Proteststreiks aus, die sich schließlich zu dauerhaften Arbeitsniederlegungen ausweiteten und zur Gründung der unabhängigen Gewerkschaft »Solidarność« unter Lech Wałesa führten.

Um solchen Risiken vorzubeugen, musste in der DDR immer mehr Geld zur Aufrechterhaltung der Subventionen aufgewendet werden. Die Kosten für diese »zweite Lohntüte« (so die Umschreibung für sozialpolitisch motivierte Subventionen) stiegen von 26 Milliarden Mark (Ost) 1971 auf 114 Milliarden im Jahr 1989. Gerade hier zeigte sich, wie begrenzt das Weltbild des Erich Honecker zeitlebens war. Die »elementaren Kampfziele« aus seiner Jugendzeit, »Arbeit, Brot, bezahlbare Wohnung, Recht auf Bildung, soziale Sicherheit«, so musste selbst SED-Parteihistoriker Günter Benser nach der Wende zugeben, hatten »auch für den späteren Staatsmann den Stellenwert einer Leitidee und eines obersten Staatsziels«. Und Benser fügte hinzu: »Weit weniger verstand er Zeit seines Lebens von den schwierigen Voraussetzungen einer florierenden Wirtschaft, die all dies ermöglichen kann.«

Nur wenige Branchen der Volkswirtschaft konnten ihre Erzeugnisse tatsächlich mit Profit auf dem Weltmarkt absetzen. Zu ihnen gehörte die Ölindustrie. Mit dem Bau der Erdölleitung »Freundschaft« war seit Mitte der sechziger Jahre sowjetisches Erdöl in ständig steigender Menge ins Land geflossen. Hatte bis dahin die Energie- und Rohstoffbasis der DDR-Industrie vor allem aus der heimischen Braunkohle bestanden, so wurden nun moderne Fabriken errichtet, die das sowjetische Öl verarbeiteten – für den Eigenbedarf der DDR, aber vor allem auch für den Westen. Zur Zeit der Ölkrise war das ein gutes Geschäft. Während auf dem Weltmarkt die Preise explodierten, konnte die DDR ihre Produkte konkurrenzlos billig anbieten – die Lieferpreise der Sowjetunion waren für ein Planjahrfünft im Voraus festgelegt. Die Überschüsse aus dem Ölgeschäft finanzierten so einen guten Teil der Honecker'schen Politik. Doch bald schon sollte sich die Abhängigkeit der DDR von den sowjetischen Öllieferungen als gravierendes Problem erweisen.

Denn mitten hinein in die sich zuspitzende Schuldenkrise platzte im Sommer 1981 die Ankündigung der Sowjetunion, ab dem darauffolgenden Jahr die Rohöllieferungen an die DDR von 19 auf 17 Millionen Tonnen zu kürzen. Ein »Unglück« habe die UdSSR ereilt, hieß es dunkel aus Moskau, es gehe um »Sein oder Nichtsein«. Alle verzweifelten Versuche von DDR-Politikern, die Moskauer Genossen noch umzustimmen, schlugen fehl. Nach mehreren Missernten in Folge stand den Kremlherrschern selbst das Wasser bis zum Hals; das ursprünglich für die DDR bestimmte Öl musste deshalb gegen

> Genosse Leonid Iljitsch hat mich beauftragt, dem Politbüro der SED mitzuteilen, in der UdSSR gibt es ein großes Unglück. Wenn ihr nicht bereit seid, die Folgen dieses Unglücks mit uns zu tragen, dann besteht die Gefahr, dass die Sowjetunion ihre gegenwärtige Stellung in der Welt nicht halten kann, und das hat Folgen für die ganze sozialistische Gemeinschaft.
>
> KPdSU-Sekretär Russakow, Mitteilung an Honecker, 21. Oktober 1981

> Wir mussten nicht nur Leningrad mit Kartoffeln versorgen, wir mussten also die mächtige Sowjetunion mit Seife, mit Waschpulver, mit sonst was versorgen auf Kosten der Bevölkerung der DDR. Denn so groß war ja die DDR nicht, und so leistungsfähig war ihre Wirtschaft auch nicht.
>
> Herbert Häber

Ab 1980/81 begriff er, dass die DDR an der Seite der Sowjetunion wirtschaftlich keine Perspektive hatte. Die DDR konnte nur weiterexistieren, wenn sie gestützt würde von der Bundesrepublik Deutschland. Die Sowjetunion hatte die DDR nicht nur wirtschaftlich in eine schwierige Lage gebracht, sondern, wie Honecker selber gesagt hat, die DDR auch wirtschaftlich destabilisiert: Weniger Öl für die DDR, aber mehr Lebensmittel aus der DDR in Größenordnungen, die nie geplant waren für die Sowjetunion.

Herbert Häber

»Devisen für die klamme Staatsschatulle«: Im Petrochemischen Kombinat Schwedt wurde sowjetisches Erdöl zu Benzin für den Westen veredelt.

Oben: »Ein großes Unglück«: Die Reduzierung der sowjetischen Öllieferungen hatte für die DDR ernsthafte Schwierigkeiten zur Folge.
Unten: »Wichtigster Energielieferant«: NVA-Soldaten müssen in einem Braunkohletagebau mit anpacken, um die Förderung zu sichern.

harte Devisen auf dem Weltmarkt verkauft werden. Auch die Preisbildungspolitik der Sowjetunion änderte sich. Jetzt errechneten sich die Lieferpreise aus den Weltmarktpreisen der vorangegangenen fünf Jahre, was eine kräftige Erhöhung bedeutete. Dies war für die DDR zunächst kein größeres Problem, da die Weltmarktpreise auch Anfang der achtziger Jahre unverändert hoch blieben. Als sie Mitte des Jahrzehnts sanken, brachen für die DDR die Gewinne im Ölgeschäft mit dem Westen dramatisch ein.

Es begann ein Teufelskreis: Da die DDR aber auf die Einkünfte aus der Erdölveredelung angewiesen war, musste sie im Lande selbst Öl sparen und das Defizit mit der verstärkten Hydrierung von Braunkohle ausgleichen. Bei diesem energieintensiven Verfahren wurden 60 Tonnen Rohbraunkohle benötigt, um eine Tonne Benzin zu erzeugen. Die gleiche Menge konnte aus nur vier Tonnen Erdöl gewonnen werden, wobei noch große Mengen Diesel, Heizöl und Schmierstoffe anfielen. Die Nebenprodukte der Kohlehydrierung dagegen waren zum größten Teil Umweltgifte. Auch die Braunkohleförderung selbst, zumeist in großen Tagebauen in der Leipziger oder Cottbuser Gegend, hatte einen beispiellosen Raubbau an der Natur zur Folge. Doch damit nicht genug: Die mehrheitlich erst wenige Jahre zuvor angeschafften Ölfeuerungssysteme in Kraftwerken und Betrieben mussten nun wieder auf Braunkohle umgestellt werden. »All diese wunderschönen modernen Anlagen rausschmeißen und wieder die alten Öfen zur Verbrennung von Braunkohle einsetzen – das war ein schlimmer Rückschlag«, resümiert Gerhard Schürer heute. Es war ein Rückschlag, von dem sich die DDR nicht mehr erholen sollte: Die Reduzierung der Öllieferungen durch die Sowjetunion stellte nicht nur eine weitere Weiche in Richtung eines wirtschaftlichen Bankrotts, sondern war auch eine der Ursachen für den ökologischen Kollaps in der DDR.

Der Industriezweig Braunkohle kann in dieser Hinsicht als symptomatisch gelten. Beständig nahm in den achtziger Jahren die Produktivität weiter ab, zugleich verringerte sich die Qualität der Waren, die in den langsam verrottenden, umweltverseuchenden Betrieben erzeugt wurden. Viele der Fabriken und Kraftwerke waren die reinsten Industriemuseen, die eigentlich schon vor Jahrzehnten hätten stillgelegt werden müssen. So näherte sich das Durchschnittsalter der Brikettfabriken Anfang der achtziger Jahre bedenklich der 70-Jahre-Marke. Von den schwer wiegenden Folgen für die Umwelt durch die technologisch völlig veralteten Anlagen einmal abgesehen, kam es immer wieder zu Unglücksfällen – wie auch in der Chemieindustrie. Drei Todesopfer forderte beispielsweise 1985 ein Störfall im Buna-Werk. Die explodierte Anlage war zuvor über drei Jahre mit einer Ausnahmegenehmigung betrieben worden. Auch im Chemiekombinat Bitterfeld waren die Anlagen in einem desolaten Zustand. So mussten gut zwei Dutzend Gebäude bei Windgeschwindigkeiten von mehr als 55 Stundenkilometern aus Sicherheitsgründen geräumt werden. Fast 5000 Beschäftigte arbeiteten an besonders gefährdeten Arbeitsplätzen – die erforderliche Ausnahmegenehmigung galt nur für 900. Wo die Arbeitsbedingungen für normale Werktätige gar nicht mehr verantwortbar waren, setzte die DDR Strafgefangene ein, wobei mehrere Häftlinge an Vergiftungen starben.

Je höher sich die Probleme in der DDR-Planwirtschaft auftürmten, desto größer wurde der Einfluss eines Mannes, über dessen Machtbereich bis heute wüste Spekulationen ins Kraut schießen: Alexander Schalck-Golodkowski und sein »Bereich Kommerzielle Koordinierung«, kurz KoKo. Es fällt schwer, das verschachtelte Firmenimperium angesichts der beinahe zwanghaften Verschleierungstaktik auf der einen und der generellen Verteufelung auf der anderen Seite auf sein tatsächliches Maß zu reduzieren. Die Aufgabe der KoKo war die Erwirtschaftung von Devisen außerhalb des Staatsplans – eine kapitalistische Oase in der realsozialistischen Wüste. Ursprünglich dem Ministerium für Außenhandel angegliedert, unterstand Schalck seit 1976 faktisch dem für Wirtschaftsfragen zuständigen Mitglied des Zentralkomitees der SED, Günter Mittag. Außer Mittag hatten nur noch Honecker und Erich Mielke, mit dessen Ministerium für Staatssicherheit die ansonsten völlig unkontrolliert agierende KoKo eng verflochten war, Einblick in das Firmenkonglomerat. Schalck war seit 1960 als IM registriert und fungierte ab 1966 als »Offizier im besonderen Einsatz«.

Um Devisen zu beschaffen, schreckte die KoKo weder vor dem Verkauf von NS-Militaria und – oftmals zwangsenteigneten – Kulturgütern aus der DDR noch vor internationalen Waffengeschäften zurück. Alles, was nicht niet- und nagelfest war, wurde im Westen verscherbelt, bis hin zu historischen Pflastersteinen. Außerdem wurde die Bundesrepublik geschröpft, wo es nur ging. Ob bessere

> Ich war überzeugter Bürger der DDR, und ich habe in meiner Funktion für das Wohl meines Staates gewirkt. Dass dies nicht immer nach den Gebräuchen ehrbarer hanseatischer Kaufleute ablief, lag an der Situation des geteilten Deutschland. Wir waren mitten im Kalten Krieg, da wurde auf beiden Seiten nicht mit Samthandschuhen gearbeitet.
> Alexander Schalck-Golodkowski

> Ich möchte sagen, dass Schalck von meinem Gesichtspunkt aus eine wertvolle Arbeit geleistet hat für die Entwicklung des Außenhandels der DDR mit der westlichen Welt. ... Leider hatte die DDR wenig solcher Geschäftsleute.
> Honecker, 1990

Transitautobahnen, Post- oder Telefonverbindungen, für alles musste Bonn bezahlen. Um die leeren Kassen zu füllen, verlegte sich die DDR sogar auf den Handel mit Menschen. Fast dreieinhalb Milliarden D-Mark nahm sie bis 1989 durch den Gefangenenfreikauf seitens der Bundesrepublik ein. Die »Gewinne« aus diesem »Geschäftsbereich« überwies Schalck auf ein so genanntes »Honecker-Konto«. Alle Entscheidungen über Ausgaben von diesem Konto behielt sich der Generalsekretär persönlich vor, ohne freilich selbst über eine Kontovollmacht zu verfügen. Das Geld verteilte der SED-Chef nach Gusto: Mal gab er 140 Millionen D-Mark für den Import japanischer Autos in die DDR aus, oder er ließ Apfelsinen und Bananen besorgen, um sein Volk bei Laune zu halten; mal sandte er 80 Millionen D-Mark zur Unterstützung des »Brudervolks« nach Polen. Die letzte Überweisung vor Honeckers Sturz betraf Nicaragua: 16 Millionen D-Mark für die sandinistische Regierung.

Insgesamt, so bilanzierte Schalck 1989, habe der Bereich Kommerzielle Koordinierung gut 50 Milliarden D-Mark für das Regime erwirtschaftet. Was geschah mit diesem Geld? Etwa die Hälfte wurde direkt in den DDR-Staatshaushalt eingespeist, der Rest blieb in Schalcks Verfügungsgewalt, der es »nach Maßgabe der Staats- und Parteiführung« verwendete. Das konnte einerseits die Einfuhr von Südfrüchten zu Weihnachten sein, die so genannten »Festtagsimporte«. Außerdem hatte Schalck die Versorgung des Politbüro-Ghettos in Wandlitz sicherzustellen. Das hieß: exquisite Westware einschließlich Dosenbier und Softpornos für Honecker. Schließlich vergab Schalcks Firma auch Kredite an DDR-Firmen; der Rest des Geldes wurde gebunkert.

> Die Schulden wurden immer größer, und ich habe mich bemüht, damals noch mit Günter Mittag zusammen, den Generalsekretär in einem Schreiben aufmerksam zu machen, dass es so nicht weitergehen kann.
> Denn die Schulden waren schon so groß geworden, dass die Lage gefährlich geworden war. Erich Honecker hat ganz sauer reagiert, und Mittag hat das Schreiben sofort zurückgezogen.
> Gerhard Schürer

Doch in den achtziger Jahren konnten auch die Devisenspritzen der KoKo der siechen DDR-Volkswirtschaft nicht mehr auf die Beine helfen – sie waren nicht mehr als der berühmte Tropfen auf den heißen Stein. Die Schulden stiegen weiter und mit ihnen die Zinsen. »Unsere wirtschaftliche Lage war damals sehr angespannt: Zins- und Tilgungsraten für Schulden im Westen verschlangen beinahe unsere gesamten Exportgewinne von fünf bis sechs Milliarden D-Mark pro Jahr. Wir brauchten dringend Geld. Sein oder Nichtsein hing für die DDR-Volkswirtschaft davon ab«, plauderte Schalck in einem Interview mit dem *Stern* aus dem Nähkästchen. Dabei ging es der DDR nicht darum, sich auf Geschäfte mit obskuren Geldgebern einzulassen – seriöse japanische oder US-amerikanische Banken rückten mit diesen Krediten bereitwillig heraus, auch ohne irgendwelche Zugeständnisse. Allerdings handelte es sich dabei meist um kurzfristig laufende Darlehen mit teilweise horrenden Zinsforderungen. Ebendiese Verpflichtungen waren es, die die DDR überhaupt erst in die Schuldenfalle tappen ließen. Was Ostberlin damals brauchte, war ein Kredit zu »stinknormalen« Bedingungen.

Weil das gesamte sozialistische Lager einschließlich der Sowjetunion als Kreditgeber ausfiel, blieb den Genossen nichts anderes übrig, als erneut im Westen anzuklopfen. Hinter den Kulissen wurden deshalb schon seit 1982 auf deutsch-deutscher Ebene Möglichkeiten sondiert, eine politische Lösung herbeizuführen. Denn auch Bonn hatte kein Interesse an »polnischen Verhältnissen«, das heißt einer politisch instabilen DDR. Der Schweizer Bankier Holger Bahl schlug der Bundesregierung daraufhin die Gründung einer »deutsch-deutschen« Bank in Zürich vor, die an die DDR Kredite von insgesamt vier bis fünf Milliarden D-Mark vergeben sollte – freilich nicht ohne Gegenleistung. Die DDR, so Bahls »Züricher Modell«, müsste den Mindestumtausch für Westbürger herabsetzen und das Reisealter für Westreisen ihrer Bürger pauschal um fünf Jahre von 65 auf 60 senken, was bedeutete, dass Hunderttausende in den Westen hätten reisen dürfen. Die Bank hätte außerdem Ost-West-Geschäfte fördern und so zu einer engeren Kooperation beider deutscher Staaten beitragen sollen. Begonnen noch unter der Ägide von Bundeskanzler Schmidt, engagierte sich nach dem Machtwechsel in Bonn auch Helmut Kohl für das Projekt. Bahl und Kanzleramtsminister Philipp Jenninger verhandelten zu diesem Zweck mit Ostberlin.

Doch der Elan der Kreditvermittler erlitt einen Dämpfer, als im Sommer 1983 plötzlich und unerwartet ein neuer Akteur die deutsch-deutsche Bühne betrat. Es war der bayerische Ministerpräsident Franz Josef Strauß, der sich zur Überraschung aller Beteiligten in dieser Angelegenheit exponierte. Durch den mit ihm befreundeten bayerischen Fleischgroßhändler Josef März, einen von Schalcks westdeutschen Handelspartnern, hatte er von den Kreditwünschen der DDR erfahren. Nach

> Das Verhalten der neuen Bundesregierung gegenüber der DDR stand auf der Tagesordnung der Koalitionsverhandlungen 1983. Während einer nächtlichen Sitzung gab es schwerste Auseinandersetzungen über die Frage, ob man gegenüber der DDR eine weiche oder eine harte Linie einschlagen solle. Helmut Kohl stellte fest, dass wir für eine harte Politik keine Bundesgenossen fänden – womit er weitgehend Recht hatte.
>
> Franz Josef Strauß, »*Erinnerungen*«

»Der Weg nach Westen«: Franz Josef Strauß und KoKo-Chef Schalck-Golodkowski beim Rundgang auf der Leipziger Herbstmesse 1985.

Schalcks Erinnerungen habe der Ministerpräsident 1983 über März Kontakt zu ihm, Schalck, aufgenommen. Bei einem ersten Gespräch habe Strauß signalisiert, sich für eine rasche Kreditvergabe an die DDR einzusetzen, wenn die ostdeutsche Seite im Gegenzug Erleichterungen im innerdeutschen Reiseverkehr zusichere. Bei einem zweiten Treffen hatte Schalck, der in einer bemerkenswerten Doppelrolle gleichzeitig Geschäftsmann zwischen den Systemen und politischer Gesprächspartner für beide Seiten war, ein Papier Honeckers in der Tasche. Darin drohte dieser damit, die »Schotten dichtzumachen«, sollte die DDR vom Westen keine Kredite mehr erhalten. Dann würde er seine wirtschaftlichen Angelegenheiten mithilfe der Ostblockländer lösen. Ihm, Honecker, sei allerdings »der Weg nach Westen« lieber. Sodann bot der SED-Chef eine Reihe von Gegenleistungen für eine Kreditvergabe an.

Tatsächlich kam der Deal zustande – ein bayerisches Bankenkonsortium agierte als Kreditgeber, die Bundesregierung bürgte für die Zahlungen von einer Milliarde D-Mark, und die DDR verpfändete die Transitpauschale als Sicherheit. Als Gegenleistung für das frische Geld baute die DDR die Selbstschussanlagen an der Mauer ab und erleichterte deutsch-deutsche Familienzusammenführungen. Außerdem wurden bundesdeutsche Reisende an den DDR-Grenzen wesentlich freundlicher behandelt als zuvor. Und doch waren die Gegenleistungen der DDR nicht fest umrissen, worüber die Protagonisten des »Züricher Modells« ihren Ärger nicht verhehlten: »Eine vertane Chance«, sagt Holger Bahl. »Die DDR hat das Geld viel zu billig bekommen. Sie wäre zu weit mehr Zugeständnissen bereit gewesen.« Im darauf folgenden Jahr bürgte Bonn für einen weiteren Kredit von 950 Millionen D-Mark zu ähnlichen Rahmenbedingungen.

> Das war kein Kredit. Das war nur eine Garantieerklärung seitens der Bundesregierung, falls die DDR nicht einen ausreichenden Kredit von den Banken pünktlich nach Zins und Zinseszins zurückzahlt, dann steht dafür die Transitpauschale zur Verfügung. Das heißt, wir haben uns selbst kreditiert.
>
> Honecker, 1990

Anders als vielfach angenommen »retteten« die Kredite die DDR nicht in dem Sinne, dass Ostberlin nun seine Schulden begleichen konnte. Auch durfte die marode und technisch zurückgebliebene DDR-Wirtschaft nicht auf Einkaufstour im Westen gehen, obwohl westliche Anlagen oder Technologien dringend benötigt worden wären, um auf dem Weltmarkt wieder konkurrenzfähig zu werden. Der größte Teil der fast zwei Milliarden wurde bei westlichen Banken geparkt, um in der internationalen Finanzwelt wieder als kreditwürdig zu gelten und nie mehr in den Ruf eines bankrotten Schuldners zu kommen. Demzufolge flossen auch bald wieder zahlreiche »normale« westliche Kredite an die DDR, und Honecker und sein Wirtschaftslenker Mittag konnten weitermachen wie gehabt. So stiegen auch die Verbindlichkeiten weiter an. 1987 betrugen die Auslandsschulden der DDR bereits knapp 35 Milliarden D-Mark.

> Ab 1982 hat die DDR wirtschaftlich und sozial nur dank der Stützung durch die Bundesrepublik Deutschland weiterexistieren können. Das ist eine Wahrheit.
>
> Herbert Häber

Die Milliardenkredite aus dem Westen hatten den drohenden Bankrott zwar noch einmal abgewendet, jedoch offenbarten sie auch eine eklatante Vertrauenskrise zwischen der Sowjetunion und der DDR. Schon 1981 – angesichts der Kürzungen der sowjetischen Öllieferungen – hatte Honecker feststellen müssen, dass dem »großen Bruder« im Zweifelsfalle das eigene Überleben wichtiger sein würde als das seines deutschen Vorpostens an der Elbe.

Zu den ökonomischen Spannungen gesellten sich politische: In der Frage der Stationierung von sowjetischen SS-20-Mittelstreckenraketen in der DDR ging Honecker auf vorsichtige Distanz. Die Raketen, das »Teufelszeug«, müssten weg, erklärte Honecker mehrfach öffentlich und meinte

> [Die Kredite] sind vom Standpunkt der inneren Sicherheit der DDR zweifelhaft und stellen einseitige Zugeständnisse an Bonn dar. Sie erhalten dadurch finanzielle Vorteile, aber in Wirklichkeit sind das scheinbare Vorteile. Hier geht es um zusätzliche finanzielle Abhängigkeiten der DDR von der BRD.
>
> KPdSU-Generalsekretär Tschernenko zu Honecker, 17. August 1984

damit nicht nur die amerikanischen Pershings in der Bundesrepublik. Zwar bekundete er der Sowjetunion öffentlich auch weiterhin treue Gefolgschaft und schlug in Reden und Aufsätzen verbal auf den Westen als Hort des Revanchismus ein. Gleichzeitig lotete er jedoch unter dem Schlagwort einer »Koalition der Vernunft« die Chancen einer deutsch-deutschen Entspannungspolitik aus. Sichtbares Zeichen dieser Annäherung war der Besuch von Bundeskanzler Helmut Schmidt in der DDR im Dezember 1981. Hatte schon diese Visite auf Weisung Moskaus mehrfach verschoben werden müssen, so kam es wegen des in Aussicht genommenen Gegenbesuchs Honeckers in der Bundesrepublik zum offenen Streit mit der KPdSU-Führung. Per Botschafter wurde Honecker eine Abmahnung übermittelt und der erste Mann der DDR nach Moskau einbestellt, wo ihn Generalsekretär Konstantin Tschernenko abkanzelte. »Es kam dort zu einer Auseinandersetzung in einer Schärfe – unser Botschafter hat geschrieben, eine solch scharfe Kritik an der SED habe er noch nie erlebt«, erinnert sich Herbert Häber. »Honeckers Linie bedeute Zugeständnisse an den Gegner, sie sei nicht mit den sowjetischen Sicherheitsinteressen vereinbar. Die Losung von der ›Koalition der Vernunft‹ sei eine klassenneutrale Parole zur Irreführung der Menschen. Und Tschernenko hat noch hinzugefügt: ›Uns geht es nicht nur um die Reise, Genosse Honecker, uns passt dein Gesamtverhalten gegenüber der Bundesrepublik nicht!‹« Honecker sah sich daraufhin zu einem Rückzieher genötigt, sein für Herbst 1984 vorgesehener Besuch in Bonn wurde unter einem Vorwand abgesagt. Für Herbert Häber, den »Westexperten« des Politbüros, bedeutete diese Entwicklung jedoch das Ende der Karriere. Er, der Honeckers Deutschlandpolitik maßgeblich mitgestaltet hatte, wurde zum Bauernopfer und eiskalt abserviert.

Honecker dachte jedoch nicht daran, die Kontakte zum Westen einfach abzubrechen. Hinter den Kulissen wurde 1986 unter dem Codenamen »Länderspiel« sogar eine weiter reichende Variante des »Züricher Modells« diskutiert: Die Bundesrepublik, so der Plan, solle auf die Wiedervereinigung verzichten, dafür würde Ostberlin die Mauer öffnen. Zwar wurde nichts daraus, doch in Ostberlin gaben sich dennoch auch in der Folgezeit die Besucher aus dem Westen die Klinke in die Hand. Ob Otto Graf Lambsdorff, Johannes Rau, Gerhard Schröder oder Eberhard Diepgen, sie alle machten dem Staats- und Parteichef ihre Aufwartung.

»Uns passt die ganze Linie nicht«: Auf Anweisung von KPdSU-Generalsekretär Konstantin Tschernenko (rechts) musste Honecker 1984 seine BRD-Reise absagen.

Für die meisten DDR-Bürger war Honeckers Profilneurose ein Ärgernis. Während der SED-Chef permanent seine Weltläufigkeit demonstrierte, hatten die Gegenleistungen der DDR für die Milliardenkredite dem Großteil der Bevölkerung keine Fortschritte gebracht. Die Grenzen blieben auch nach dem Abbau der Selbstschussanlagen unüberwindlich, und von Familienreisen in den Westen profitierte nur, wer Verwandte in der Bundesrepublik hatte. »Der doofe Rest«, wie mancher das Kürzel DDR buchstabierte, schaute weiter in die Röhre. Die Zahl der Menschen, die für sich keine Chance mehr in der DDR sahen und das Land Richtung Bundesrepublik verlassen wollten, stieg deshalb immer weiter an. Die achtziger Jahre waren die Zeit der »Antragsteller«. Aufmüpfige Zeitgenossen, vom Freiheitsdrang beseelte DDR-Bürger, aber auch ganz normale Familienväter, mitunter sogar enttäuschte SED-Mitglieder und auffällig viele Ärzte, Wissenschaftler, Ingenieure – sie alle suchten bei der »Abteilung Inneres« beim je-

> Die Lage war noch zu retten, als sich die Gewitterwolken über dem Land zusammenballten. Eine alte Regel: Man hebe, wenn es unter dem Deckel eines Kessels zu kochen beginnt, den Deckel hoch und lasse Dampf ab. Man hätte rechtzeitig den Wünschen der Menschen entgegenkommen sollen, die auf freien Besuchen in der BRD und auf freier Rückkehr bestanden.
>
> Pjotr Abrassimow

> Es gab unter den Mitgliedern des Politbüros zu einigen Fragen Auffassungen, die sich von denen Honeckers unterschieden. Wir wollten versuchen, ihn von diesen divergierenden Standpunkten zu überzeugen. Probleme bereitete uns die Öffnung nach Westen, für die Honecker eintrat. Mir war klar, dass die ständige Zunahme von Besuchen aus der BRD – von Politikern ebenso wie von Privaten – zersetzend wirken musste.
> Erich Mielke, 1992

weiligen Rat des Kreises für sich selbst und ihre Angehörigen um »Entlassung aus der Staatsbürgerschaft der Deutschen Demokratischen Republik« nach. Zwar gab es staatlicherseits seit den siebziger Jahren eine Dienstanweisung für den Umgang mit solchen Anträgen, doch begann für die Betroffenen vom Tag der Antragstellung an eine Zeit staatlicher Willkür. Manche Ausreisewilligen mussten jahrelang auf die Ausreise warten, andere hatten von einem Tag auf den anderen die Koffer zu packen. Die Antragsteller wurden systematisch kriminalisiert und ins berufliche Abseits gedrängt, oftmals sogar entlassen. Kinder hatten sich in der Schule für den Antrag der Eltern zu rechtfertigen und wurden von Abitur und Studium ausgeschlossen. Wer versuchte, seinen Ausreisewunsch im Westen publik zu machen, musste mit der vollen Härte der DDR-Strafverfolgung rechnen. Gummiparagraphen wie »ungesetzliche Verbindungsaufnahme« bedeuteten für tausende Antragsteller zum Teil jahrelange Gefängnishaft. Schmerzvoll am eigenen Leib erfahren musste dies das Ostberliner Ehepaar Steffi und Bernd Stoewer, das sich an die Westberliner *Bild*-Zeitung gewandt hatte. Am selben Tag, als das Blatt mit der Schlagzeile »Ich will raus!« erschienen war, wurde Bernd Stoewer verhaftet; am nächsten Tag auch seine Frau. Zwei Jahre und acht Monate Gefängnis wegen »gemeinschaftlicher Agententätigkeit in Tateinheit mit öffentlicher Herabsetzung« lautete das Urteil. Davon mussten sie bis zu ihrem Freikauf durch die Bundesrepublik zehn Monate absitzen.

Immerhin genehmigten die ostdeutschen Behörden im Frühjahr 1984 fast alle bis dahin aufgelaufenen Ausreiseanträge. Innerhalb weniger Wochen konnten fast 35 000 Menschen ihren Wohnsitz in die Bundesrepublik verlegen. Doch sollten die DDR-Oberen gehofft haben, damit des Problems ledig zu sein, so hatten sie sich getäuscht: Die unverhoffte Massenausreise entfaltete eine unerhörte Sogwirkung und löste eine Flut neuer Ersuchen aus. Obwohl der Antrag immer ein unkalkulierbares Risiko blieb, nahm die Zahl der Antragsteller stetig zu. Sie blieben ein dauerndes Druckpotenzial, das an Stärke gewann und letztlich auch zum Ende der DDR beitrug.

Genau den entgegengesetzten Weg ging eine zahlenmäßig zunächst kleine, aber in der Folgezeit stetig wachsende Gruppe von Menschen: Sie wollten in der Opposition das Land von innen heraus verändern. Friedens-

und Menschenrechtsgruppen machten auf Demokratiedefizite in der DDR-Gesellschaft aufmerksam; das Engagement für eine saubere Umwelt ergab sich dagegen nahezu zwangsläufig aus den im wörtlichen Sinn an Haut und Haaren spürbaren Belastungen durch die veralteten Industriebetriebe. Besonders dramatisch war die Lage in der mitteldeutschen Braunkohle- und Chemieregion. Hier fanden sich früh Menschen zusammen, die sich mit der fortwährenden Umweltzerstörung nicht mehr abfinden wollten. Einer von ihnen war der evangelische Pfarrer Walter Christian Steinbach mit seinen Mitstreitern vom »Christlichen Umweltseminar Rötha« (CUR). Rötha, ein Städtchen an der südlichen Peripherie Leipzigs, lag eingezwängt zwischen Braunkohletagebauen, dem Chemiekombinat Böhlen und dem Braunkohlenkombinat Espenhain, einer der übelsten Dreckschleudern der DDR. Diese sollte eigentlich schon längst stillgelegt sein, doch die Reduzierung der sowjetischen Erdöllieferungen hielt die Giftküche am Leben. »Leute, nehmt die Kinder rein, denn es stinkt nach Espenhain«, reimten die Anwohner voller Zynismus. Aus »der umfassenden, lähmenden, zähen und klebrigen Resignation heraus entstand das elementare Bedürfnis, etwas tun zu müssen«, erklären die Aktivisten des CUR rückblickend. Auf eigene Faust dokumentierten sie die Umweltzerstörungen im Windschatten von Espenhain: Blätterfall im Sommer über Nacht, Atemwegserkrankungen wie Asthma oder Pseudokrupp, den allgegenwärtigen beißenden Geruch. Mit entsprechenden Eingaben an staatliche Stellen schrieben sie sich die Finger wund. Doch außer schönen Worten hatte die Staatsmacht nichts zu bieten, denn insgeheim musste sie eingestehen, kein Geld für die umwelttechnische »Rekonstruktion« des Kombinats zu haben. Das CUR initiierte daraufhin 1988 eine Aufsehen erregende Aktion: »Eine Mark für Espenhain«. Weil Unterschriftensammlungen den Hauch von konterrevolutionärer Gruppenbildung hatten und deshalb verboten waren, deklarierten die Umweltaktivisten ihre Protestaktion als Spendensammlung. Bürger »spendeten« eine Mark und unterschrieben auf einer »Quittungsliste«, so der kleine, aber feine Unter-

---

Durch unsere Westverwandtschaft ging es mir schon so – weil die einfach jedes Jahr da waren –, dass ich dachte: Ich will diese Tante oder diesen Onkel endlich auch mal besuchen. Und ich wusste: Das wirst du nie dürfen! Das war ein Gefühl von Unfreiheit, das wirklich richtig bedrückend wurde.

Katrin Saß, Schauspielerin (»Goodbye Lenin«)

Was mich sehr gestört hat, war die politische Situation, dass man sich nicht so äußern konnte, wie man eigentlich dachte und wie man fühlte. Man hat sich verstellen müssen, das ging eine gewisse Zeit gut, aber irgendwann konnte man das nicht mehr miteinander verbinden, was jetzt die eigenen Vorstellungen sind und was die Tatsache ist, in der man lebte.

Gundula Schafitel, damals Weimar

»Katastrophale Zustände«: Die Anlagen des Chemiewerks Buna bei Halle verpesteten die Umwelt. Das Werk in den siebziger Jahren (oben). Ein Abwasserkanal (unten).

»Leute, nehmt die Kinder rein, denn es stinkt nach Espenhain«: Braunkohletagebaue verwandelten die Gegend um den Ort in Mondlandschaften (oben). Das Braunkohleveredlungskombinat vergiftete mit seinem ungefilterten Auswurf die Menschen der Region (unten).

> »... Wir rufen deshalb auf zu einer DDR-weiten Aktion ›Eine Mark für Espenhain‹. Wir erklären uns mit den Betroffenen solidarisch. ›Eine Mark für Espenhain‹ ist ein Zeichen, dass hier und jetzt etwas geschehen muss. ›Eine Mark für Espenhain‹ ist ein symbolischer Betrag, der einen Anfang für Verbesserungen in Espenhain ermöglichen und den notwendigen gesamtgesellschaftlichen Beitrag herausfordern soll.«
> Aus dem Aufruf »Eine Mark für Espenhain«, 1988

schied. Bis zum Ende der DDR kamen auf diese Weise fast 100 000 Unterschriften, also 100 000 Mark (Ost), zusammen, ehe sich nach der Wende das Problem »Espenhain« durch die Stilllegung des Werks von selbst erledigte.

Mitte der achtziger Jahre steckte die DDR-Gesellschaft zweifellos in der Krise. Doch nicht nur Antragsteller und Oppositionelle waren zunehmend unzufriedener mit der Situation. Viel schwerer für die Partei- und Staatsführung wog, dass die allgemeine Frustration auch auf die SED selbst übergriff, die ja den Anspruch erhob, Avantgarde und Zentrum der Gesellschaft gleichermaßen zu sein. Wie ein Lichtschein in dunkler Nacht wirkte auf die frustrierte Parteibasis 1985 der Amtsantritt des neuen sowjetischen Generalsekretärs Michail Gorbatschow. Das von ihm verkündete Reformprogramm mit den Schlagworten »Glasnost« (Offenheit) und »Perestroika« (Umgestaltung) traf den Nerv der Zeit und führte auch innerhalb der SED zu einer Aufbruchstimmung. Die Parteiführung jedoch stand den Reformbestrebungen Gorbatschows skeptisch gegenüber. Instinktiv erkannte sie, dass ihre eigene Machtbasis gefährdet wäre, sollte der neue Kremlherr mit seiner Politik erfolgreich sein, und ging auf Distanz. Das alte Schlagwort »Von der Sowjetunion lernen heißt siegen lernen« führten die Genossen aus dem Politbüro zwar noch im Munde, befolgten es aber nicht mehr.

Auch Honecker kam durch Gorbatschow in Gewissensnöte. Zunächst war der SED-Chef wohl einfach nur neidisch auf den neuen sowjetischen

---

Diese Aktion war eine symbolische Aktion. Es war in der DDR verboten, unangemeldet Spenden zu sammeln. Und es war verboten, unangemeldet Unterschriften zu sammeln. Nun ist natürlich eine Mark keine Spende. Und eine Quittungsunterschrift für eine Mark ist auch keine Unterschriftensammlung. Und ich denke, als die Aktion begonnen hatte, hat erstens die Aktion noch keiner richtig ernst genommen. Und zweitens denke ich, man hätte sich auch lächerlich gemacht, wenn man die Unterschrift für die Spende von einer Mark verboten hätte. Wir haben dann innerhalb von ganz wenigen Wochen schon 10 000, 15 000 Unterschriften zusammengehabt. Das war ein riesiger Erfolg.
Walter Christian Steinbach, CUR

Generalsekretär, der ihm in der westlichen Welt den Rang ablief – Honecker war in den vorangegangenen Jahren angesichts der siechen KPdSU-Generalsekretäre Breschnew, Andropow und Tschernenko und der mit ihnen einhergehenden Erstarrung des gesamten Sowjetsystems einer der wichtigsten politischen Ansprechpartner des Westens im Ostblock geworden. Doch spätestens ab 1986 kam es zu tief greifenden ideologischen Differenzen. »Einerseits ging Honecker davon aus, dass die Sowjetunion als die größte und stärkste Macht die führende Kraft in der sozialistischen Gemeinschaft war«, erinnerte sich der ehemalige sowjetische Diplomat Igor Maximytschew im ZDF-Interview. »Andererseits fühlte er sich als Vertreter des Landes, wo der Marxismus geboren war, als Schullehrer gegenüber den sowjetischen Genossen.« Alle Versuche Gorbatschows, Honecker von der Notwendigkeit von Reformen zu überzeugen, stießen bei diesem auf Unverständnis. Das, was Gorbatschow in der Sowjetunion auf den Weg brachte, wähnte Honecker mit der »Einheit von Wirtschafts- und Sozialpolitik« in der DDR bereits verwirklicht. »Es tut uns wirklich sehr Leid, dass wir das ganz offen sagen müssen – aber in der DDR ist ein höherer Lebensstandard vorhanden als in der Sowjetunion«, brach es Ende 1988 während einer Beratung im FDJ-Zentralrat aus Honecker heraus. »Ich will ganz ehrlich sagen: Wenn die Sowjetunion über solche dynamische Entwicklung der Volkswirtschaft, über solch effektive Volkswirtschaft verfügen würde, wenn sie ein solches sozialpolitisches Programm und ein solches Netz von Rechtssicherheit hätte, dann bräuchte sie die Frage Perestroika nicht zu stellen.« Wieder einmal begriff Honecker nicht, dass es längst nicht mehr nur um Arbeit, Brot und das Dach über dem Kopf ging, sondern um die Existenzgrundlagen des sozialistischen Systems.

Wäre ein Reformer wie Gorbatschow auch in der DDR möglich gewesen? Wie der sowjetische Generalsekretär hätte dieser nur aus dem engsten Zirkel der Macht, dem Politbüro, kommen können, alles andere wäre der inneren Logik kommunistischer Machtausübung zuwidergelaufen. Doch selbstständig denkende Köpfe waren im obersten Machtzirkel der SED nur sehr

> »Es wuchs die Zahl der Mitglieder und Kandidaten, die aus der Partei entfernt werden mussten, weil sie gegen die Generallinie der Partei auftreten, die Erfolge unseres sozialistischen Staates negieren, durch unparteiliches Verhalten, ständiges Nörgeln und Meckern der Partei Schaden zufügten bzw. die DDR verrieten. Auseinandersetzungen und Parteiverfahren ergeben sich in jüngster Zeit auch daraus, dass Parteimitglieder in provokatorischer und außergewöhnlich aggressiver Weise gegen den Kurs unserer Partei auftreten, ›Pluralismus‹ fordern und sich dabei zum Teil auf Darstellungen und Artikel aus einzelnen sowjetischen Presseerzeugnissen, wie z. B. des *Sputnik*, berufen.«
> Bericht der SED-Partei-Kontrollkommission, Januar 1989

> Der Annäherungsprozess an sich war nicht schlecht, es handelte sich ja um eine Nation. In den letzten Jahren entstanden zwischen uns tatsächlich einige Meinungsverschiedenheiten. Man spürte eine gewisse Erkaltung gegenüber Moskau, dagegen größere Annäherung an Bonn, besonders in den Wirtschaftsbeziehungen: Besseres suchte die DDR im Westen zu verkaufen, schlechtere Waren dagegen durften wir bekommen.
> Pjotr Abrassimow

> Das Lebensniveau in der DDR war viel höher als das Lebensniveau in der Sowjetunion selbst. Gut, die DDR-Bürger verglichen ihre Lage nicht mit der Sowjetunion, sondern mit der Bundesrepublik. Das ist eine andere Frage. Aber wenn sowjetische Bürger zum ersten Mal in die DDR kamen, war das wirklich ein Schock, ein Konsumschock für sie.
> Igor Maximytschew

spärlich vertreten. Kein Wunder, fanden sich dort doch fast ausschließlich ergebene Gefolgsleute Honeckers. Gescheiter als der Generalsekretär durfte zumindest nach außen hin keiner sein. Offenen Widerspruch gab es in diesem Gremium nicht, höchstens Meinungsverschiedenheiten hinter vorgehaltener Hand. So bemühte sich seit Ende der siebziger Jahre eine Gruppe von Spitzenfunktionären um Willi Stoph und Herbert Krolikowski, am Stuhl Honeckers zu sägen. Mit konspirativen Informationen nach Moskau versuchten sie, in der KPdSU-Spitze systematisch Misstrauen gegen ihren Chef zu schüren. Doch ob sie ihn im Zuge der Annäherung an die Bundesrepublik als »verkappten deutschen Nationalisten« denunzierten oder genüsslich die katastrophale wirtschaftliche Lage der DDR ausbreiteten – Reformer waren sie keine. Eher gehörten sie der »Betonfraktion« der Moskaugetreuen alter Schule an.

Dem Typ Gorbatschow hätte vielleicht am ehesten Werner Lamberz entsprochen. Der Rheinländer war geistig flexibel und wohl nicht ohne Charisma – eine Eigenschaft, die kommunistischen Politikern für gewöhnlich fehlte. Lamberz war eigentlich für die Parteiagitation zuständig, hatte sich aber auch als »Weltpolitiker« profiliert, indem er durch zahlreiche Reisen die Beziehungen der DDR zu den kommunistischen Befreiungsbewegungen in Afrika auf völlig neue Fundamente gestellt hatte. Er hätte Honecker durchaus gefährlich werden können. Sein früher Tod gab Anlass zu Spekulationen – Lamberz kam im März 1978 bei einem Hubschrauberabsturz in Libyen ums Leben. Doch Mutmaßungen, dass Honecker ein Attentat in Auftrag gegeben haben könnte, sind abwegig. So weit wäre der biedere Generalsekretär im Umgang mit Rivalen nie gegangen.

Wie Honecker sich tatsächlich Konkurrenten vom Hals hielt, zeigte sich in seinem Verhältnis zu Hans Modrow. Schon Anfang der fünfziger Jahre hatten sich die Wege der beiden gekreuzt. Obwohl Modrow in der FDJ und der SED rasch Karriere machte, wurde er doch nie Mitglied des Politbüros –

Oben: »Sozialistische Politik mit den Köpfen der Menschen«: Werner Lamberz, rechts hinter Honecker, kam 1978 bei einem Hubschrauberabsturz ums Leben.
Unten: »Einmal Gegner, immer Gegner«: Hans Modrow wurde von Honecker, hier bei einem Besuch in Dresden 1977, in die sächsische Provinz verbannt.

> Vater war der Meinung, man muss den Leuten die Wahrheit sagen. Man kann sozialistische Politik nur mit den Köpfen der Menschen machen, braucht deren Begeisterung. Und diese ist nicht allein über den Konsum zu erreichen.
>
> Ulrich Lamberz,
> Sohn von Werner Lamberz

> Während der Wende hat die Modrow-Regierung ein Ermittlungsverfahren eingeleitet. Das wurde durch die Bundesanwaltschaft ergebnislos zu Ende geführt. Ich glaube, der Absturz kam manchem gelegen. Mancher hatte nun einen Widersacher weniger.
>
> Ulrich Lamberz

> »Honeckers Haltung war: einmal Freund, immer Freund – einmal Gegner, immer Gegner! Und ich galt nun einmal nicht als sein Freund.«
>
> Hans Modrow,
> »Ich wollte ein neues Deutschland«

Honecker hegte ein permanentes Misstrauen gegen den Norddeutschen. 1973 schickte er Modrow als SED-Bezirkssekretär nach Dresden. Getreu dem Motto, das Walter Ulbrichts Frau Lotte ihm mit auf den Weg gab – »Wer am Hofe nicht gerne gesehen ist, lebt als Teilfürst fern vom Hofe besser« –, richtete Modrow es sich in der sächsischen »Verbannung« ein. Sorgte schon die Tatsache, dass er auf einige Privilegien der Parteiprominenz verzichtete, für Aufsehen, so wurde Modrows »Außenpolitik« zum Ärgernis für Honecker. Modrow unterhielt gute Beziehungen in die Sowjetunion und nach Nordkorea, aber auch nach Japan, und gewann dadurch eine gewisse Unabhängigkeit gegenüber Ostberlin. Das wurde auch im Westen aufmerksam registriert. Die Stilisierung zum »Hoffnungsträger« nutzte ihm jedoch nur bedingt, da sich sofort die Gegenkräfte in der Parteispitze formierten. Doch obwohl eine Abberufung Modrows in der Diskussion war, unterblieb dieser letzte Schritt, wohl auch wegen der guten Verbindungen Modrows in der UdSSR. Denn sogar Gorbatschow setzte sich für den Verleib Modrows ein.

Wäre der Dresdener SED-Chef also ein möglicher Nachfolger Honeckers gewesen? Bis heute bestreitet er, an einem Komplott gegen den Staats- und Parteichef beteiligt gewesen zu sein. Dennoch dachte man in Dresden weiter als anderswo. Hier wirkte der Physiker Manfred von Ardenne, der Mitte der achtziger Jahre eine Änderung der »deformierten Regierungsstruktur« der DDR und insbesondere ihrer »obersten Ebene«, sprich des Politbüros, forderte. Ardenne seinerseits stand in Kontakt zum späteren KGB-Chef Wladimir Krjutschkow. Während eines Besuchs von Krjutschkow in Dresden im Juni 1987 kam es zu einer Begegnung mit Modrow. »Durch die Blume wurde an diesem Abend nicht gesprochen«, schreibt Modrow in seiner Autobiographie. »Um über Schönwetter an der Elbe zu plauschen, schien mir die Lage der DDR zu kompliziert und die Verantwortung des Mannes aus Moskau zu groß.« Mit am Tisch saß der ehemalige Chef der DDR-Auslandsspionage, Markus Wolf, der nach seinem Ausscheiden aus dem »Dienst« Ende 1986 ebenfalls seine alten Kontakte zum KGB nutzte, um in der DDR Veränderungen im Sinne Gorbatschows zu realisieren. Auf ein gezieltes Vorgehen gegen Honecker konnte man sich jedoch nicht einigen. Man habe auf einen »Erlöser« gewartet, so Wolf in seiner Autobiographie, »der uns dazu bringen sollte, das System zu ändern, in das wir eingebunden waren. Wir begriffen nicht, dass der Anstoß von uns selbst hätte kommen müssen.« So galt weiterhin, was Politbüromitglied Kurt Hager im April 1987 in einem Interview des *Stern* auf die Frage nach der Übernahme der Perestroika für die DDR geantwortet hatte: »Würden Sie, wenn Ihr Nachbar seine Wohnung tapeziert, sich verpflichtet fühlen, Ihre Wohnung ebenfalls neu zu tapezieren?«

Wenn in der DDR überhaupt noch »tapeziert« wurde, dann in der Hauptstadt Berlin. Dies zeigte sich 1987 bei den im großen Stil angelegten Festlichkeiten zum Stadtjubiläum »750 Jahre Berlin«, die die Feiern im Westen der Stadt in ihrem Glanz überstrahlen sollten. Doch im Wettbewerb mit dem aus Bonn gepäppelten Westberlin verhob sich die notorisch klamme DDR einmal mehr. Und damit nicht genug: Die Tage des Musikfestivals »Concert for Berlin« Anfang Juni 1987 vor dem in Westberlin nahe der Mauer gelegenen Reichstagsgebäude gerieten für die SED auch zum politischen Menetekel. Per Flüsterpropaganda und Westmedien hatte sich in den Tagen zuvor wie ein Lauffeuer verbreitet, dass Popgrößen wie David Bowie, Genesis und die Eurythmics »open air« vor dem Reichstag auftreten sollten. Grüppchenweise zogen DDR-Jugendliche über die Straße Unter den Linden zum Brandenburger Tor, wo der Wind einige Klangfetzen der Konzerte über die Mauer trug. Am ersten Abend reagierte die allgegenwärtige Volkspolizei noch einigermaßen ratlos auf die Menschenansammlung. Als die

---

»Mitte Juni 1987 besuchte Wladimir Krjutschkow, damals Chef der Auslandsaufklärung des sowjetischen Geheimdienstes, Professor Manfred von Ardenne in Dresden. Der Wissenschaftler stellte dem Gast nicht nur sein Institut vor, sondern machte auch aus seiner kritischen Sicht auf die DDR keinen Hehl. Ich war bei dieser Begegnung nicht dabei, aber ich kannte die Auffassungen Ardennes, und er wiederum wusste: Ich teilte seine Kritik. ... Markus (Mischa) Wolf hatte damals angefragt, ob ich mich nicht mit ihm und Krjutschkow bei einem Abendessen treffen könnte. Ein ›Komplott‹ gegen Honecker heckten wir dabei keineswegs aus.«
Hans Modrow, *»Ich wollte ein neues Deutschland«*

> Die Stimmung war irgendwie zwiespältig. Einerseits Wut im Bauch, dass man nicht rüber konnte, andererseits hatte man irgendwie das Gefühl, da bewegt sich vielleicht etwas heute. Musik sprengt Ketten, vielleicht auch Mauern. Es war eine Art Zusammengehörigkeitsgefühl halt, man wollte zusammen was machen, vielleicht sogar über die Mauer gehen. Aber es war auch sehr viel Angst mit im Spiel.
>
> Detlef Matthes, damals Ostberlin

> Die Sprechchöre: »Die Mauer muss weg!« und die von den ca. 4000 Versammelten gesungene »Internationale« schienen offenbar für eine Steigerung des brutalen Vorgehens auszureichen.
>
> Erlebnisbericht eines Demonstranten

Musikfans nicht weichen wollten, verloren die Polizisten die Nerven und trieben die Jugendlichen mit Schlagstöcken Richtung Ostberliner Stadtzentrum. Unvermittelt kamen Sprechchöre auf. Gerufen wurde nach Gorbatschow und: »Die Mauer muss weg!« Diese spontane Reaktion der Jugendlichen überraschte sowohl DDR-Sicherheitskräfte als auch westliche Beobachter.

An den beiden nächsten Abenden hatte sich die Sache weiter herumgesprochen. Es kamen noch mehr Leute, doch auch die Staatsmacht war besser vorbereitet – weit vor den Grenzanlagen wurden Absperrketten gebildet, Wasserwerfer und Mannschaftswagen standen bereit. Die Stimmung war entsprechend aufgeheizt, und als die Dunkelheit einsetzte, wurde die Situation erneut brisant. »Die Eskalation wurde eindeutig durch Polizei und Sicherheitsbeamte hervorgerufen«, erinnern sich Demonstranten. »Es gab Fußtritte für am Boden Liegende, auch Frauen, Knüppelschläge gezielt in die Nierengegend, brutale Festnahmen, indem man zum Beispiel den Festzunehmenden die Straße entlangschleifte. Mehrköpfige Greifkommandos nahmen Einzelne fest, sehr oft eindeutig körperlich Unterlegene.« Wieder waren Sprechchöre mit der Losung: »Die Mauer muss weg!« zu hören, doch auch Textzeilen aus der »Internationale« (»Völker, hört die Signale, auf zum letzten Gefecht, die Internationale erkämpft das Menschenrecht«) und »Spaniens Himmel« (»Die Heimat ist weit, doch wir sind bereit, zu kämpfen und siegen für dich, Freiheit!«), wobei das im Propaganda-Sprachgebrauch abgenutzte Wort »Freiheit« eine ganz neue Kraft entfaltete. Aus dem Ruf nach Musik war an diesen Tagen eine politisch höchst brisante Demonstration mehrerer tausend Bürger geworden, wie sie die DDR seit dem 17. Juni 1953 nicht mehr erlebt hatte. Zugleich zeigten die spontanen Reaktionen der Jugendlichen die beiden Entwicklungstendenzen auf, die gemeinsam zum Herbst 1989 führten: zum einen den Wunsch nach Reformen in der DDR (»Gorbi«), zum anderen die Hoffnung, die Teilung Deutschlands überwinden zu können (»Die Mauer muss weg«).

Dass tatsächlich das Brandenburger Tor geöffnet und die Mauer niedergerissen werden könnte, wie es Ronald Reagan drei Tage später von der

»Die Mauer muss weg«: DDR-Musikfans, die vom »Concert for Berlin« Pfingsten 1987 jenseits des Brandenburger Tors ein paar Klangfetzen erhaschen wollten, aber von der Volkspolizei mit Gewalt daran gehindert wurden.

> Diese Kids sind keine Krawallisten und Randaleure, die stehen genauso wie du auf Rock 'n' Roll und Locker-drauf-Sein. Den Trouble gab's doch erst durch das hirnlose Vorgehen der Rudi-Ratlos-Gangs von der Vopo. ... Mikrofone statt Megafone, Gitarren statt Knarren, Trommelstöcke statt Gummiknüppel.
>
> Udo Lindenberg

> Honecker glaubte nun wirklich, in der westlichen Welt angekommen zu sein, und dass er damit die DDR auf Dauer etabliert habe als zweiten deutschen, sozialistischen Staat, der in der Weltgemeinschaft anerkannt wird. Da war natürlich ein Staatsbesuch in der Bundesrepublik Deutschland schon ein wesentlicher Teil dieser Geburtsurkunde.
>
> Franz Bertele, 1989/90 Ständiger Vertreter der Bundesrepublik in der DDR

Westseite des Berliner Wahrzeichens forderte, glaubte freilich niemand – auch nicht, als Erich Honecker im September 1987 zu seinem lange geplanten Besuch in die Bundesrepublik aufbrach. Der Empfang in der Bundeshauptstadt zählte sicherlich zu den Sternstunden in Honeckers politischem Leben. Der Kommunist aus Wiebelskirchen, von den Nazis ins Zuchthaus gesteckt, nunmehr Staatschef eines Landes, dem man im Westen noch wenige Jahre zuvor die Existenzberechtigung abgesprochen hatte, wurde nun wie das Oberhaupt eines souveränen Staates mit Ehrenkompanie und Flaggenschmuck, mit Staatshymne und allen Respekterweisungen begrüßt. Die gute Laune Honeckers konnten auch die protokollarischen Eiertänze der Bundesregierung, die kleinere Abstriche am üblichen Zeremoniell eines »Staats«-Besuchs vorgenommen hatte, und das verkniffene Gesicht Helmut Kohls angesichts der einst als »Spalterflagge« geschmähten DDR-Fahne und der DDR-Hymne nicht trüben: Die Bundesrepublik hatte, so empfand es Honecker, die »Realitäten dieser Welt« zur Kenntnis genommen, nämlich »dass Sozialismus und Kapitalismus sich ebenso wenig vereinigen lassen wie Feuer und Wasser«.

Der Höhepunkt der Reise war der Besuch in seiner alten Heimat, dem Saarland. Ministerpräsident Oskar Lafontaine empfing seinen Landsmann in Saarbrücken: »Fühle Se sisch wie dehemm!«, rief er ihm auf gut Saarländisch zu. Honecker entgegnete: »Wie dehemm.« Im inzwischen von Neunkirchen eingemeindeten Wiebelskirchen besuchte er sein Elternhaus, in dem seine Schwester mit ihrer Familie wohnte. Als die Wiebelskirchener Schalmeienkapelle, in der er einst selbst Mitglied gewesen war, ihm zu Ehren das Lied vom »Kleinen Trompeter« anstimmte, wurden dem sonst so beherrschten Generalsekretär die Augen feucht. Direkt im Anschluss war laut Protokoll eine Rede Honeckers vorgesehen. »Viele persönliche Gefühle bewegen mich«, begann er stockend, ehe er sein Manuskript aus der Tasche holte und im gewohnt nuschelnden Stil abzulesen begann. Nach einigen Sätzen jedoch geschah etwas Seltsames: Honecker legte das Manuskript beiseite und sprach plötzlich frei. »Die Lage ist doch so«, erklärte er: Dass es zwei deutsche Staaten gebe, sei ja allen bekannt, und dass sie in verschiedenen Blöcken eingebunden seien, auch. Und »dass die Grenzen nicht so sind, wie sie sein sollten, ist nur allzu verständlich«. Nun aber habe man in Bonn ein Kommuniqué über »gutnachbarliche Beziehungen« unterzeichnet, und wenn alles im vereinbarten Sinne verwirklicht werde, »dann wird auch der Tag kommen, an dem Grenzen uns nicht mehr trennen, sondern uns vereinen…«. Die Zuhörer vor Ort und an den Fernsehschirmen trauten ihren Ohren nicht – hatte Honecker tatsächlich »vereinen« gesagt? In die aufkommende Unruhe hinein fügte er schnell hinzu: »…so wie uns die Grenze zwischen Polen und der DDR vereint«, doch das Wort war heraus.

> Als Honecker 1987 im Saarland war und gesagt hat, das Grenzregime zwischen der DDR und der BRD werde eines Tages so sein können wie zwischen Polen und der DDR, da klingelte sofort das Telefon. Der sowjetische Botschafter bat im Auftrage von Gorbatschow um Klarstellung, das sei unerhört.
>
> Egon Krenz

In der DDR wurde sein Auftritt genauestens registriert. Hier erwartete man nämlich von Honeckers Besuch nicht nur schöne Worte, sondern auch substanzielle Veränderungen. Das hieß vor allem: greifbare Erleichterungen für Reisen von DDR-Bürgern in den Westen sowie verbindliche Regelungen für Menschen, die Anträge auf »ständige Ausreise« stellten. »Der Wunsch, reisen zu können, war immer vorhanden«, berichtet Gundula Schafitel, die damals in Weimar lebte. »Aber je älter man wurde und je mehr man sich das wünschte – es tat sich einfach nichts in dieser Richtung.« Denn bald schon zeigte sich, dass die Aussage des SED-Chefs nichts weiter war als eine sentimentale Anwandlung im nostalgischen Überschwang. Honeckers historische Reise, deren weit reichende politische Bedeutung er zu betonen nicht müde wurde, erwies sich deshalb ganz schnell als Bumerang. »Der Besuch hat in der DDR so viele Hoffnungen geweckt. Hoffnungen, die niemals erfüllt werden konnten«, sagt Igor Maximytschew, der die Lage in der DDR im Auftrag der sowjetischen Botschaft analysierte. »In diesem Sinne kann man sogar sagen, dass dieser Besuch der Anfang vom Ende der DDR war.«

Denn es waren nicht die Oppositionellen in den Friedens- und Umweltgruppen, auch nicht die reformwilligen Kräfte innerhalb der SED, die den Druck im Kessel DDR bis zum Herbst 1989 langsam erhöhten – es waren diejenigen, die längst alle Hoffnung auf Reformen aufgegeben hatten und nur noch eines wollten: endlich raus aus der DDR. 1987 hatte die Zahl der »Ausreisewilligen« erstmals die 100 000er-Marke überschritten. Auf Versuche von Antragstellern, ihr Anliegen öffentlich zu machen, reagierte die

»Wenn Grenzen uns vereinen«: Mit dem offiziellen Besuch in der Bundesrepublik wähnte sich Honecker am Ziel seiner Anerkennungsbemühungen (Honecker und Kohl am 7. September 1987 in Bonn.

»Sentimentale Anwandlung im Überschwang der Gefühle«: Honecker im Saarland während seiner BRD-Reise. Der SED-Generalsekretär wird beim Empfang in Neunkirchen (oben) und beim Wiedersehen mit alten Kampfgefährten. Rechts: Ministerpräsident Lafontaine (unten).

> Die Ausreisewelle im Sommer 1989 – das waren ja Verwandte, das waren Freunde, das waren Arbeitskollegen. Jeder hat es jeden Tag gespürt: Da gehen Leute, da gehen Freunde. Die hauen ab. Was mache ich? Ich muss jetzt Position beziehen. Hau' ich auch ab? Das will ich eigentlich nicht. Engagiere ich mich, gibt's natürlich Schwierigkeiten. Oder passe ich mich weiter an? Das war eine Situation, die musste jeder für sich entscheiden.
>
> Uwe Schwabe, damals Leipzig

> Man muss den Ungarn wirklich danken, dass die diesen Mut gehabt haben, überhaupt damit anzufangen. Das war schon sehr, sehr fortschrittlich.
>
> Walter Sobel, Teilnehmer des »Picknicks« der Paneuropa-Union

Staatsmacht deshalb zunehmend gereizter. Jürgen Broberg aus Ostberlin wurde im Oktober 1988 festgenommen, weil er an der Antenne seines Autos als Zeichen des Übersiedlungswillens ein weißes Bändchen befestigt hatte. Wenige Wochen später erging das Urteil: ein Jahr Gefängnis wegen angeblicher »Gefährdung der öffentlichen Ordnung«. Das »Tatfahrzeug« wurde beschlagnahmt, Brobergs Fahrerlaubnis eingezogen. Auch seine Ehefrau musste für acht Monate ins Gefängnis. Mit ihrem Schreiben an den Stadtbezirk Hellersdorf habe sie, so das Urteil, »die staatliche Ordnung der DDR verächtlich« gemacht. »Wir sind kein Eigentum der DDR. Die DDR ist nicht die Endstufe unseres Lebens«, hatte sie der Behörde mitgeteilt und auf der Ausreise beharrt. Durch die Haft wurden die Brobergs von ihrer kleinen Tochter getrennt. Ende Juli 1989 erfolgte ihre Abschiebung in den Westen, ihr Kind sahen sie erst mit dem Fall der Mauer wieder.

»Die Mauer wird so lange bleiben, wie die Bedingungen nicht geändert werden, die zu ihrer Errichtung geführt haben«, tönte Erich Honecker noch im Januar 1989. »Sie wird in fünfzig und auch in hundert Jahren noch bestehen.« Selten lag der DDR-Staatschef so falsch wie mit dieser Prognose. Denn 1989 wurde der Eiserne Vorhang endlich wirklich durchlässiger – zuerst in Ungarn: Dort beschloss im Februar die Sozialistische Arbeiterpartei, ihr Machtmonopol aufzugeben und demokratische Reformen zuzulassen. Ungarische Grenzsoldaten schnitten wenig später mit Drahtscheren Löcher in den Grenzzaun zu Österreich, durch die hunderte DDR-Bürger prompt hindurchschlüpften. Am 19. August 1989 kam es bei einer Veranstaltung der

> *Wir sind dann nach Ungarn gefahren. Dort habe ich zu meinem Vater gesagt:* »*Ich fahre nicht wieder mit zurück.*« *Er hat dann gar nichts mehr gesagt, er hat mir nur viel Glück gewünscht. Da wurde mir das erste Mal bewusst, dass es ja sein kann, dass ich ihn nie mehr wiedersehe.*
> Jeannette Kretzschmann, damals Karl-Marx-Stadt

»Der Druck im Kessel stieg«: Ausreisewillige demonstrieren Anfang 1988 vor der Ständigen Vertretung der Bundesrepublik in Ostberlin.

»Paneuropa-Union« zu einer Massenflucht von 660 Menschen. Die Bilder der überglücklichen, in Freudentränen aufgelösten Flüchtlinge gingen um die Welt und gelangten über die Nachrichtensendungen des Westfernsehens auch in die DDR. Das Thema »Ausreise« war nun in aller Munde.

Die DDR-Medien reagierten auf die Ausreisewelle wie gewohnt: Sie schoben die Schuld dem kapitalistischen »Klassenfeind« zu, der mittels einer Medienkampagne die Menschen zur »Republikflucht« verführt habe. Doch der große Zug in den Westen ließ sich nicht mehr stoppen. Am 11. September 1989 gingen die Schlagbäume an den ungarisch-österreichischen Grenzübergängen hoch. Mehr als 5000 DDR-Flüchtlinge verließen allein an diesem Tag Ungarn. In Prag – und in geringerer Zahl auch in Warschau – versuchten DDR-Bürger ihre Ausreise über die Botschaften der Bundesrepublik Deutschland zu erzwingen. Unter primitiven sanitären Verhältnissen kampierten sie mit Kind und Kegel auf dem Gelände der Botschaft. »Menschen über Menschen, überall saßen Leute, und dementsprechend sah es auch aus«, schildert Cordula Weigel, die mit ihren beiden Kindern in der Botschaft ausharrte, das Szenario. »Das war eine beängstigende Situation.« Die Nächte wurden kalt, die Verpflegung der Flüchtlinge

> Es war nicht vorgesehen, dass Genscher flugs nach Prag eilte, um dort eine große nationale Rede zu halten, anstatt die Geste der DDR zu würdigen und ohne viel Palaver den Botschaftsbesetzern die Möglichkeit zu geben, von Prag aus in die Bundesrepublik zu gelangen.
>
> Honecker, 1990

> »Das Echo auf meine Worte war ein Schrei der Freude, der Erleichterung, aber vor allem ein Schrei nach Freiheit.«
>
> Hans-Dietrich Genscher, 30. September 1989

wurde schwierig. Nach zähen Verhandlungen mit den Verantwortlichen in der DDR flog der Bundesaußenminister nach Prag, um den Ausreisewilligen seine Botschaft zu verkünden: »Wir sind zu Ihnen gekommen, um Ihnen mitzuteilen, dass heute Nacht Ihre Ausreise...« Genschers weitere Worte gingen im Freudengeschrei unter.

Honecker persönlich hatte zugestimmt, um die Lage in der DDR zu den Feiern des 40. Jahrestags zu normalisieren. Doch damit er sein Gesicht nicht vollends verlor, hatte er verlangt, dass die Züge mit den Flüchtlingen DDR-Hoheitsgebiet zu durchqueren hätten. Das Parteiorgan *Neues Deutschland* kommentierte, die »Republikflüchtigen« hätten »durch ihr Verhalten die moralischen Werte mit Füßen getreten und sich selbst aus unserer Gesellschaft ausgegrenzt. Man sollte ihnen deshalb keine Träne nachweinen.« Diesen letzten Satz soll Honecker persönlich in den Text hineinredigiert haben. Anfang Oktober kam es dann zu dieser zweiten Massenausreise

»Na, lieber 95 Prozent«: Die offensichtliche Fälschung der Kommunalwahlen im Mai 1989 brachte für viele das Fass zum Überlaufen.

von Botschaftsflüchtlingen über DDR-Gebiet. Am Dresdner Hauptbahnhof warteten tausende Ausreisewillige, die auf die Züge aufspringen wollten, und lieferten sich blutige Kämpfe mit den Sicherheitskräften. Pflastersteine wurden geworfen, Autos in Brand gesetzt. Danach schloss die DDR die Grenze zur Tschechoslowakei. Bis Ende September 1989 hatten mehr als 25 000 Menschen ihre Heimat verlassen. Die DDR glich einem brodelnden Vulkan, der nicht zur Ruhe kam.

Doch längst trugen dazu nicht mehr allein die »Weggeher« bei, sondern auch die Menschen, die in der DDR selbst Veränderungen bewirken wollten. »Bleibe im Lande und wehre dich täglich«, lautete ihr Motto. Begonnen hatte es mit der Kommunalwahl im Mai 1989. Kritische DDR-Bürger nahmen an den Auszählungen teil und beobachteten die gängige Praxis, Gegenstimmen zu unterschlagen. Stimmzettel, auf denen nicht alle Kandidaten einzeln durchgestrichen waren, oder Wahlscheine mit abfälligen Äußerungen über die Kandidaten (»Idioten«) wurden als Jastimme gewertet. Trotz dieser Manipulationen zählten die Beobachter in einigen Wahllokalen bis zu zehn Prozent Neinstimmen. Die gut organisierte Überprüfung schloss aus, dass es sich um Einzelfälle handelte. Als Egon Krenz in seiner Funktion als Leiter der Zentralen Wahlkommission die deutlich bereinigten Zahlen bekannt gab, stand eines fest: Das »Zettelfalten« war nicht mehr als die demokratische Maskierung des SED-Führungsanspruches.

Die Reaktionen der staatlichen Stellen auf die zahlreichen Einsprüche bezüglich der Wahl heizten die Stimmung zusätzlich an. Die Ergebnisse seien geprüft und für in Ordnung befunden worden, lautete die stereotype Antwort überall in der DDR. Oppositionelle Gruppen erhielten daraufhin verstärkten Zulauf. Immer mehr Bürger schlossen sich den Sammlungsbewegungen an, deren Mitgliederzahlen nun rasch anschwollen. Die Staatsmacht reagierte wie gewohnt mit Verboten. Die Protestbewegung ließ sich jedoch nicht mehr aufhalten – und sie ging hinaus in die Öffentlichkeit. Vor allem Leipzig wurde zu einem Zentrum des Widerstands. Die seit 1982 stattfin-

> Selbstverständlich ist mir klar und bewusst, auch aus heutiger Sicht, dass das erzielte Wahlergebnis mit der tatsächlichen politischen Situation im Lande weder damals noch heute übereingestimmt hat. Es gab aber keine andere Möglichkeit, ein anderes Wahlergebnis bekanntzugeben, weil es so entsprechend den Protokollen, die auch in den Kreisen existieren, zusammengestellt worden ist.
>
> Egon Krenz, 3. Dezember 1989

> Es gab keine offizielle Anweisung zu fälschen. Das ist ja auch das Schizophrene in der DDR gewesen, diese Schere im Kopf. Ich bin der Wahlleiter, ich kann keine 80 Prozent nach oben melden. Das fällt auf mich zurück. Da krieg' ich Ärger. Da mach' ich lieber 85 Prozent. Und der Nächste hat gesagt, na, ich mache lieber 95 Prozent. So lief das.
>
> Uwe Schwabe, damals Leipzig

denden »Friedensgebete« in der Nikolaikirche erlebten jetzt einen ungeahnten Zustrom. Nikolai war »offen für alle« und für jedes Thema, solange es nicht »dem Evangelium vom Kreuz Christi als Wort der Versöhnung« widersprach, erläutert rückblickend Pfarrer Christian Führer, der Initiator der Friedensgebete. Ausreisewillige und Reformanhänger gingen hier gemeinsam auf die Straße. Im Mai 1989 kam es zum ersten Mal zum Aufmarsch von Polizei- und Sicherheitskräften vor der Nikolaikirche. Staatliche Willkür setzte ein: Teilnehmer der Gebete wurden auf LKWs gezerrt und verhaftet. Am 4. September 1989 demonstrierten bereits Hunderte für Reformen und mehr Freizügigkeit. »Für ein offenes Land mit freien Menschen« und »Reisefreiheit statt Massenflucht« stand auf ihren Plakaten. »Wir haben die Plakate rausgeholt, und es dauerte eigentlich nur wenige Sekunden, bis die Stasi diese sehr aggressiv und sehr brutal runtergerissen hat«, erzählt Gesine Oltmanns, eine der Demonstranten. »Aber wir hatten die Hoffnung, damit ein Zeichen setzen zu können.« Am 11. September nahm man 70 Demonstranten fest. Doch mit jedem Verhafteten solidarisierten sich Hunderte. In Gottesdiensten wurden die Namen der Inhaftierten verlesen. Gemeinsam betete man für sie.

Die dramatische Zuspitzung der Lage erlebte Parteichef Honecker als kranker Mann. Im Juli war er auf einer Beratung der Regierungschefs des Warschauer Pakts in Bukarest zusammengebrochen. Einen Monat später musste er sich einer Operation an der Gallenblase unterziehen, die ihn wochenlang außer Gefecht setzte. Zwischen Anfang Juli und Ende September 1989 nahm er nur an einer Sitzung des Politbüros teil. Doch in seiner Abwesenheit wollte die kopflose Parteiführung nicht über die drückenden Probleme des Landes entscheiden. Als Honecker Ende September wieder seine Amtsgeschäfte aufnahm, war er nicht mehr der Alte. »Die Energie, die er sonst immer ausstrahlte, war weg«, urteilt sein Mitarbeiter Frank-Joachim Herrmann. Honecker wollte jetzt nur noch eines: die Feiern zum 40. Jahrestag der DDR um jeden Preis reibungslos über die Bühne bringen. Danach, so hieß es im Politbüro, werde man sich die Störenfriede vorknöpfen.

Doch die Feiern zum »Republikgeburtstag« gerieten zum Fiasko für Honecker und zum Triumph für Gorbatschow. Enthusiastisch wurde der sowjetische Staatschef dort gefeiert, wo Bürger näher an ihn herankamen. »Gorbi, Gorbi«-Rufe erklangen. Der Kremlchef spielte mit, verdarb den deutschen Genossen nicht das Jubelfest. Doch wer genauer hinhörte, vernahm die Signale. »Wir zweifeln nicht, dass die SED imstande ist, Antworten auf die Fragen zu finden, die ihre Bürger bewegen«, sagte er und fügte an, die Probleme der DDR würden »nicht in Moskau, sondern in Berlin« entschieden. Im Gespräch mit Journalisten fiel der Satz, der zum Leitmotiv der friedlichen Revolution in der DDR werden sollte: »Wer zu spät kommt, den bestraft das Leben.« Später empfahl Gorbatschow dem siebenundsiebzigjährigen Honecker im kleinen Kreis, die Initiative für Veränderungen zu übernehmen, doch der lehnte Belehrungen ab.

Den Gorbatschow-Besuch überschatteten Demonstrationen, die von der Polizei mit äußerster Härte aufgelöst wurden. Zehntausende gingen am 7. Oktober in Ostberlin, Leipzig und Dresden, aber auch in kleineren Städten, wie Plauen im Vogtland, auf die Straßen, um friedlich ihren Forderungen nach Freiheit, Demokratie und Menschenrechten Ausdruck zu verleihen. Mehr als 1000 von ihnen wurden »zugeführt«, viele von ihnen brutal misshandelt. Augenzeugenberichte über die Übergriffe der Sicherheitsleute wurden in den Kirchen verlesen und lösten auch bei Nichtbeteiligten Empörung aus. Der Realitätsverlust der politischen Führung dagegen war offensichtlich. Honecker sah in den Demonstrationen vom Westen gesteuerte Kampagnen. Gerade jetzt, vor den Jubiläumsfeierlichkeiten, so Honecker, glaube »man in der BRD, die DDR durch einen umfassenden Angriff aus den Angeln heben zu können«. Er und Erich Mielke, Chef der Staatssicherheit, verständigten sich auf eine harte Linie gegen die Demonstranten. Den Leitern seines Amtes gab Mielke konkrete Weisungen, das Vorgehen gegen die »inneren Feinde« zu verschärfen.

Dies war die Situation vor dem 9. Oktober, dem Tag, an dem die nächste Leipziger Montagsdemonstration stattfinden sollte. An diesem Tag lag über der Stadt eine unerträgliche Spannung. Gerüchte bezüglich einer »chinesischen Lösung« machten die Runde: Viele Bürger hatten noch die Bilder aus Peking vor Augen, wo das Militär im Juni 1989 ein Blutbad unter demonstrierenden Studenten angerichtet hatte. Pfarrer Christian Führer weiß noch

> **Honecker ist ein Vierteljahr lang ausgefallen durch zwei Krebsoperationen. In der Zeit war er praktisch handlungsunfähig. Und in einer Diktatur ist das ganze System gelähmt, wenn die Nummer eins ausfällt und man nicht weiß, ob sie wieder zurückkommt oder nicht. Und da Egon Krenz, Mittag und Stoph annahmen, Honecker kommt wieder zurück, haben sie nichts unternommen, um diese wirklich rasende Fahrt auf den Abgrund hin zu stoppen.**
> Franz Bertele

> **Ich habe mal zu ihm gesagt: »Herr Honecker, für mich ist Gorbatschow ein phantastischer Mann.« Daraufhin hat er nicht bloß eisern geschwiegen, sondern da hat er eisig geschwiegen. Da habe ich gemerkt, dass Gorbatschow für ihn der meistgehasste Mann war.**
> Uwe Holmer, beherbergte Honecker 1990 in seinem Pfarrhaus

»Wer zu spät kommt, den bestraft das Leben«: Während Honeckers Ehrengast Gorbatschow anlässlich der Feiern zum 40. »Republikgeburtstag« einen skeptischen Blick auf die Uhr riskiert (links), geben Demonstranten trotz brutaler Gegenmaßnahmen dem Regime zu verstehen, dass dessen Zeit abgelaufen ist.

von weiteren bedrohlichen Zeichen zu berichten: »Wir haben Einzelinformationen von Ärzten gehabt, die sagten: ›Wir haben heute Bereitschaft, und wir sind Spezialisten für Schussverletzungen. Wir haben in Krankenhäusern Betten freihalten müssen; wir haben entsprechende Blutkonserven und so weiter zur Verfügung stellen müssen.‹ Es wurde damit gerechnet, dass geschossen wird.« Am Nachmittag des 9. Oktober füllte sich die Leipziger Innenstadt zusehends. Gesine Oltmanns erinnert sich: »Ich hatte nur die eine große Hoffnung – dass wir genügend sein werden, dass das Eingreifen der Sicherheitskräfte absurd sein würde.«

Um 18 Uhr endete das Friedensgebet in der Nikolaikirche und anderen Gotteshäusern der Innenstadt, die Teilnehmer drängten auf die Straße. Nun sollte sich die Demonstration formieren, doch die Angst vor dem, was passieren könnte, war übermächtig: »Mit dieser Angst sind wir gelaufen. Wir sind so eng gelaufen, dass wir uns während des ganzen Marsches um den Ring auf die Füße getreten sind, weil jeder Mensch den Schutz des anderen, die Nähe des anderen gesucht hatte«, erzählt Joachim Apitz, einer der Demonstranten. »Und mit dieser Angst haben wir dann auch unsere prägnanten Losungen herausgeschrien: ›Keine Gewalt!‹, ›Wir sind das Volk!‹, ›Gorbi, Gorbi!‹« Aber es wurde nicht geschossen. Konfrontiert mit etwa 70 000 Demonstranten, wagten es die Verantwortlichen in Leipzig nicht, ohne eindeutige Anweisung aus Berlin den Einsatzbefehl zu erteilen. Auch in der Hauptstadt wollte niemand die Verantwortung für ein Blutbad übernehmen. Und die Demonstranten blieben friedlich. Das »Wunder von Leip-

> *Dann habe ich die Menschen gesehen, 70 000 Menschen, das ist schon eine ganze Menge. Da war nicht mehr viel Zeit zum Überlegen – Helm auf, Schlagstock raus, Schild vor. Es kam der Einsatzbefehl, und wir sind vorgerückt bis auf 20 Meter an die Demonstranten heran. Aber kurz bevor es zum Zusammenstoß gekommen ist, kam dann der Rückzugsbefehl: »Kompanie, kehrt, alles aufsitzen!«*
> Toralf Dörre, damals Bereitschaftspolizist in Leipzig

zig« war geschehen. Beide Seiten spürten, dass Provokationen und überzogene Reaktionen unbedingt vermieden werden mussten. Das Volk hatte auf der ganzen Linie gesiegt. Der Bürgerkrieg fand nicht statt. Das Panzerregiment, das Honecker für die folgende Montagsdemonstration nach Leipzig beordern wollte, verließ nicht mehr die Kasernen. Honeckers Macht war gebrochen. Sein Sturz sollte nunmehr nur noch eine Sache von Tagen sein.

Denn auch im Politbüro schienen einige jetzt die Zeichen der Zeit zu erkennen: Der altersstarrsinnige Honecker musste abgelöst werden, wenn sich die SED überhaupt noch eine Überlebenschance erhalten wollte. Ausgerechnet der »Kronprinz« Honeckers, Egon Krenz, führte gemeinsam mit Günter Schabowski und Willi Stoph die Verschwörung an. »Die DDR war in einer politischen Krise«, erklärte Krenz später. »Honecker war der erste Mann und trug dadurch eine besondere Verantwortung. Unser Ziel war es, die DDR als souveränen Staat zu erhalten.« Am 17. Oktober 1989 geschah das Unerhörte. Zu Beginn der Politbürositzung meldete sich Honeckers alter Rivale Willi Stoph und schlug vor, über die Absetzung des Generalsekretärs zu beraten. »Honecker war absolut überrascht und schwer erschüttert«, erinnert sich der damalige Ostberliner SED-Bezirkschef Günter Schabowski. »Er hat zunächst wohl noch gedacht, dass die Mehrheit im Politbüro Stoph, der wohl verrückt geworden ist, in die Parade fahren würde.« Also erteilte er zunächst den Politbüromitgliedern das Wort, die er für seine Freunde und für Gegner Stophs hielt. Doch auch Honecker-Vertraute wie Günther Mittag oder Erich Mielke sprachen sich gegen ihn aus. »Zum Schluss wurde abgestimmt, und bei dieser Abstimmung stimmte auch Honecker für seine Absetzung«, so Scha-

> Man hat sich wohl gefühlt, weil so viele Menschen mit dem gleichen Ziel auf der Straße waren, die die DDR sicherlich noch haben wollten, aber eine andere DDR, und so voller Elan waren.
> Mona Ambelang, damals Ostberlin

> Wer auch immer zuerst »Wir sind das Volk« gerufen hat – ich bin ihm sehr dankbar: Es war diese schlichte Formel, die alle verbunden hatte.
> Gesine Oltmanns, damals Leipzig

251

> Ich war selbstverständlich sehr überrascht von diesem Antrag Willi Stophs, habe mich aber, wie so oft in meinem Leben, sehr rasch gefasst.
>
> Honecker, 1990

> Er ging aufrechten Hauptes. Er wollte nicht mehr kämpfen.
>
> Gerhard Schürer

bowski. Beschlüsse bedurften in diesem Gremium schließlich der »Einstimmigkeit«. Am nächsten Tag schlug Honecker auf der Sitzung des Zentralkomitees Egon Krenz als Nachfolger in allen Funktionen vor.

Krenz versprach dem Volk Reformen, einen gesellschaftlichen Dialog und eine neue Reisegesetzgebung. Die SED werde eine »Wende« einleiten, so verkündete er großspurig. Doch die Menschen im Lande glaubten ihm nicht mehr. Er galt als ein Kopf des alten Regimes, entsprechend groß war das Misstrauen gegen ihn. Für die Woche vom 23. bis zum 30. Oktober meldeten Stasi-Berichte über 130 Demonstrationen mit rund einer Million Teilnehmern. Krenz versuchte, die Proteste durch ein neues Reisegesetz abzumildern. Doch der am 31. Oktober vorgelegte Entwurf überzeugte nicht einmal mehr die Basis der eigenen Partei. Er sah eine Reisedauer von höchstens dreißig Tagen jährlich vor, zudem konnten Genehmigungen »bei Vorliegen außergewöhnlicher gesellschaftlicher Erfordernisse« ausgesetzt werden. Auch Gorbatschow kritisierte die halbherzige Reiseregelung: »Wenn die DDR keine Formel dafür findet, die es ermöglicht, dass Menschen ihre Verwandten besuchen können, dann ist dies für die Gesellschaft der DDR ein sehr unbefriedigender Zustand.«

Hilflos musste die Führungsriege mit ansehen, wie ihre Machtbasis im reißenden Strom der Ereignisse unterging. In einem »Aktionsprogramm« kündigte die Parteiführung einschneidende Reformen an, stellte freie und geheime Wahlen, Pressefreiheit sowie die Zulassung neuer Parteien in Aussicht. Am Morgen des 9. November trat eine Arbeitsgruppe zusammen, um einen Vorschlag zur Regelung der »ständigen Ausreise« aus der DDR zu erarbeiten. Um die innenpolitische Krise nicht zusätzlich anzuheizen, nahmen die Männer in ihren Entwurf kurzerhand auch die Regelung von »Privatreisen« auf, die jederzeit beantragt werden könnten. Gegen Mittag erreichte die Beschlussvorlage die Sitzung des Zentralkomitees. »Krenz gab mir gegen Ende der ZK-Tagung das Papier mit der Bemerkung: ›Jetzt haben wir die Sache neu fixiert, statt einem Gesetz eine Verordnung, die sofort in Kraft treten kann. Und ich würde vor-

> Ich bin damals davon ausgegangen, dass die Reformen, die es in der Sowjetunion gibt, nach den deutschen Besonderheiten natürlich, durchgeführt werden können und dass das uns die Möglichkeit gibt, die DDR zu reformieren.
>
> Egon Krenz

schlagen, du trägst das heute Abend vor. Das wird ein Knüller'«, erinnert sich Günter Schabowski, der kurz zuvor zum Informations- und Mediensekretär des Zentralkomitees ernannt worden war. Um 18.57 Uhr fragte ein italienischer Journalist nach dem »Reisegesetz« und lieferte damit das Stichwort zu Schabowskis historischer Erklärung: »Privatreisen nach dem Ausland können ohne Vorliegen von Voraussetzungen beantragt werden. Die Genehmigungen werden kurzfristig erteilt.«

> Moskau war überzeugt, dass das Schwierigste vorbei war. Dass man die Krise überwunden hatte, dass diese Ablösung von Honecker und das von Egon Krenz gegebene Versprechen von Reformen genügt, um die Wogen zu glätten und diese Krise zu überwinden.
>
> Igor Maximytschew

Darauf die Frage: »Wann tritt das in Kraft?« Schabowski, in seinen Unterlagen blätternd: »Das tritt nach meiner Kenntnis... ist das sofort, unverzüglich.« Ein fataler Irrtum. »Es war eine Panne«, sagt Schabowski. »Es war eine Sperrfrist vorgesehen. Frühmorgens um vier Uhr, wenn alles schläft, sollte ein Rundfunksprecher mitteilen, dass Ausreisemöglichkeiten in unbegrenzter Form bestehen.«

Während sich ein großer Teil der Presseleute noch die Köpfe über diese Auskunft zerbrach, kamen wenige Minuten nach 19 Uhr die ersten Meldungen der Presseagenturen heraus. In der »Heute«-Sendung des ZDF war von einer Möglichkeit der Ausreise die Rede. Um 19.41 Uhr vermeldete die Nachrichtenagentur dpa die Sensation: »Die DDR-Grenze zur Bundesrepublik und nach Westberlin ist offen!« Und die »Tagesschau« begann mit dem Aufmacher: »DDR öffnet die Grenze.« Eine Stunde nach Ende der Pressekonferenz hatten sich noch keine 200 Menschen an den Grenzübergängen eingefunden. Doch nun verstärkte die »Tagesschau«-Meldung den Zustrom. »Wir waren natürlich sehr neugierig und sind gleich hin«, erzählt

---

Ich nehme an, Schabowski war unkonzentriert, als er dort sagte, dieser Beschluss gelte »sofort« und nicht erst ab dem folgenden Tag. Normalerweise ist das ein Lapsus. Aber Schabowski war Vorsitzender der Einsatzleitung in Berlin, er kannte die Situation an der Grenze. Er konnte sich ausrechnen, dass man eine solche Verordnung nicht sofort in Kraft treten lassen kann, wenn die Grenzsoldaten noch keine Befehle dazu hatten. So bestand die Gefahr von unkontrollierten Aktionen, möglicherweise gar einer bürgerkriegsähnlichen Situation, als so viele Menschen zur Grenze strömten. In diese Situation hat Schabowski uns gebracht.

Egon Krenz, 2004

»Das tritt nach meiner Kenntnis ... ist das sofort, unverzüglich«: Günter Schabowski verlässt die schicksalsträchtige Pressekonferenz am Abend des 9. November 1989.

Mona Ambelang, die in Ostberlin direkt an der Mauer wohnte. »Ich habe den Grenzer dann immer wieder gefragt: ›Wie ist das nun, können wir jetzt rüber?‹« Die Volkspolizisten versuchten die Bürger zu überreden, wieder nach Hause zu gehen und auf den nächsten Tag zu warten. Aber die Menschen blieben, und es wurden immer mehr. Vom Massenansturm völlig überrascht, sahen sich die DDR-Grenzposten binnen Stunden im Belagerungszustand. »Tor auf!«, forderten Sprechchöre und versprachen: »Wir kommen wieder.« Gegen 22.30 Uhr blieb den bedrängten Grenzern nur noch ein Ausweg: die Öffnung der Schlagbäume nach Westberlin. »Ich bin über diese weiße Linie da marschiert, von der ich nie gedacht hätte, dass ich sie jemals aus der Nähe sehen werde«, berichtet der Ostberliner Lutz Hädrich im ZDF-Interview. »Niemand wusste in dem Moment wirklich, ob sich die Partei- und Staatsführung das nicht morgen noch mal anders überlegt. Ich glaube, das ist auch ein Grund, warum jeder losmarschiert ist, weil er gedacht hat: Das kann morgen schon wieder anders sein.«

Seit dem 13. August 1961 hatten fast 500 Menschen Fluchtversuche an der innerdeutschen Grenze und der Mauer in Berlin mit dem Leben bezahlt.

Jetzt strömten tausende jubelnde Ostberliner unbehelligt in den für sie unbekannten Teil ihrer Stadt. Berliner aus Ost und West umarmten sich mit Freudentränen in den Augen und begossen das Wiedersehen. Bis in die frühen Morgenstunden feierten sie auf dem Kurfürstendamm. Dann kehrten die Menschen zurück – wie sie es an der Mauer versprochen hatten. Doch ihre DDR war nicht mehr derselbe Staat, den sie wenige Stunden zuvor verlassen hatten. Die achtundzwanzigjährige Geiselnahme der DDR-Bevölkerung hatte ein unblutiges Ende genommen. Die Mauer war auf und der Weg in die Einheit frei.

Krenz und Genossen hatten mit der überstürzten Grenzöffnung die letzte Möglichkeit aus der Hand gegeben, selbst noch aktiv auf die weitere Entwicklung in der DDR Einfluss nehmen zu können. Nur mittels einer kontrollierten und dosierten Öffnung hätte die Möglichkeit bestanden, Bonn Bedingungen für weitere finanzielle Zuwendungen an die DDR zu diktieren. Und das wäre unbedingt erforderlich gewesen, denn die wirtschaftliche Lage der DDR war fatal – das Land stand vor dem Bankrott. Gerhard Schürer hatte wenige Tage zuvor an die Parteiführung gemeldet, dass die Auslandsschulden im Westen inzwischen fast 50 Milliarden D-Mark betrugen. Dies scheint für heutige Verhältnisse nicht viel zu sein, doch Schürer kalkulierte für 1990 bei einem Exportüberschuss von lediglich 500 Millionen D-Mark mit Zinszahlungen in Höhe von 8 Milliarden, was der DDR-Wirtschaft den endgültigen Todesstoß versetzt hätte. Als am 13. November der einstige »Hoffnungsträger« Modrow als Ministerpräsident die Regierungsverantwortung übernahm, konnte er deshalb kaum noch eine andere Rolle spielen als die eines Konkursverwalters. Modrow wollte dennoch eine eigenständige, reformierte DDR erhalten und schlug eine Vertragsgemeinschaft der beiden deutschen Staaten vor, die langfristig zu einem vereinten, militärisch neutralen Deutschland führen sollte. Doch der Druck der Straße war bereits zu groß. Aus dem Ruf »Wir sind das Volk« war in der ganzen DDR längst die Parole »Wir sind ein Volk«

> **Es war wie im Traum. Man wusste auch nicht, wie lange dieser Traum anhält. Man freute sich mit, der Jubel war da. Aber man konnte es nicht fassen, was eigentlich passiert war. Man war dort ja auch noch nie. Man sah auf einmal diese andere Welt. Man war wie hypnotisiert.**
> Kathrin Patzer, damals Ostberlin

> **Die Lage war so, dass unsere Kommandeure selbst entscheiden mussten. Ich bin bis heute stolz darauf, dass es so gelaufen ist, friedlich, ohne Zwischenfall.**
> Fritjof Banisch,
> Chef Grenzsicherung der DDR

> **Meine Reaktion war ganz klar: Das ist Ende der DDR. Es ist nur die technische Frage, wie es weiter vor sich läuft, weil alle Trümpfe – wenn Sie gestatten –, die die damalige Führung der DDR unter Krenz und Modrow in der Hand hatte, abgegeben waren.**
> Valentin Falin

> Die Deutschen in der Bundesrepublik und in der DDR müssen selbst ihre Entscheidung über die Einheit treffen.
>
> Michail Gorbatschow am 10. Februar 1990

> Wir wollten die DDR verändern. Die deutsche Einheit war nicht unser Problem. Ich glaube, dass alle Leute, die dabei waren, eine Demokratisierung des Sozialismus und nicht eine Umstülpung der Systeme anstrebten. Es ging nicht darum, ein anderes System zu installieren, sondern wirklich dieses System zu ändern.
>
> Bärbel Bohley, Bürgerrechtlerin

> Es gibt immer Leute, die dieses Gefühl haben: Wir wurden platt gemacht, wie vom Panzer überrollt – es ging ja ziemlich schnell. Man hätte uns mehr Zeit lassen müssen für diese Annäherung, meinen sie, vielleicht noch fünf oder zehn Jahre ... Ich denke schon, der Panzer war in Ordnung. Er hat doch nicht alles platt gemacht. Es ist der grüne Pfeil da, das Sandmännchen haben wir auch wieder. Alles in Ordnung. Die Häuser werden gemacht, sehen ein bisschen bunter aus, ein bisschen schöner – ist doch alles in Ordnung.
>
> Katrin Saß

geworden. Die deutsche Wiedervereinigung stand unversehens auf der politischen Agenda.

Wenn auch rückblickend noch manchmal das »wunderbare Jahr der Anarchie« zwischen Wende und deutscher Einheit beschworen wird oder die basisdemokratischen Experimente dieser Zeit als Vorbild für einen »Dritten Weg« zwischen Kapitalismus und Sozialismus gepriesen werden: Zum eingeschlagenen Weg gab es keine reale Alternative – und er war von der großen Mehrheit des Volkes gewollt. »Kommt die D-Mark, bleiben wir, kommt sie nicht, geh'n wir zu ihr«, war das Motto vieler DDR-Bürger, die bei der ersten freien Wahl am 18. März 1990 der »Allianz für Deutschland« ihre Stimme gaben und damit für einen schnellen Anschluss der DDR an die Bundesrepublik votierten. Danach ging es allein um die Modalitäten und den Zeitplan der Wiedervereinigung. Am 1. Juli 1990 trat die Währungsunion in Kraft. Am 23. August beschloss die Volkskammer den Beitritt der DDR für den 3. Oktober. Außenpolitisch hatte die Zustimmung Gorbatschows zu einer NATO-Mitgliedschaft des vereinten Deutschland den Weg frei gemacht. Die Einbindung in das westliche Bündnis war wiederum Vorbedingung der USA gewesen, die auf diese Weise auch die zaudernden Partner Großbritannien und Frankreich von einem vereinigten Deutschland überzeugt hatten. Am 1. Oktober 1990 traten die Siegermächte von ihren Besatzerrechten zurück, und zwei Tage später erhellte das Feuerwerk über den Einigungsfeierlichkeiten den Himmel von Berlin. Deutschland war vereint. Die DDR war Geschichte.

Erich Honecker war nach dem Herbst 1989 ein gebrochener Mann. Wohl selten war ein Politiker in so kurzer Zeit so tief gefallen. Seine eigenen Genossen, die ihm noch im Oktober 1989 zugejubelt hatten, schlossen ihn wenig später aus der SED aus. Angeklagt wegen Amtsmissbrauchs und Korruption, konfrontiert mit der medizinischen Diagnose Nieren- und Leberkrebs, verbrachte er seine letzten Lebensjahre als Gejagter und Vertriebener. Anfang 1990 kam er mit seiner Frau notdürftig in einem evangelischen Pfarrhaus unter und lebte dann für einige Monate in einem sowjetischen Militärhospital, ehe er sich im März 1991 nach Moskau absetzte. Im Juli 1992 musste Honecker nach Deutschland zurückkehren, wo ihn ein Prozess wegen der Todesschüsse an der Mauer erwartete. Für die Toten an der Grenze wolle er die »politische Verantwortung« übernehmen, erklärte Honecker vor Gericht, mehr nicht. Worte des Bedauerns für die Opfer fand er keine. »Mir tun unsere 25 Genossen Leid, die meuchlings an der Grenze ermordet wurden«, erklärte er stattdessen zynisch. Honeckers Äußerungen zeugten »von politischer Blindheit, ideologischem Starrsinn und zynischer Verantwortungslosigkeit«, urteilt der Historiker Stefan Wolle. »Sie lassen nicht den Schatten eines Zweifels an der eigenen Rolle in der Geschichte erahnen, geschweige denn den Anschein des Bedauerns über die angerichtete Katastrophe. Die Schuld trugen vielmehr die alten propagandistischen Pappkameraden des Kalten Krieges und die Verräter in Moskau.« Nachdem das Berliner Verfassungsgericht festgestellt hatte, dass eine Fortsetzung des Verfahrens angesichts der schweren Krankheit Honeckers ein Verstoß gegen die Menschenwürde sei, konnte er am 13. Januar 1993 die Haftanstalt verlassen und noch am selben Tag zu seiner Familie nach Chile reisen. Dort blieben ihm noch gut 15 Monate. Am 29. Mai 1994 starb er in Santiago. In Deutschland trauerte nur ein letztes Häuflein Getreuer um den Mann, der die DDR verkörpert hatte wie kein Zweiter.

> Die Opferung der DDR ist das Schmerzlichste in meinem Leben, aber der Sozialismus ist, das wird die Zukunft zeigen, noch nicht von der Weltbühne der Geschichte verschwunden.
> Honecker, 1990

Ausgewählte Literatur

Ulbricht und der Anfang

Diedrich, Torsten: Der 17. Juni 1953 in der DDR. Bewaffnete Gewalt gegen das Volk. Berlin 1991.
Frank, Mario: Walter Ulbricht. Eine deutsche Biografie. Berlin 2003.
Hoffmann, Dierk (Hrsg.): Vor dem Mauerbau. Politik und Gesellschaft in der DDR der fünfziger Jahre. München 2003.
Kaiser, Monika: Machtwechsel von Ulbricht zu Honecker. Funktionsmechanismen der SED-Diktatur in Konfliktsituationen 1962 bis 1972. Berlin 1997.
Kaminsky, Annette: Wohlstand, Schönheit, Glück. Kleine Konsumgeschichte der DDR. München 2001.
Knopp, Guido: Der Aufstand – 17. Juni 1953. Hamburg 2003.
Malycha, Andreas: Die Geschichte der SED. Von der Gründung 1945/46 bis zum Mauerbau 1961. In: Herbst, Andreas (Hrsg.): Die SED – Geschichte, Organisation, Politik. Ein Handbuch. Berlin 1997 (S. 1–55).
Roesler, Jörg u.a.: Wirtschaftswachstum in der Industrie der DDR 1945–1970. Berlin (Ost) 1986.
Schirdewan, Karl: Aufstand gegen Ulbricht. Im Kampf um politische Kurskorrektur, gegen stalinistische, dogmatische Politik. Berlin 1994.
Schumann, Frank (Hrsg.): Lotte und Walter. Die Ulbrichts in Selbstzeugnissen, Briefen und Dokumenten. Berlin 2003.
Stern, Carola: Ulbricht. Eine politische Biographie. Köln/Berlin 1963.

Mielke und die Freiheit

Behnke, Klaus (Hrsg.) / Fuchs, Jürgen (Hrsg.): Zersetzung der Seele. Psychologie und Psychiatrie im Dienste der Stasi. Hamburg 1995.
Fricke, Karl-Wilhelm: Die DDR-Staatssicherheit. Entwicklung, Strukturen, Aktionsfelder. Köln 1989.

—: MfS-intern – Macht, Strukturen, Auflösung der DDR-Staatssicherheit. Analyse und Dokumentation. Köln 1991.

Gieseke, Jens: Der Mielke-Konzern. Die Geschichte der Stasi 1945–1990. Stuttgart/München 2001.

Kießling, Wolfgang: »Leistner ist Mielke«. Schatten einer gefälschten Biographie. Berlin 1998.

Knabe, Hubertus: Die unterwanderte Republik. Stasi im Westen. Berlin 1999.

Lang, Jochen von: Erich Mielke. Eine deutsche Karriere. Berlin 1991.

Mählert, Ulrich: Kleine Geschichte der DDR. München 1998.

Mayer, Wolfgang: Flucht und Ausreise. Botschaftsbesetzungen als wirksame Form des Widerstands und Mittel gegen die politische Verfolgung in der DDR. Berlin 2002.

Mitter, Armin / Wolle, Stefan: Untergang auf Raten. Unbekannte Kapitel der DDR-Geschichte. München 1993.

Otto, Wilfriede: Erich Mielke – Biographie. Aufstieg und Fall eines Tschekisten. Berlin 1999.

Schwan, Heribert: Erich Mielke. Der Mann, der die Stasi war. München 1997.

Thiemann, Ellen: Stell dich mit den Schergen gut. Erinnerungen an die DDR – meine Wiederbegegnung mit dem Zuchthaus Hoheneck. München/Berlin 1990.

Kati und der schöne Schein

Bölling, Klaus: Die fernen Nachbarn. Erfahrungen in der DDR. Hamburg 1983.

Ernsting, Stefan: Der rote Elvis. Dean Reed oder das kuriose Leben eines US-Rockstars in der DDR. Leipzig 2004.

Fensch, Eberhard: So und nur noch besser. Wie Honecker das Fernsehen wollte. Berlin 2003.

Hartmann, Grit: Goldkinder. Die DDR im Spiegel ihres Spitzensports. Leipzig 1997.

Holzweißig, Gunter: Die schärfste Waffe der Partei. Eine Mediengeschichte der DDR. Köln u. a. 2002.

Petzold, Hendrik: Ein Kessel Buntes und mehr. Hinter die Kulissen von DDR-Unterhaltungssendungen geschaut. Halle (Saale) 2001.

Riedel, Heide (Hrsg.): Mit uns zieht die neue Zeit ... 40 Jahre DDR-Medien. Berlin 1993.
Selbmann, Erich: DFF Adlershof – Wege übers Fernsehland. Zur Geschichte des DDR-Fernsehens. Berlin 1998.
Witt, Katarina: Meine Jahre zwischen Pflicht und Kür. München 1994.
Wolff, Franca: Glasnost erst kurz vor Sendeschluss. Die letzten Jahre des DDR-Fernsehens (1985–1989/90). Köln u. a. 2002.
Wolle, Stefan: Die heile Welt der Diktatur. Alltag und Herrschaft in der DDR 1971–1989. Bonn 1999.

Erich und die Mauer

Andert, Reinhold / Herzog, Wolfgang: Der Sturz. Erich Honecker im Kreuzverhör. Berlin/Weimar 1991.
Eberle, Henrik: Anmerkungen zu Honecker. Berlin 2000.
Gorbatschow, Michail: Erinnerungen. Berlin 1995.
Hertle, Hans-Hermann / Wolle, Stefan: Damals in der DDR. Der Alltag im Arbeiter-und-Bauern-Staat. München 2004.
Kusmin, Iwan: Meldungen aus Ostberlin. Die Krise in der DDR im Herbst 1989 und die Reaktionen der sowjetischen Führung. In: Deutschland-Archiv (36) 2003 (S. 100–108).
Modrow, Hans: Ich wollte ein neues Deutschland. Berlin 1998.
Neubert, Ehrhart: Geschichte der Opposition in der DDR 1949–1989. Bonn 2000.
Pirker, Theo: Der Plan als Befehl und Fiktion – Wirtschaftsführung der DDR. Gespräche und Analysen. Opladen 1995.
Pötzl, Norbert F.: Erich Honecker. Eine deutsche Biographie. Stuttgart/München 2002.
Schabowski, Günter: Der Absturz. Reinbek 1992.
Schroeder, Klaus: Der SED-Staat. Geschichte und Strukturen der DDR. München 1998.
Schürer, Gerhard: Gewagt und verloren. Eine deutsche Biographie. Berlin 1998.
Völklein, Ulrich: Honecker. Eine Biographie. Berlin 2003.

Personenregister

Kursive Seitenangaben verweisen auf Abbildungen,
halbfette Seitenangaben auf Textschwerpunkte.

Abrassimow, Pjotr 210, 227, 234
Abusch, Alexander 78
Ackermann, Anton 199
Adams, Bryan 189
Adenauer, Konrad 17, 59, 95 ff., 106
Alpitz, Joachim 250
Ambelang, Monika 251, 254
Andropow, Jurij 233
Arafat, Jassir 186
Ardenne, Manfred von 236 f.
Auerbach, Thomas 110

»Bach, Paul« siehe Mielke, Erich
Bahl, Holger 223, 225
Bahr, Egon 68, 106
Bahro, Rudolf 141, 144
Banisch, Fritjof 255
Barlach, Ernst 162
Bassey, Shirley 166
Baum, Bruno 52
Becher, Johannes R. 19, 73
Becker, Jurek 144
Beethoven, Ludwig van 73
Benneter, Klaus Uwe 138
Benser, Günter 216

Berija, Lawrentij 48, 59 f.
Bertele, Franz 195, 240, 249
Bielke, Brigitte 181 ff.
Biermann, Wolf 12, 68 f., 84, 141 ff., *143*, 187
Bismarck, Otto Graf von 17, 18
Bizet, Georges 133
Blume, Renate 186, 188
Bohley, Bärbel 95, 256
Bölling, Klaus 163, 184, 198 f., 201
Borkowski, Dieter 42
Bowie, David 237
Brandt, Heinz 58
–, Willy 53, 162, 208
Brasch, Klaus *169*
Brecht, Bertolt 8
Breschnew, Leonid Iljitsch 70, 71, 73, 108, 207 ff., 208*f.*, 233
Broberg, Jürgen 244

Carow, Heiner 170
Charell, Marlene 166
Christie, Tony 165
Chruschtschow, Nikita Sergejewitsch 32, 44, 48, 60 f., *62*, 63, 67 f., 70, 98, 108, 207

Cierpinski, Waldemar 152, *154*
Cordalis, Costa 166

Dahlem, Franz 45
Dieckmann, Christoph 141, 146, 152, 189
Diepgen, Eberhard 226
Djilas, Milovan 8
Dörre, Toralf 251

Ebstein, Katja 165f.
Eigendorf, Lutz 156f.
Einsiedel, Heinrich Graf von 32
Ender, Kornelia 152
Engels, Friedrich 210f., 257
Esch, Winfried 107
Ewald, Manfred 152, 189

Falin, Valentin 32, 50, 66, 255
Fechner, Max 35
Fensch, Eberhard 165, 172, 175, 188
Firl, Hardy 53
Fischer, Kurt 87
Franco Bahamonde, Francisco 82, 84
Frank, Mario 19
Fricke, Karl Wilhelm 73
Fuchs, Jürgen 141
Führer, Christian 248ff.

»Gaston« siehe Mielke, Erich
Genscher, Hans-Dietrich 246
Gieseke, Jens 11
Giordano, Ralph 45, 60
Goebbels, Joseph 26f., 28
»Gomez (General)« siehe Zaisser, Wilhelm

Gorbatschow, Michail Sergejewitsch 13f., 125, 183, 191, 193, 195, *195*, 199, 232f., 236f., 241, 248f., 250, 252, 256
Großmann, Werner 77
Grotewohl, Otto 35, *36*, 38f., 41, 50, 52, 201
Guevara, Ernesto Che 142

Häber, Herbert 203, 208ff., 217, 225f.
Hädrich, Lutz 254
Haffner, Sebastian 17f.
Hagen, Nina 145
Hager, Kurt 144, 237
Halbritter (DDR-Minister) 216
Havemann, Robert 144
Hemingway, Ernest 82
Hennecke, Adolf 175
Herde, Klaus 46, 52, 56, 68
Hermes, Andreas 37
Hermlin, Stephan 17
Herrmann, Frank-Joachim 248
Herrnstadt, Rudolf 51, 58f., 199
Heym, Stefan 69, 174f., 206
Heynemann, Bernd 122
Hitler, Adolf 26f., 30, 34, 79, 82f., 86f., 92, 196
Hoff, Peter 167f.
Hoffmann, Heinz 27, 206
Holmer, Uwe 249
Honecker, Erich 11, 13, 18, 66, 70ff., 71, 77, 91, 95, 105, 108, 119, 125, 133ff., *135*, 138f., *139*, 158, *159*, 160, *161*, 164, 168, 172, 174, 176, 178, 184, 188, *176*, *192*, **193–258**, *195*,

197, 200, 203, 205, 208f., 212, 214, 227, 235, 242f., 250
–, Sonja 160
Hoppe, Rolf 186

Jähn, Sigmund 175f., 176
Janka, Walter 84
Jenninger, Philipp 223
Junge, Heinz 196
Jürgens, Udo 166
Just, Gustav 52, 54, 59

Kafka, Franz 162
Kaiser, Jakob 59
–, Roland 166
Kastner, Hermann 39
Kempowski, Walter 42f.
Kennedy, John F. 68
Kirsch, Sarah 144
Kohl, Helmut 223, 242
Kölbl, Reinhard 109
Krenz, Egon 45, 125, 128, 241, 249, 251ff.
Kretzschmann, Jeanette 244
Krieger, Heidi (Andreas) 151, 152
Krjutschkow, Wladimir 236f.
Krolikowski, Werner 13, 160, 234
Krößner, Renate 169, 170
Krug, Manfred 144, 186
Kühne, Stephan 37

Lafontaine, Oskar 240, 243
Lakomy, Reinhard 188
Lamberz, Werner 234, 235
Lambsdorff, Otto Graf 226
Landers, Audrey 166

»Leistner, Fritz« siehe Mielke, Erich
Lengsfeld, Vera 75
Lenin, Wladimir Iljitsch 7, 10, 210f.
Leonhard, Wolfgang 8, 33ff., 206
Liebknecht, Karl 184
Lindenberg, Udo 240
Lippmann, Annett 121, 123ff.
Lippmann, Frank 120ff., 121
Loest, Erich 60, 144
Luxemburg, Rosa 184

Maffay, Peter 140
Mai, Günter 32
Maier, Josef (»Seppe«) 47
Malenkow, Georgij Maksimilianowitsch 48
Mann, Heinrich 30
Mao Zedong 44
Marx, Karl 17, 210f., 257
März, Josef 223f.
Mathieu, Mireille 166
Matt, Evelin 166
Matthes, Detlef 238
–, Roland 152
Maximytschew, Igor 193, 233f., 242, 253
Melis, Ernst 86
Mende, Erich 106
Merker, Paul 45
Mey, Gisela 173
Mielke, Emil 78
–, Erich 10f., 45, 74, 75–131, 79, 89, 91, 92, 111, 121, 130, 153ff., 163, 180, 221, 228, 249, 251

265

–, Luise (geb. Ziegenhagen) 78
–, Lydia (geb. Borchert) 78
Mitic, Gojko 169
Mittag, Günter 221, 249, 251
Modrow 66, 212, 234 ff., 235, 255
Moritz, Sabine 178
Mouskouri, Nana 166
Mueller-Stahl, Armin 144, 186
Mühl-Benninghaus, Wolfgang 168
Müller, Jutta 146, 179

Niebling, Gerhard 105
Noricof, Marianne von 67
Nuschke, Otto 39

Oelßner, Fred 38, 50
Oertel, Heinz Florian 152
Ollenhauer, Erich 59
Oltmanns, Gesine 248, 250
Orwell, George 82
Otto, Wilfriede 77

Pannach, Gerulf 141
Patzer, Kathrin 255
Petzold, Hendrik 168 f.
Pieck, Wilhelm 9, 29, 35, 36, 38 f., 40, 41, 61, 73, 88, 91
Plenzdorf, Ulrich 170
Potjomkin, Fürst Grigorij Alexandrowitsch 160
Pötzl, Norbert 160, 184
Priess, Heinz 83

Rakowski, Mieczysław 195
Rau, Johannes 226
Reagan, Ronald 238 f.
Reed, Dean 138, 186 ff., 187
–, Wiebke 188

Rehlinger, Ludwig 105
Renft, Klaus 141 f.
Rennhack, Heinz 169
Reschke, Erich 87
Reuter, Ernst 59
Roberts, Chris 166
Russakow (KPdSU-Sekretär) 217

Salomon, Horst 60
Sammer, Klaus 120
Saß, Katrin 163, 213, 215, 221, 229, 256
Schabowski, Günter 251 ff., 254
Schafitel, Gundula 229, 241
Schalck-Golodkowski, Alexander 105, 221 ff., 224
Schaller, Johanna 152
Scharfenberg, Anneliese 163
Schenk, Fritz 40 f., 50, 54, 57
Schirdewan, Karl 61
Schmelinsky, Emma Louise Martha 23
Schmidt, Elli 201
Schmidt, Helmut 160 ff., 161, 223, 226
–, Wolfgang 153 ff., 155
Schnitzler, Karl Eduard von 174
Scholz, Alfred 118
Schreiber, Walter 37
Schröder, Gerhard 226
Schubert, Hermann 28 f.
Schulte, Fritz 28
Schur, Gustav (»Täve«) 176
Schürer, Gerhard 171, 203, 209, 213 ff., 220, 252, 255
Schwabe, Uwe 244
Seghers, Anna 69
Seiffert, Wolfgang 207

Selbmann, Erich 54
–, Fritz 52
Shields, Brooke 177
Sobel, Walter 244
Sokolowski, Wassilij Danilowitsch 57
Sparwasser, Jürgen *147*, 148
Stalin, Josef (Jossif) Wissarionowitsch 8f., 18, 30, 32f., 35, 37ff., 42, *44*, 45, 60f., 79f., 82f., 199
Steinbach, Walter Christian 229f.
Stempel, Fred 162, 198f.
Stern, Carola 25, 33
Stoewer, Bernd 228
–, Steffi 228
Stoph, Willi 234, 249, 251f.
Stötzer, Gabriele 144f.
Strauß, Franz Josef 59, 123, 172, 223f., **224**

Teichler, Hans Joachim 135f., 150, 178, 180
Thälmann, Ernst 22, 26, 28, 79, 171, 175
Thiemann, Carsten 113, *115*, 116f.
–, Ellen 112ff., *115*, 117ff.
–, Klaus 113, *115*, 116
Thomas, Debi 133f., 178
Thurow, Rudi 75f., 98ff., *99*, *103*
Tisch, Harry 166
Tschernenko, Konstantin Ustinowitsch 226, **227**, 233
Tulpanow, Sergej 38

Uhlig, Manfred 166
Ulbricht, Ernst 19
–, Lotte 60, 236
–, Pauline Ida 19
–, Walter 8ff., 13, *16*, **17–73**, *21*, 24, 28f., 31, 36, 40, *44*, 62, *64*, 77, 87, 89, 96ff., 108, 136, 138, 196, 198f., 201ff., 203, 206ff., 208, 213
Unterlauf, Angelika *173*

Viehoff, Reinhold 168
Vogel, Wolfgang 105, 160, 118f.
Vogts, Berti *47*

Wałesa, Lech 216
Wehner, Herbert 27f., 80
Weidling, Carsten 172
–, O. F. 172, *173*
Weigel, Cordula 245
Weinert, Erich 3*1*, 32
Wesel, Uwe 130
Wilke, Manfred 82
Witt, Katarina 11, *132*, **133ff.**, *135*, 145f., *147*, 150, 169, **176ff.**, *179*, **188ff.**, *190*
Wolf, Christa 69
–, Konrad 170
–, Markus 211, 236f.
Wolle, Stefan 138, 140, 160, 163ff., 258
Wollweber, Ernst 23, 26, 61, 69, 89f., *91*

Zaisser, Wilhelm 51, 58, 88f., *91*
»Zelle (Genosse)« siehe Ulbricht, Walter
Zetkin, Clara 22
Ziegenhahn (SED-Bezirkssekretär) 202
Zirzow, Carola 153, *154*

267

Orts- und Sachregister

Kursive Seitenangaben verweisen auf Abbildungen

Abhorchen von Tel.-Gesprächen
   siehe MfS, »Linie 16«
Abschiebung (in die BRD) 183, 244
Abwanderung von DDR-Künstlern
   144
»Aktion X« siehe Mauerbau
»Allianz für Deutschland« 256
Amerikaner 101, *101*
»Amt für Nationale Sicherheit«
   (Ex-MfS) 128
Anarchisten 84
Angebote, kommerzielle (Witt) 179
»Antifa-Komitees« 35
Antifaschisten 8, 35
–, Umerziehung zu 31
»Apparatschik«, kommunistischer
   25, 30, 32, 45, 86
Arbeitslosigkeit 79, 215
–, in der Weimarer Republik 79
Arbeitsnormen, Erhöhung der 9, 51
–, –, Protest gegen 51f., 53
ARD 253
Aufrüstung, militärische 46, 48
Auftrittsverbot 69, 142
Ausbürgerung aus der DDR 12
Auslandsverschuldung 171f., 215,
   222f., 225, 255

Ausreise aus der DDR (offizielle)
   119f., 156f., 228, 244f., *245*
–, Genehmigung der, Zahlen 228
–, Kriminalisierung von Antragstellern 228
Ausreiseanträge 182
–, Zahlen 157
Ausreisewillige 119f., 121, 241
Außenhandel 220f.

Barcelona 84
Barwicha (Sanatorium, UdSSR) 60
Bautzen (Zuchthaus) 107
Befreiungsbewegungen, kommun.
   (in Afrika) 234
Belgien 19, 24, 86
»Bereich Kommerzielle Koordinierung« siehe KoKo
Berlin (siehe auch Berlin [Ost] bzw.
   Berlin [West]) 10, 13, 26, 32ff.,
   87, 196
–, Bülowplatz, Polizistenmord 10,
   80, *81*, 82, 130
–, Deutsche Staatsoper 35
–, Kommunalwahl 26
–, nach dem 2. Weltkrieg 33f.
–, Neukölln 26, 34

269

–, Reichstagsgebäude 34
–, »rotes« 26
–, Saalbau Friedrichshain 26, 29
–, Sektorengrenze 68
–, Stadtjubiläum (750 Jahre) 237f., 239
–, Viermächtestatus von 63
–, Wedding 26, 78
Berlin (Ost) 11, 17, 39, 57, 76, 107, 133, 137ff., 139, 142, 160, 164ff., 164, 172, 184, 186, 189, 214, 237f., 239, 249, 254
–, Adlershof 165
–, Alexanderplatz 52, 138, 139, 142
–, Bernauer Straße 68
–, Brandenburger Tor 55, 56, 58, 66f., 237f., 239
–, Chausseestraße 113
–, ehem. Reichsluftfahrtministerium 39
–, Friedrichshain 26
–, Friedrichsstadtpalast 17, 52, 166, 172, 186
–, Haus der Ministerien 52, 54
–, Hellersdorf 244
–, Hohenschönhausen (Untersuchungsgefängnis) 117, 129, 131
–, Invalidenstraße 113, 114
–, Karl-Marx-Allee 184
–, Karlshorst 56
–, Landwehrkanal 68
–, Leipziger Straße 52
–, Lichtenberg 87
–, Normannenstraße 88, 91, 92, 102, 128
–, Ostbahnhof 105
–, Palast der Republik 164f., 164, 186
–, Pankow 113
–, Rockfestival 189
–, Schmöckewitz 188
–, Stalinallee 51, 56
–, Strausberger Platz 52
–, Unter den Linden 56, 58, 237, 239
–, Untersuchungshaftanstalt Keibelstraße 116
–, Wandlitz 129, 222
–, Weltjugendfestival 12
Berlin (West) 76, 98, 101, 104, 113, 204, 237, 255
–, alliierter Truppenabzug aus 63
–, Kurfürstendamm 105, 255
–, Bernauer Straße 68
–, Reichstag 237
–, Steinstücken 75 f, 101f., 101
Berliner Filmfestspiele 170
Berliner Mauer (siehe auch Mauerbau) 68f., 204, 206f., 238
– –, Fall der 125
– –, Öffnung der 226, 253ff., 254
– –, Schießbefehl an der 206f.
Berlinkrise 63
Berufsverbot 170
Bespitzelung (von Bürgern) siehe DDR als Überwachungsstaat
Bevormundung, gesellschaftl. 170
Bild-Zeitung 68, 129, 136, 228
Bischofswerda 175
Bitterfeld, Chemiekombinat 221
Blue Jeans, Einführung von 136, 137, 214
Bodenreform 36, 37
Böhlen (Chemiekombinat) 229
Botschaftsbesetzungen (Prag, Warschau) 125, 191, 194, 245f.

Braunkohle 219, 220
-, Förderung von 220
-, Hydrierung von 220
-, -, Umweltschäden 220
BRD 38, 70, 142, 171
-, finanzielle Unterstützung durch die 217
-, Konstituierung der 38
-, Ständige Vertretung der 163
- und DDR, Annäherung 208 f.
Brüssel 22, 85
Bulgarien 43, 163
Buna-Werk 220
Bundesministerium für innerdeutsche Beziehungen 104
Bundesrepublik Deutschland siehe BRD
Bürgerkrieg, span. siehe Span. Bürgerkrieg

Calgary 133, 188
»Carmen« (Oper) 133 f.
»Carmen on Ice« (Spielfilm) 191
CDU (Ost) 37, 43
Charleroi 22
Chemnitz 145, 177 f., *181*
Chile 258
China 125
Christliche Demokratische Union (Ost) siehe CDU (Ost)
Christliches Umweltseminar Rötha« siehe CUR
Cincinnati 133, 178
»Concert for Berlin« 237, *239*
CUR 229 f.

Dänemark 163
Das Kapital (Karl Marx) 17

DDR passim
- als Überwachungsstaat 10 ff., 140
-, Anerkennung der 148
-, Anschluss an die BRD 256
-, Entstehung der 8 f., 39 f., 40
-, Gründung der siehe DDR, Entstehung der
-, Innenpolitik siehe SED, Innenpolitik
-, Jugendpolitik siehe SED, Jugendpolitik
-, Ministerrat 9, 91
-, Regierungsbildung 40 f., 40
-, Sowjetisierung der 40
- und UdSSR, ideologische Differenzen 233 f.
- - -, Meinungsverschiedenheiten 225 f.
-, Volksaufstand (17. Juni 1953) 9 f., 18, 54 ff., *53*, 55 f., 88 f., 93, 201
-, Niederschlagung 18, *56*, 57 ff., 89, 201
-, Opfer 9
-, Intervention des Westens 59
-, Wirtschaftspolitik siehe SED, Wirtschaftspolitik
- Bevölkerung, Lebensstandard der 62
-, Überwachung der 140
-, Unterdrückung der 42, 60
- Fernsehen 165 ff., 168 f., 172 ff., *173*
-, »Alles singt!« 168
-, »Auf Schusters Rappen« 168
-, »Ein Kessel Buntes« 165 ff.
-, »- - -«, Einschaltquoten 166

–, »Glück muss man haben« 168
–, »Im Krug zum Grünen Kranze« 168
–, »Oberhofer Bauernmarkt« 168
–, »Treff mit O. F.« 172, *173*
–, Einschaltquoten 168
–, Informationsprogramm 172ff., *173*
–, –, »Aktuelle Kamera« *173*, 174f.
–, –, »Alltag im Westen« 174
–, –, »Der Schwarze Kanal« 174
–, –, Einschaltquoten 174
–, Kritik am 165, 174f.
–, Zensur 166f.
-Filme, »El Cantor« 186
–, »Western«, »Blutsbrüder« 186
–, –, »Kit & Co« 186
– Flüchtlinge siehe »Republikflucht«
– Rockmusik 140ff., *143*
– Spielfilme *169*, 170f., 186
–, »Die Legende von Paul und Paula« 170
–, »Solo Sunny« *169*, 170
–, Zensur 170
– Sport 12, 145ff., *147*, *149*, 152f., *154f.*
–, Doping 150f. *150*
–, –, Gesundheitsschäden 151f.
–, Eiskunstlauf 133ff., 145f., *147*, 176ff.
–, Fußball 120f., *121*, 148, *149*
–, –, Spielmanipulationen 120
–, –, Vereine 120f., 121
–, –, –, FC Dynamo Berlin 120, *121*, 124
–, –, –, SG Dynamo Dresden 120f., *121*

–, Ideologie 148f.
–, intern. Anerkennung 146
–, Leichtathletik 153f., *154f.*
–, Nachwuchsförderung 150
–, Sportfest Leipzig *185*
–, Stellenwert 148f.
–, Vernachlässigung von Sportarten 150
DEFA 170
Demonstrationen 9, 249, 250
–, Auflösung von 249, 250
Denunziation 92, *115*
– im »Dritten Reich« 92
Deutsche Demokratische Republik siehe DDR
Deutsche Film AG siehe DEFA bzw. DDR-Filme
Deutsche Fußball-Bundesliga 120, 122f.
– –, 1. FC Nürnberg 123
– –, Bayer Uerdingen 122
Deutsche Reichsbahn 98
Deutsche Verwaltung des Innern siehe DVdI
Deutscher Reichstag 25, 28
Deutscher Turn- und Sportbund 179
»Deutscher Volksrat« 39
–, Umbildung zur Volkskammer der DDR 39
Deutschland 8, 32f., 77
– nach dem 2. Weltkrieg 32f.
–, Bolschewisierung von 32f.
–, Kapitulation 8
Deutschlandkonferenzen 37
Deutschlandpolitik 70
–, Kritik an 70f.
»Deutschlandtreffen der Jugend« 107

Deutschrock 140
Devisenbeschaffung 220 ff.
– durch Menschenhandel siehe Häftlingsfreikauf
»Die Distel« (Kabarett) 167
»Die drei Dialektiker« 166, 167
D-Mark als »Zweitwährung« 137
Döllnsee 211
Doping siehe DDR-Sport, Doping
Dortmund 176
dpa (Nachrichtenagentur) 253
Dresden 123, 160, 186, 236 f., 248 f.
–, Bautzener Straße 123
DVdI 87, 89

»Eine Mark für Espenhain« (Protestaktion) 229 f.
Einheit, deutsche 7
Einigungsvertrag 128
Eiskunstlauf siehe DDR-Sport
Entstalinisierung 50, 98, 108
–, Ende der 108
Erdöllieferungen der UdSSR 171, 216 f.
– – –, Kürzung der 217 ff.
Erdölverarbeitung 218 f.
Erfurt 162
Erkrankungen infolge von Umweltschäden 229
Erster Weltkrieg 20
– –, Fahnenflucht 20 f.
– –, Kriegsende 22
– –, Widerstand gegen 20 f.
Espenhain (Braunkohlekombinat) 229
Exilkommunisten, deutsche 8, 27, 29, 81 f., 85 f.

–, –, Führungskämpfe 28 f.
–, –, Rückkehr nach Deutschland 33

Familienzusammenführung 224, 227, 229
Faschisten 82
FDJ 107, 138, 142, 177, 184 f., 193 f. 191, 197 ff., 200, 202, 233
–, III. Parlament (1949) 198
–, IV. Parlament (1952) 198
–, Stalinisierung der 199
–, Überparteilichkeit 198
»Feliks Dzierzynski« (MfS-Wachregiment) 138
Feuerungssysteme, Umstellung der 220
»Firma Horch und Guck« siehe MfS
Flucht aus der DDR siehe »Republikflucht«
Fluchthilfe 101 ff., 113, 124
Flüchtlinge (aus der DDR) siehe »Republikflucht«
Frankreich 10, 24, 82, 85, 120
Franzosen 196
Frauendorf 93 f.
»Freundschaft« (Erdölleitung) 216
»Friedensgebete« 126, 247, 250
Fünfjahresplan, erster 46
Fußball siehe DDR-Sport
– Europapokal (Pokalsieger) 122
– Weltmeisterschaft 1974 148, 149

Gauck-/Birthler-Behörde 102, 129
Geburtstag Ulbricht 17

273

Geheimrede (Chruschtschows) 61
Generalstreik 27, 52
Gera 23
Gestapo 86, 92, 197
Glasnost 169, 232
»Goodbye Lenin« (Spielfilm) 162, 213
Göring, Hermann 66
GPU (sowj. Geheimpolizei) 82
Grenzanlagen, Sicherung der 47, 63, 140
–, –, Selbstschussanlagen 140
Grenzpolizei siehe NVA, Grenztruppen
Grenzschließung zur ČSSR 247
Großer Döllnsee 66
Grundlagenvertrag, deutsch-deutscher 104, 148
»Gruppe Ulbricht« 8, 33 ff.
Guadalajara 83
Gustävel 110
Güstrow 160 ff., *161*
–, Weihnachtmarkt 162

Haftamnestie 61
Häftlingsfreikauf (durch die BRD) 171, 104 ff., *106*, 222
Häftlingsmisshandlung 141
Halle/Saale 182
–, »Roter Ochse« (MfS-Untersuchungsgefängnis) 182
»Hauptverwaltung zum Schutz der Volkswirtschaft« 88
»Helden des Sozialismus/der Arbeit« 175 f. *176*
Helmstedt 119
Henningsdorf (Stahlwerk) 53, 56

Hermsdorfer Kreuz 105
Hitlerjugend 197
Hitler-Stalin-Pakt 30, 86
Hoheneck (Frauengefängnis) 119, 144, *145*, 183
HO-Läden *49*
»Holiday on Ice« (Eisrevue) 12, 189, *190*
Holland 19
Honecker, Ämterhäufung 194
–, Entmachtung 128, 251
–, Herkunft 196
–, »Komplott« gegen 236 f.
–, pol. Werdegang 197 f.
– Besuch in der BRD 226, 240 f., *242 f.*
»-Konto« 222

Ilmenau 175
»IM« 10 ff., 77, 90, 93, 119, 122, 124, 152, 179, 221
»Inoffizielle Mitarbeiter« (MfS) des siehe »IM«
Internationale Brigaden 82 ff., *85*
– –, pol. Säuberungen 84
»Intershops« 137, *137*
Italien 19, 20

Jahrhundertlüge (Ulbrichts) 66
Japan 191
Jena 23
Jugend, Anwerbung durch das MfS 109 f.
–, Überwachung der 109 ff.
Jugendliche als »IM« 110 f.
Jugendverband, kommunistischer siehe KJVD
Junge Welt (FDJ-Organ) 70

Kalter Krieg 48, 50, 68, 76, 146, 156
– –, Befürworter 258
Kapp-Putsch 23 f.
Karat (DDR-Popgruppe) 140
Karl-Marx-Stadt siehe Chemnitz
KGB 236 f.
Kiel, Matrosenaufstand 22
Kienbaum 57
»Kinder-und-Jugend-Spartakiade« 145, *149*
Kinder-und-Jugend-Sportschulen siehe KJS
KJS 145, 150
KJVD 184, 196, *197*
Kleinhartmannsdorf 96
»Koalition der Vernunft« 226
KoKo 221 f.
Komintern 23, 25, 28, 84
–, IV. Weltkongress 23
Kommunalwahl 1989 246, 247
– –, Manipulationen 247
– –, Proteste gegen 194
Kommunisten, deutsche 26 f., 34
–, –, Kämpfe mit den Nazis 26
– –, Verfolgung von 27
Kommunistische Internationale siehe Komintern
Kommunistische Jugendinternationale 196
Kommunistische Partei der Sowjetunion siehe KPdSU
– – Deutschlands siehe KPD
Konferenz für Sicherheit und Zusammenarbeit in Europa siehe KSZE
Kontrollkommission, sowjetische 40

KPD 19, 22, 24 ff., 29, 32, 35, 78 ff., 84, 196 f.
–, »Bolschewisierung« der 25
–, Neugründung der
–, »Partei-Selbstschutz« 80
–, Politbüro 29
– und SPD, Zwangsvereinigung zu SED 35, *36*
–, Verbot durch die Nazis 27
–, in der Weimarer Republik 24
–, Wahlergebnisse 26
–, Wiederaufbau der 32, 87
–, ZK 80, 87, 197
KPdSU 29, 38, 61, 72, 211, 234
–, Politbüro 38, 72
Kreditaufnahme 213 f., 223 ff., 227
Kreditvermittlung 223 f., 224
–, Gegenleistungen 223 f.
Krefeld 122
–, Hansa-Hotel 122
Kriegsreparationen 37, 60
–, Erlass von 60
KSZE 119, 157
– Schlussakte 119, 157, 166
Kuba 186
KZ, Umfunktionierung der 43

»Länderspiel« 226
Landwirtschaft, Kollektivierung der 50, 62, 93
Landwirtschaftliche Produktionsgenossenschaften siehe LPGs
Lausitz 93 f.
Lebensmittel, Rationierung von 46
Lebensstandard 157, 215, 233
Led Zeppelin 140
Leichtathletik-Weltcup 153

Leipzig 7, 20, 22, 125, *126*, 160, *185*, 186, 247, 249ff.
–, Montagsdemonstrationen 7, 125, 249ff.
–, Nikolaikirche *126*, 247, 250
–, Zentralstadion *185*
Leningrad (Petrograd) 217
Libanon 186
Libyen 234
»Lohntüte, zweite« 216
LPGs 46, 62, 93ff., *94*
–, Zwangsbeitritt in 46, 94f., *94*
–,– –, Widerstand gegen 94ff.
Madrid 83f.
Mangelwirtschaft 160, 169
Massenproteste gegen DDR-Regierung 125, *127*
Massenveranstaltungen 184, *185*
Massenverhaftungen 57
Mauerbau (siehe auch Berliner Mauer) 13, *64f.*, 66ff., 97, 98, 204f., *205*
–, Begründung für 66, 69
–, Fluchtversuche 68
Maueropfer 14, 129, 204f., 254
Mehrparteiensystem, formales 42
Menschenhandel siehe Häftlingsfreikauf
MfS 8, 10, 12, 42, 48, 76, 88ff., 92ff., *92*, 96, 98, 100f., 105ff., 109ff., 118, 122ff., *126f.*, 128, 138, 140, 152ff., 162ff., 182
–, »Dienststelle 12« 124
–, »Linie 16« 123, 129
–, Akten *127*, 128f.
–, Anwerbung für 118
–, Bespitzelung von Sportlern 152ff.

–, Entführungsversuche 101ff., 107, 124
–, Kosten des 90f.
–, Liquidierungsversuche (Thurows) 76, 101ff., *103*
–, Personalzahlen 11, 77, 90, 140
–, Überwachung durch das *126*
– und Gestapo (Vergleich) 92
– Hochschule Potsdam 117
– Zentrale, Besetzung der 128
Mielke, Herkunft 77f.
–, pol. Werdegang 87ff.
Ministerium für Staatssicherheit siehe MfS
Montreal 152f.
Mordkomplott (gegen Reed) 188
Moskau 10, 25, 23, 24, 27f., 33, 37, 77, 80ff., 85, 89, 152, 158, 196, 199, 202, 249
–, Hotel Lux 33
–, Lenin-Schule 81f., 196
–, Militärpol. Schule 80
–, Parteischule der KPdSU 202
–, Roter Platz 199

Nationale Front (Einheitsliste) 181
Nationale Volksarmee siehe NVA
Nationaler Verteidigungsrat 61, 91
»Nationalkomitee Freies Deutschland« siehe Zweiter Weltkrieg, Propaganda, antideutsche
Nationalsozialisten siehe Nazis
NATO 67, 206
– Mitgliedschaft (Gesamtdeutschlands) 256
Nazi-Diktatur, Widerstand gegen 27

–, Propaganda 184
Nazis 26f., 79, 196, 240
–, Widerstand gegen 85
»Neubauern« 37
»Neue Deutsche Welle« 140
»Neuer Kurs« 50, 58f., 107
Neues Deutschland (SED-Parteiorgan) 41, 51, 58, 199, 245
»Neues Ökonomisches System der Planung und Leitung« siehe NÖS
Neunkirchen/Saar 13, 240
»Nichtsozialistisches Währungssystem« siehe NSW
NKWD (sowj. Geheimdienst) 88
Nordkorea 191, 236
NÖS 207ff.
NSW 166
NVA 67f., 76
–, Grenztruppen 76, 98, *99*

Oktoberrevolution, russ. 86
Olympische Sommerspiele 146, 151ff.
– –, Montreal 1976 151ff.
– –, – –, Medaillenwertung 152
– –, Moskau 1980 152f.
– –, München 1972 146
– –, Seoul 1988 152
Olympische Winterspiele 133f., 177, 188, 191
– –, Calgary 1988 133f., 188
– –, Lillehammer 1994 191
– –, Sarajewo 1984 177
Opposition 125, 183, 228f., 241, 247ff.
Opposition, Unterdrückung der 43, 248f.

Oschatz 175
»Ostalgie« 7
Ostberlin siehe Berlin (Ost)
Österreich 19, 124
Ostzone siehe SBZ

»Palazzo Prozzo« siehe Berlin (Ost), Palast der Republik
Paneuropa-Union 245
Paris 27, 37
Peking 7, 125
–, Platz des Himmlischen Friedens 7, 25
Perestroika 169, 183, 232f., 237
Personenkult 61, 72, 184
Petrograd (Leningrad) 23
Pink Floyd 140
Plattenbauten siehe SED, Wohnungsbauprogramm
Plauen 249
Polen 40, 86, 216, 222
Polizei, Westberliner 67
Postüberprüfung siehe MfS, »Dienststelle 12«
Potjomkin'sche Dörfer 160
Potsdam 170
Prag 27, 191, 246f.
Preußen (Land) 80
Privatwirtschaft, Verstaatlichung der 46
Produktivität, Abnahme der 220
Protest gegen Biermann-Ausbürgerung 144
– – –, Ahndung 144, *145*
Proteststreiks wg. Preiserhöhungen (Polen) 216
Publikationsverbot für Schriftsteller 108

Puhdys 141 f., *143*
»Putsch, faschistischer« siehe DDR, Volksaufstand

Radio Moskau 31
RAF 129
Raketenstationierung 225 f.
Reformen 238, 241, 252
Rehabilitation von Parteimitgliedern 61
Reichssicherheitshauptamt 31
Reichstagsbrand 27
Reiseerleichterungen 13, 241
»Renft Combo« 12, 140 ff.
Repressalien (wg. Systemkritik) 182
Republikaner siehe Internationale Brigaden
»Republikflucht« 12 f., 47, 48, 61 ff., *64*, 75, 95 ff., 100 f., *101*, *114f.*, 112 ff., 118 f., 123 ff., 141, 153 f., 157, 203 f., 245 f., 254
–, Zahlen 48, 203 f.
»Republikgeburtstag« siehe »Tag der Republiik«
Revolution(en), deutsche 7
Revolution, friedliche 14
Rheinland, Besetzung des 24
RIAS (Westberliner Radiosender) 53, 67, 94
Rolling Stones 70
Rom 153
Rote Armee 8, 33
Rote Armee-Fraktion siehe RAF
Rote Fahne (KPD-Organ) 78 f.
Rote Ruhrarmee 84
Rotfront-Kämpferbund 79 f.
Russland siehe UdSSR

Saarbrücken 243
Saarland 13, 196, 204, 240 f.
Saint-Cyprien 85
San José 156
Santiago de Chile 258
Sarajewo 177
Säuberungen, pol. 29 f., 43, 82
SBZ 8, 32, 34, 37 ff., 87 f.
–, Bolschewisierung der 37
–, Einbindung in den Ostblock 38
–, Massenkundgebungen 38
–, pol. Neuordnung 35
–, prov. Regierung der 38 f.
–, Sowjetisierung der siehe SBZ, Bolschewisierung der
– und westl. Besatzungszonen 37
–, Volksentscheide 38
SC Karl-Marx-Stadt 178
Scharmützelsee 54
Schauprozesse 43 f., *44*
–, sowj. 82, 83
Schießbefehl (an der Grenze) 48, 258
Schmidt, Staatsbesuch in der DDR (1981) 160 ff., *161*
»Schule für das Land« 32
Schweiz 19
SED 9, 17 f., 33 ff., 38 ff., 46, 51 f., 54, 58 ff., 69 f., 76, 90, 107, 109, 136 f., 140 f., 144 f., 148, 157 ff., 165, 167, 171 f., 175, 177, 183 f., 194, 198 f., 201 f., 207 ff., 212 ff., 221, 251 f., 256
–, Ablehnung von Reformen 232 f.
–, Akzeptanz in der DDR-Bevölkerung 42
–, Außenpolitik 157
–, Gesellschaftspolitik 108

–, Gründung der 35
–, Innenpolitik 11f., 46f., 107f.
–, Jugendpolitik 11f., 69f., 107f., 111, 136ff., 137, 139, 167, 184
–, »Komitee für Unterhaltungskunst« 140f.
–, Kulturpolitik 69f., 144f., 207
–, –, Kritik an 69
–, Kulturpropaganda 138
–, Mikroelektronikprogramm 172
–, Parteiausschluss 58, 61, 258
–, Parteipropaganda 215
–, Politbüro 17f., 40, 42, 51, 58, 62, 90f., 107, 148, 194, 198, 201f., 210, 213, 234f., 251
–, –, Machtkämpfe im 51, 58, 60
–, Sekretariat des ZK 40f.
–, Subventionspolitik 171
–, Totalitätsanspruch der 42
– und DDR-Fersehen 167
– und DDR-Regierung 41
–, Vertrauensverlust 175
–, Westpolitik 208ff.
–, Wirtschaftspolitik 9, 13, 41, 212ff., 217ff., 218f.
–, Wohnungsbauprogramm 158f., 159, 213
–, –, Plattenbausiedlungen 158
–, –, –, Berlin-Hellersdorf 159
–, –, –, Berlin-Marzahn 158
–, –,–, Halle-Neustadt 158
–, –,–, Jena-Lobeda 158
–, –,–, Rostock-Lichtenhagen 158
–, III. Parteitag 41
–, V. Parteitag (1951) 93
–, VIII. Parteitag (1971) 165, 211f., 212

–, IX. Parteitag (1976) 167
–, XI. Parteitag (1986) 171f.
–, II. Parteikonferenz 1952 46
–, 11. Plenum (1965) 69
–, Zentralkomitee siehe SED, ZK
–, ZK 18, 40f., 58. 96, 137, 167, 175, 194, 211, 221, 252
–, –, Reduzierung des 59
–, –, 11. Plenum (1965) 108
Selbstkritik, öffentliche 58f.
Selbstschussanlagen, Abbau der 224, 227
Senftenberg 93f.
Seoul 152
Separatisten 84
»Servicio de Informacion« 84
Sevilla 191
Sicherheit, soziale 215
Siegermächte, Verzicht auf Besatzerrechte 256
»Sing, Cowboy, sing« (Personalityshow) 186
SMAD 34f., 37f., 87
»Sojus« (sow. Raumkapsel) 176
»Solidarność« (poln. Gewerkschaft) 216
Sowjetische Besatzungszone siehe SBZ
Sowjetische Militäradministration in Deutschland siehe SMAD
Sowjets 8, 42
Sowjetunion siehe UdSSR
–, Überfall auf die 30ff., 31
Sowjetzone siehe SBZ
Sozialdemokratische Partei Deutschlands siehe SPD
»Sozialismus, deutscher Weg zum« 199

Sozialistische Deutsche Einheitspartei siehe SED
Span. Bürgerkrieg 10, 82 ff., 85, 88
Spanien 82 ff.
Spanienkämpfer siehe Internationale Brigaden
SPD 20, 26 f., 35, 78 ff.
–, »Korpora« 20
–, »Liebknecht-Gruppe« 20
– und KPD, Zwangsvereinigung zu SED 35, 36
Spielfilme 7
–, »Goodbye Lenin« 7
Spitzensportler, Leistungsdruck auf die 12
–, Privilegien für 12, 146, 177
–, Überwachung der siehe DDR als Überwachungsstaat
»Sputnik« (Weltraumsatellit) 92 f.
Sputnik (russ. Magazin) 233
»Staatliche Planungskommission« 213, 233
Staatsrat 61
»Staatsverbrechen« 98
Stadtroda 105
Staffelde/Oranienburg 96
Stalinismus (in der DDR) 46
Stalins Tod, Auswirkungen 45, 48
Stasi siehe MfS
Steinstücken siehe Berlin (West), Steinstücken
Stendal 37
Stern (Magazin) 179, 191
Stimmenverweigerung 181
Strafmaßnahmen 43, 97
Strafurteile, pol. 207
Stralsund 175
Streiks 9, 19, 51, 54

Subventionen 216
Systemanpassung 207
Systemkritik 142, 144, 168 f., 172, 181

»Tag der Republik« (7. Oktober, 40 Jahre DDR) 246, 248
– – – (7. Oktober, Gründung der DDR) 184 f., 191, 193 ff., *195*, 200
Time (US-Magazin) 136
Toulouse 86
Transitpauschale 224 f.
Tribüne (Gewerkschaftsblatt) 51
Trotzkisten 84
Tschechoslowakei 40, 186
»Tscheka« (sowj. Geheimpolizei) 10, 77, 86
»Tschekisten« 10, 77, 87, 97, 109

Überwachung (der DDR-Bevölkerung) durch das MfS 90 f.
UdSSR 80, 85, 152, 163, 183, 186, 195, 213, 236, 252,
–, Liberalisierung der 207
–, wirtschaftl. Unterstützung durch die DDR 217
Ulbricht, berufl. Werdegang 19, *21*
–, Entmachtung 18, 72, 209 f.
–, Herkunft 19, *21*
–, Kritik an 18
–, pol. Werdegang 23 ff., 24
–, Tod 73
–, Verhältnis zu Deutschen 33
»Umgestaltung, sozialistische« 203
Umstrukturierung der Gesellschaftsordnung 35

Umweltzerstörung 229, 230*f.*
Ungarn 40, 43, 97, 124f., 156,
–, Aufstand in 97
–, Flucht über 244f.
UNO, Aufnahme in die 148
USA 133, 151f., 188, 191

Valencia 84
Verstaatlichung der Industrie 93
Vertragsgemeinschaft 255
Visumbeantragung 124
Volksgerichtshof (»Drittes Reich«) 197
Volkskammer 42, 128, 177, 256
–, Wahl zur 175, 181
Volkspolizei 54, 67, 138, *161*, 163, 254
–, Vorgehen der 237f.
-Fußballklubs siehe DDR-Fußball
Vollbeschäftigung 158

Wahlfälschung 194
Wahlmaniplationen 129
Währungsunion 256
Warnemünde 163
Wartha-Herleshausen 105
Wehrdienstverweigerung 12, 141
Weimar 241
Weimarer Republik 24f., 38
– –, Aufstand in der 24f.
– –, Destabilisierung der 80
Weltfestspiele der Jugend siehe Weltjugendfestspiele
Weltjugendfestspiele 73, 137ff., 142, *139*, 191

Weltkrieg, Erster siehe Erster Weltkrieg
–, Zweiter siehe Zweiter Weltkrieg
Weltwirtschaftskrise 79
Westberlin siehe Berlin (West)
Westfernsehen 136f., 245
–, Konkurrenz zu 165
Westmächte, Untätigkeit der 67f.
Westreisen, Erschwerung von 48
Wiebelskirchen 196, 240, 243
Wiedervereinigung 37f., 46, 48, 129, 209, 256
–, Verzicht auf 226
Wirtschaftslage 45ff., *49*, 62f., 70, 255
»Wirtschaftswunder« 45
»Wisent-Jeans« 136
Witt, Überwachung durch das MfS 180
–, Wechsel ins Profilager 189
Woodstock 137

ZDF 253
Zürich 223
»Züricher Modell« 223, 225f.
Zwangsausbürgerung 142f.
Zwangsenteignungen 36, 37, 93f.
Zwangsvereinigung von KPD und SPD 198
– – SPD und KPD 198
Zweiter Weltkrieg 10, 30ff., *31*, 33, 86, 196
– –, Propaganda, antideutsche 31f., *31*, 33
– –, Schlacht um Stalingrad 31, *31*

Abbildungsnachweis

Archiv für Kunst und Geschichte, Berlin 31, 36 o., 53, 85, 164, 212
Berlin Press Services/K. Mehner 92, 106, 239, 245, 246, 254
Bundesarchiv Koblenz 21o., 21 u., 24, 29, 40, 47 u., 49 o., 91 r., 111 u., 132, 135, 139 o., 139 u., 147 o., 147 u., 151, 155, 154 u., 176, 179, 185 o., 187, 190 u., 203, 218, 219 o., 219 u., 227, 235 o., 235 u., 243 o., 243 u.
Cinetext, Frankfurt 167, 169
Deutsches Historisches Museum, Berlin 44 u.
Keystone, Hamburg/Conti Press 56
Matthias-Domaschk-Archiv, Berlin 11, 126 u., 230 o., 230 u., 231 o.
Ostkreuz, Berlin/Hauswald 159 u. -/Rötzsch 185 u.
Privatfotos: 115, 121
SV Bilderdienst, München 64, 94 r. -/Betzler 111 o. -/Scherl 81, 83, -/Stiebing 127 o. -/Werek 195
Ullstein Bilderdienst, Berlin 16, 28, 44 o., 47 o., 49 u., 55, 62, 74, 79 r., 91 l., 94 l., 197, 200 u., 231 u. -/ADN 36 u., 71 o., 71 u., 145, 159 o., 200 o., 205 u., 208, 209 -/Boom 214 -/Demitrowitz 114 o., -/dpa 65 o., 149 o., 173 u., 190 o., 192, 242 -/Karwasz 127 u. -/Poly Press 161 u., 250 l. -/Reuters 250 r. -/Rieth 224 -/Ritter 114 u., -/Schlage 121 o., 149 u., 154 o. -/Schoelzel 126 o. -/Schütt 205 o. -/Vision Phot 130 -/Werek 161 o. -/Wiese 137 -/Winkler 143 o., 173 o. -/Zeckai 143 u.
Voller, Ernst 65 u.

Leider konnten nicht alle Rechtegeber der Abbildungen ermittelt werden. Der Verlag bittet Personen oder Institutionen, die die Rechte an diesen Abbildungen haben, sich wegen einer angemessenen Vergütung zu melden.